Lutz Bertling

Erlaubt – Verboten in Gastronomie und Gemeinschaftsverpflegung

Lutz Bertling

Erlaubt – Verboten in Gastronomie und Gemeinschafts-verpflegung

Lebensmittelrechtliche Bestimmungen praktisch angewandt

6., überarbeitete und erweiterte Auflage

DEUTSCHER FACHVERLAG

Die Deutsche Bibliothek - CIP-Einheitsaufnahme

Bertling, Lutz:
Erlaubt – verboten in Gastronomie und Gemeinschaftsverpflegung : lebensmittelrechtliche Bestimmungen praktisch angewandt / Lutz Bertling. – 6., überarb. und erw. Aufl. – Frankfurt am Main : Dt. Fachverl., 1999
ISBN 3-87150-651-6

ISBN 3-87150-651-6

Umschlag: simmel artwork, Offenbach am Main
Satz: Satz-Offizin Hümmer GmbH, Waldbüttelbrunn
Druck und Bindung: Strauss Offset GmbH, Mörlenbach

Vorwort zur 6. Auflage

Durch die Richtlinie 93/43/EWG über Lebensmittelhygiene wurden europaweit Mindestanforderungen für Hygiene festgeschrieben.
Aufgrund der Umsetzung der Richtlinie in nationales Recht durch die Lebensmittelhygiene-Verordnung (LMHV) sind alle bisherigen Hygiene-Verordnungen der Bundesländer aufgehoben und der Aufbau eines betriebseigenen Kontrollkonzeptes – basierend auf den Grundsätzen des HACCP-Konzeptes – verbunden mit der Pflicht zur Hygieneschulung vorgeschrieben. Die amtliche Lebensmittelüberwachung ist gehalten zu kontrollieren, ob die Vorgaben der LMHV eingehalten werden.
Das nationale Zusatzstoffrecht wurde ebenfalls im Rahmen der Umsetzung von EG-Richtlinien völlig neu geregelt und führte zur Änderung einer Vielzahl lebensmittelrechtlicher Bestimmungen.
Bei der Neubearbeitung dieses Handbuchs wurden eine Reihe von Kapiteln eingeführt, einige gestrichen und andere umgestaltet bzw. auf den neuesten Stand gebracht.
Die bewährte „Grundform“ wurde beibehalten, d. h. es wurde bewußt auf die Zitierung von Rechtsvorschriften verzichtet, um nicht die „natürliche Abneigung“, die jeder Praktiker vor Paragraphen und deren Absätzen, Unterabschnitten und Verweisungen auf andere Rechtsbestimmungen hat, zu verstärken mit dem Ergebnis, daß sich die Betroffenen mit der für sie wichtigen Rechtsmaterie erst gar nicht auseinandersetzen.
Das Buch erhebt nicht den Anspruch, ein wissenschaftliches Kompendium zu sein, sondern es soll den Verantwortlichen in der Gastronomie und im GV-Bereich helfen, sich in der Vielzahl der für sie zu beachtenden Bestimmungen zurechtzufinden.
Es bleibt zu hoffen, daß sich beim Aufbau der betriebseigenen Kontrollkonzepte und der Hygieneschulung nicht nur die direkt Betroffenen, sondern auch die Verantwortlichen in den Verwaltungen mit den lebensmittelrechtlichen Bestimmungen auseinandersetzen, damit das Ziel, den Gast mit einwandfreien Lebensmitteln zu versorgen und ihn über die Zusammensetzung und eventuelle Abweichungen von der Norm zu informieren, möglichst bald erreicht wird.

Lutz Bertling, Wuppertal im März 1999

Inhalt

Pflichten der Verantwortlichen im GV- und Gastronomie-Bereich

Die Pflichten für die im GV- und Gastronomie-Bereich Tätigen beruhen auf einer Vielzahl gesetzlicher Grundlagen.

1. Im Gesetz über Ordnungswidrigkeiten ist von der Verletzung der Aufsichtspflicht in Betrieben und Unternehmen die Rede. Es heißt dort in § 130: „Wer als Inhaber eines Betriebes oder Unternehmens vorsätzlich oder fahrlässig die Aufsichtsmaßnahmen unterläßt, die erforderlich sind, um in dem Betrieb oder Unternehmen Zuwiderhandlungen gegen Pflichten zu verhindern, die den Inhaber als solchen treffen und deren Verletzung mit Strafe oder Geldbuße bedroht ist, handelt ordnungswidrig, wenn eine solche Zuwiderhandlung begangen wird, die durch gehörige **Aufsicht** hätte verhindert werden können. Zu den erforderlichen Aufsichtsmaßnahmen gehören auch die Bestellung, sorgfältige Auswahl und Überwachung von Aufsichtspersonen."
2. Im Lebensmittelgesetz sind in den §§ 51–59 in sehr vielen Einzelheiten spezielle Rechtsvorschriften aufgeführt, die beachtet werden müssen und deren Verletzung eine Straftat beziehungsweise eine Ordnungswidrigkeit darstellt.
3. In weiteren lebensmittelrechtlichen Vorschriften (z. B. Milchgesetz) und Entscheidungen der Obergerichte sind derartige Pflichten festgelegt worden. Die nachfolgende Übersicht verdeutlicht das (Abbildung 1).

Aus den grundsätzlichen Erwägungen des Bundesgerichtshofs (BGH) ergibt sich zunächst eine **Erkundigungspflicht.** Hier ist hervorzuheben, daß die Ergebnisse der Erkundigungen von dem Verantwortlichen kritisch geprüft werden müssen und er sie nicht zu seinen Gunsten auslegen darf. Es ist erforderlich, daß der Verantwortliche die Erkundigungen rechtzeitig und umfassend von einer unabhängigen und zuständigen Stelle einholt. So sind z. B. die Interessenverbände sicher hervorragende Informationsquellen für den Verantwortlichen, aber häufig werden sie Auskünfte im Sinne ihrer Mitglieder geben. Auch sollte beachtet werden, daß man sich an die richtige, d. h. zuständige Stelle wendet. Die Meinung älterer Kollegen muß keineswegs immer richtig sein, und ein hervorragender Anwalt für Steuer- oder Wettbewerbsrecht beherrscht nicht unbedingt das Lebensmittelrecht (siehe Abbildung 2).

Abbildung 1

Pflichten

„Grundsätzlich trifft einen jeden, der in der Kette von der Herstellung bis zur letzten Weitergabe des Lebensmittels an den Verbraucher beteiligt ist, die Verpflichtung, dafür zu sorgen, daß Beschaffenheit und Bezeichnung eines Lebensmittels in Einklang mit den gesetzlichen Bestimmungen stehen." (BGH)

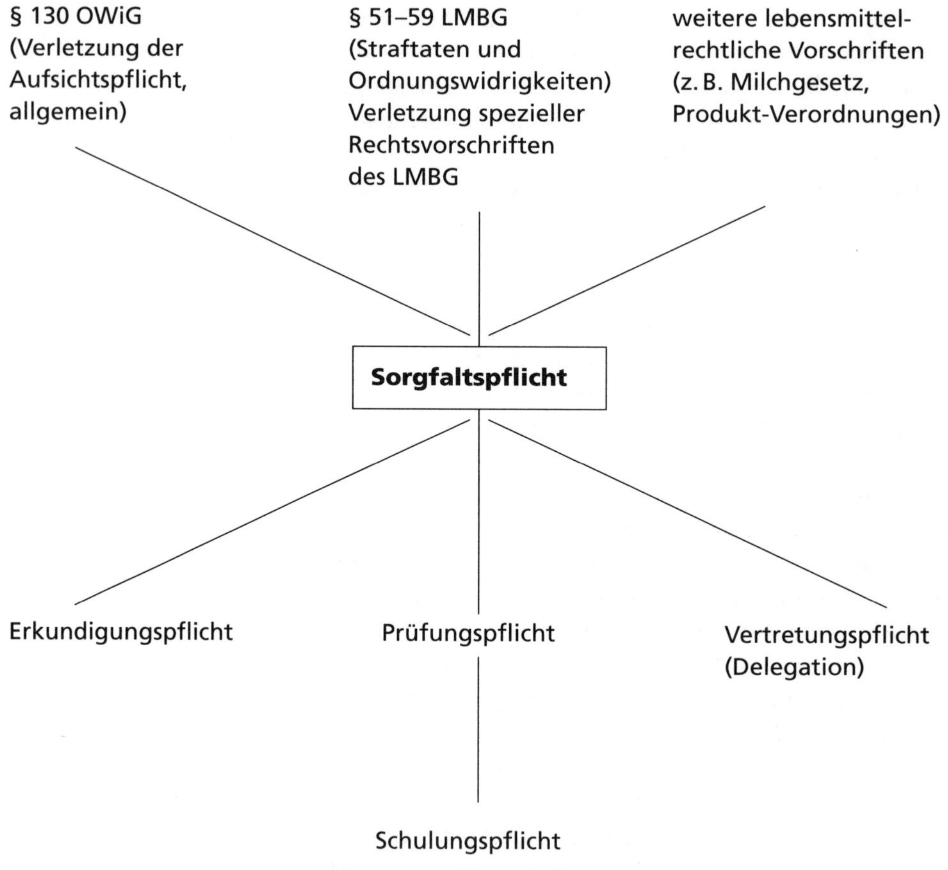

Neben der Erkundigungspflicht ergeben die **Prüfungspflichten** (u. a. LMHV, betriebseigenes Kontrollsystem, aufgebaut nach den Grundsätzen des HAACP-Konzeptes, kritische Punkte) eine Vielzahl von Forderungen und Aufgaben für den Verantwortlichen. In Abbildung 3 ist mit Beispielen dargestellt, auf welchen Sektoren geprüft werden muß. Prüfen können aber nur Mitarbeiter, die über die erforderlichen Kenntnisse verfügen. Diese Kenntnisse müssen durch entsprechende

Abbildung 2

Erkundigungspflicht

Vorausgesetzt wird:

1. Tagespresse
2. regelmäßiges Lesen von Fachzeitschriften, -büchern
3. Besuch von Fachversammlungen, Fachtagungen

A	B	C	D
rechtzeitig	**umfassend**	**unabhängige Stelle**	**zuständige Stelle**
a) vor dem Herstellen b) vor dem Abpacken c) vor dem Inverkehrbringen	alle Aspekte berücksichtigen	a) amtlich b) vereidigte Sachverständige c) (Verbände)	a) Chemisches oder Veterinär-Untersuchungs-Amt b) Ordnungsamt (Lebensmittelüberwachungs-Amt) c) vereidigter Sachverständiger mit Einschränkung Interessenverbände, ältere Kollegen, Lieferfirmen, Veröffentlichungen von Herstellern und Lieferfirmen, Rechtsanwälte, hauseigene Fachanwälte

Ergebnis kritisch prüfen!

Bei unterschiedlichen Aussagen:
Nicht vorteilhafteste Angaben benutzen,
sondern Meinung von D a), b) oder c)

Abbildung 3

Prüfungspflichten

A
Rohstoffe

a) Eingang
1. Identität (Muster)
2. Qualität
3. Zusammensetzung
4. Verunreinigungen (Besatz, Ungeziefer)
5. Art der Verpackung (Hygiene)
6. Temperaturen

b) Lagerung
1. Temperaturen
2. Umsetzungen (Licht, Luft, Gerüche)
3. Qualitätsverluste (Aroma, ...)
4. Nachteilige Beeinflussung durch andere Stoffe (auch Lebensmittel)
5. Hygiene (Staub, Ungeziefer, Schimmel)
6. Schädlingsbekämpfungsmittel

B
Zwischen-Produkte

a) Zusammensetzung

b) Mikrobiologie

c) siehe unter A b)

C
Maschinen und Geräte

a) Hygiene (Mikrobiologie)

b) Funktion (Mischen, Abpacken)

c) technische Sicherheit

D
Räume

a) Produktionsräume
1. Decken, Wände, Böden
2. Türen, Fenster
3. Abzugseinrichtungen
4. Abflüsse (Sickerkästen)
5. Schränke, Regale

b) Lagerräume
1. Decken, Wände, Böden
2. Türen, Fenster
3. Schränke, Regale
4. Schädlingsbekämpfungsmittel

c) Kühlräume
1. Funktion Temperatur
2. Decken, Wände Böden
3. Regale

E
Personal (Hygiene)

a) persönliche Sauberkeit

b) Schutzkleidung

c) Kopfbedeckung

d) Toiletten

F
Verpackungen

a) Hygiene (Mikrobiologie)

b) Eignung für das spezielle Lebensmittel

G
Endprodukte, Rückstellmuster

Die Forderungen sind nur von geschulten Mitarbeitern zu erfüllen!
Die angeführten Prüfungspflichten sind nur Beispiele. Der gesamte Prüfungskatalog (kritische Punkte) ergibt sich aus dem betriebseigenen Kontrollsystem, das gem. LMHV nach den Grundsätzen des HACCP-Konzeptes aufgebaut sein muß.

Abbildung 4

Vertretungspflicht

(Delegation)

A

Auswahl des Beauftragten

a) fachliche Kenntnisse (stetige Schulungspflicht)

b) Zuverlässigkeit (Vertrauenswürdigkeit)

c) Führungseigenschaften

d) gesundheitliche Eignung

B

Organisation des Betriebes

Gesamtdelegation

Teildelegation

Subdelegation (Vertretung regeln)

a) eindeutige Zuständigkeiten (Verantwortungsbereich)

b) Regelung der Funktionsabläufe

c) Regelung der Verwaltungsabläufe

d) Koordination von b) und c) sicherstellen

C

Überprüfung

a) Forderung von A erfüllt?

b) Anweisungen zur Prüfungspflicht erfüllt?

c) Reicht Häufigkeit der unvorbereiteten Überprüfungen aus?

d) Wurden Kompetenzen eingeräumt?

Schulung vermittelt werden. Nach Inkrafttreten der LMHV besteht **Schulungspflicht**. Schulung heißt auch stets Fort- und Weiterbildung.
In der Abbildung 3 sind Einzelheiten der Prüfungspflichten dargestellt. Diese Prüfungsschwerpunkte sind i. d. R. auch kritische Kontrollpunkte (Gefährdungsstellen, Lenkungspunkte, Schwachstellen) i. S. des HACCP-Konzeptes.
Da ein Verantwortlicher in der Regel nicht allen Pflichten allein nachkommen kann, ergibt sich eine **Vertretungspflicht (Delegationspflicht).** Neben der sorgfältigen Auswahl und Überwachung der mit den Pflichten beauftragten Personen setzt ein funktionierendes Vertretungssystem vor allen Dingen eine klare Organisation des Betriebes voraus. Dabei ist es unerläß-

lich, daß der Delegierende seinem Vertreter auch gleichzeitig die erforderlichen Kompetenzen einräumt. Ohne diese Kompetenzen sind die besten Pflichtenkataloge und Organisationsschemata wertlos (siehe Abbildung 4).

Erkundigungs-, Prüfungs-, Vertretungs- und Schulungspflicht werden unter dem Begriff **„Sorgfaltspflicht"** zusammengefaßt. Verstöße gegen die Sorgfaltspflicht sind Verstöße gegen lebensmittelrechtliche Bestimmungen, die in der Regel Ordnungswidrigkeiten darstellen und mit Geldbußen, die allerdings in besonderen Fällen geharnischt sein können, geahndet werden. Nur in den Fällen, wo nachgewiesen werden kann, daß es sich um vorsätzliche Verstöße handelt – dem Beschuldigten war sein Fehler bewußt und er nahm eventuelle Folgen daraus bewußt in Kauf –, handelt es sich um Straftaten.

Merke!

Im Rahmen des betriebseigenen Kontrollsystems gem. den Grundsätzen des HACCP-Konzepts sollten Aufzeichnungen gemacht werden. Diese stellen ausgezeichnete Belege für die Erfüllung der Sorgfaltspflicht dar.

Produkthaftung

Allgemeines
Nach dem Produkthaftungsgesetz muß der Hersteller für den Schaden, der durch Fehler des Produktes verursacht wurde, haften, und zwar unabhängig von seiner Schuld.

Was versteht man unter Produkt?
Als Produkt wird jede bewegliche Sache (z. B. Fertiggericht) oder auch der Teil einer beweglichen oder unbeweglichen Sache (z. B. Teil eines Fertiggerichtes) angesehen. Ausgenommen von diesem Gesetz sind landwirtschaftliche Naturprodukte und Jagderzeugnisse, solange sie nicht einer ersten Verarbeitung unterzogen wurden.

Was versteht das Produkthaftungsgesetz unter Fehler?
Das Erzeugnis hat einen Fehler, wenn es nicht die Sicherheit bietet, die unter Berücksichtigung aller Umstände erwartet werden kann. Ein Hersteller muß z. B. bei folgenden Fehlern haften:
- Tötung („Vergiftung")
- Körperverletzung – Glassplitter, Fremdkörper im Lebensmittel
- Gesundheitsschädigung – Salmonellen, Listerien u. ä.

Hinweis:
Die Haftungsansprüche kommen nur dann zum Tragen, wenn die Sache für den privaten Ge- und Verbrauch bestimmt war bzw. hauptsächlich dazu verwendet wurde. D. h. das Produkthaftungsgesetz kommt nicht zum Zuge zwischen Herstellern und Lieferanten.

Wer ist Hersteller?
Hersteller ist,
a) wer das Endprodukt,
b) einen Grundstoff,
c) ein Teilprodukt fertigte,
d) seinen Namen,
e) sein Warenzeichen anbringt,
f) sich sonst als Hersteller ausgibt oder
g) wer ein Produkt in den EG-Bereich einführt.

Kann der Hersteller nicht festgestellt werden, ist jeder Lieferant Hersteller. Falls der Importeur aus Drittländern nicht feststellbar ist, haftet ebenfalls der Lieferant.

Welche Möglichkeiten zur Risikominderung gibt es?
Ständige Prüfung der Produktion, d. h. Erfüllung der Sorgfaltspflicht (Erkundigungs-, Prüfungs-, Delegations- und Schulungspflicht) und Nachweise über durchgeführte Qualitätssicherungsmaßnahmen (Qualitätskontrolle). In der Regel sind solche Haftungsfälle durch die Betriebshaftpflicht abgedeckt. Ungeachtet dessen sollte der Verantwortliche mit seiner Versicherung über dieses Gesetz reden. Es sollten die Regreßmöglichkeiten gegenüber Zulieferern überprüft werden, um sie eventuell an dem Schaden zu beteiligen. Wichtig dafür ist, Muster der Zuliefererzertifikate der angelieferten Waren und Geschäftsbedingungen der Zulieferer zurückzuhalten und stets sorgsam zu prüfen.

Besteht die Gefahr, daß in Zukunft viele solcher Forderungen auf die Verantwortlichen zukommen?
Das Gesetz hat im Falle der Sachbeschädigung eine Selbstbeteiligung des Geschädigten bis zu einer Höhe von 1 125,– DM festgelegt.

Merke!
Für eine eventuelle Befreiung von der Haftung (Ersatzpflicht) trägt der Hersteller die Beweislast!

Wann entfällt eine Haftung (Ersatzpflicht)?
Der Hersteller ist dann von einer Haftung befreit, wenn
a) das Produkt von ihm nicht in den Verkehr gebracht wurde (Markenpiraterie),
b) der Fehler, der den Schaden verursacht hat, bei Auslieferung durch den Hersteller noch nicht vorlag (Lagerungsfehler, z. B. Tiefkühlkost),
c) das Produkt weder für den Verkauf noch für wirtschaftliche Zwecke erfolgte (Erprobungsmuster),
d) der Fehler nach dem Stand der Technik und Wissenschaft beim Inverkehrbringen noch nicht erkennbar war (Migrationen bei Packungsmaterialien, Alterung von Materialien),
e) das Produkt beim Inverkehrbringen geltenden Rechtsvorschriften entsprach und
f) als Teilprodukt einwandfrei war.

Zusammenfassung:
Der Hersteller muß für Schäden, die durch sein Produkt entstanden sind, **unabhängig von einem eventuellen Verschulden**

haften. Eine Ersatzhaftung für das Produkt ist nicht vorgesehen. Haftungsbegrenzende oder -befreiende Vertragsklauseln sind automatisch ungültig.

Beispiele: Schmerzensgeld und Schadenersatz wegen Zahnschädigung durch zuckerhaltiges Instant-Tee-Getränk für Kinder (OLG Frankfurt Az.: 11 U 10/91).

Salmonellenvergiftung beim Hochzeitsessen durch Pudding-Creme und Vanille-Eis. Schmerzensgeld und Kosten hatte der Wirt zu zahlen. Ausdrücklicher Hinweis des Bundesgerichtshofes, daß das Produkthaftungsgesetz auch auf Klein- und Mittelbetriebe anzuwenden sei (BGH Az.: VI ZR 171/91).

Schmerzensgeld und Zahnersatz mußte ein Bäckermeister leisten. Es befand sich ein Stein im Brot. Ein Stück eines Backenzahns war abgebrochen (AG Staufen Az.: 2 C 337/93).

Gäste an Hepatitis (Gelbsucht) erkrankt. Koch hatte Gelbsucht. Obwohl der Besitzer des Lokals und der Koch von der Erkrankung nichts wußten: Schadenersatz (OLG Frankfurt Az.: I U 31/94).

Salmonellenvergiftung nach Genuß von Bienenstich. 18 Personen erkrankt. Schmerzensgeld bis 2 500,– DM (OLG Hamm Az.: 9 U 6/94).

Hygiene

Grundregeln

Um sicherzustellen, daß Lebensmittel hygienisch hergestellt, gelagert, verkauft und Lebensmittelvergiftungen möglichst verhindert werden, hat das Bundesministerium für Jugend, Familie und Gesundheit Grundregeln aufgestellt, die unbedingt zu beachten sind. Diese Grundregeln sollten in Betrieben, in denen ausländische Mitarbeiter beschäftigt werden, in deren Heimatsprache vorliegen. Dabei genügt es nicht, diese Grundregeln den Mitarbeitern einmal mitzuteilen. Es ist erforderlich, sie in regelmäßigen Abständen mit diesen Mindestforderungen an Hygiene immer wieder zu konfrontieren bzw. vertraut zu machen.

Merke!
Machen Sie Aufzeichnungen über die Hygiene-Schulungen der Mitarbeiter.

Beschaffen Sie sich das Faltblatt „Großküchenhygiene" (Nr. 20869), die Informationsschrift „Großküchenhygiene" (Nr. 3132) beim Auswertungs- und Informationsdienst für Ernährung, Landwirtschaft und Forsten (AID) e. V., Friedrich-Ebert-Str. 3, 53177 Bonn, und das Faltblatt „Was tun gegen Salmonellen" bei der Arbeitsgemeinschaft der Verbraucherverbände e. V., Heilsbachstr. 20, 53123 Bonn.

1. Berühren Sie Lebensmittel nicht unnötig! – Und natürlich nur mit sauberen Händen und Fingernägeln. Waschen Sie die Hände regelmäßig, besonders vor Arbeitsbeginn und nach der Toilettenbenutzung. Waschen Sie sie auch, wenn Sie schmutzige Gegenstände (Taschentücher, Abfall, Wechselgeld usw.) berührt haben – oder wenn Sie mit rohen Lebensmitteln arbeiten. Tragen Sie bei der Arbeit weder Ringe noch Armbänder oder Armbanduhren.
2. Achten Sie auf saubere Arbeitskleidung – am besten täglich wechseln! Tragen Sie zweckmäßige und vorgeschriebene Arbeitskleidung, also zum Beispiel Handschuhe, Schürze, Gummistiefel und Kopfbedeckung.
3. Halten Sie Ihren Arbeitsplatz sauber: Reinigen Sie Ihr Arbeitsgerät gründlich und so oft wie möglich! Lassen Sie keine Schmutzecken entstehen.
4. Halten Sie sich gesund – auch Ihre persönliche Gesundheit ist eine Voraussetzung für einwandfreie Lebensmittel. Schon bei den ersten Anzeichen einer Krankheit besondere Vorsicht walten lassen, insbesondere bei Durchfall,

Fieber und Hautentzündungen. Im Zweifel den Arzt fragen.

5. Verhüten Sie die Übertragung von Krankheitskeimen: Nicht auf Lebensmittel husten oder niesen! Wunden, selbst kleine Schrammen, wasserdicht abdecken.
6. Halten Sie die richtigen Temperaturen ein:
   Frisch gegarte oder wieder erwärmte Speisen bis zur Abgabe heiß (Richttemperatur sollte 65 °C sein) halten oder sofort kühlen. Leicht verderbliche Lebensmittel kühl (Richttemperatur sollte unter 7 °C liegen) lagern, Transport und Ladezeiten möglichst kurz halten!
   Durch Einhaltung dieser Minimalforderungen kann jeder, der mit Lebensmitteln zu tun hat, dazu beitragen, daß einwandfreie Lebensmittel an den Verbraucher gelangen.

Merke!
Informationsmaterial für die Mitarbeiter beschaffen.

Die Verhütung von Lebensmittelvergiftungen liegt nicht nur im Interesse der Gäste, sondern dient auch dem Schutz der Gesundheit der Mitarbeiter.

Gesundheitsvorsorge

Allgemeines

Erkrankungen der Menschen durch Mikroorganismen (Kleinlebewesen: Bakterien, Hefen, Viren, Pilze) beruhen häufig darauf, daß Lebensmittel verzehrt wurden, die mit Mikroorganismen befallen waren. Salmonellen gehören zu den Hauptverursachern.

Als besondere Infektionsquellen haben sich Eier, Eiprodukte, Erzeugnisse, denen Eier zugesetzt wurden, und Geflügel (frisch und aufgetaut) erwiesen. Es muß sichergestellt sein, daß die Produkte (z. B. Spiegel-, Rühr- und Frühstückseier) eine Kerntemperatur von 70 °C für mindestens 5 Minuten gehabt haben. Die Erzeugnisse sollten unmittelbar nach der Zubereitung, jedoch nicht länger als 1 Stunde nach der Erhitzung serviert werden.

Eier, die in der Gastronomie und im GV-Bereich verarbeitet werden, sollten stets unter 7 °C gelagert werden. Sind sie älter als 10 Tage, muß eine Kühlung unter 7 °C gefordert werden.

Frisches Geflügelfleisch ist bis zur Zubereitung kühl zu lagern! Nicht über 4 °C! Auftauflüssigkeit von gefrorenem Geflügel sollte sorgfältig gesammelt und weggegossen werden. Gefäße und Flächen anschließend sorgfältig reinigen und evtl. desinfizieren. Kontakte anderer Lebensmittel mit rohem Geflügelfleisch müssen vermieden werden, wenn die Produkte nicht kurz darauf gemeinsam erhitzt werden. Es ist weiter zu beachten, daß Geflügelfleisch stets völlig durchgegart wird.

Weitere Ansteckungsquellen sind u. a. an Salmonellose erkrankte Menschen (Ausscheider), rohes Fleisch (insbesondere Hackfleisch), Meerestiere (Muscheln!), Cremes, Feinkostsalate, vornehmlich solche mit Mayonnaise oder mayonnaisehaltigen Tunken.

Es gibt eine ganze Reihe weiterer ansteckender Krankheiten, die ein Tätigkeits- und Beschäftigungsverbot beim Verkehr mit Lebensmitteln nach sich ziehen. Im **Bundesseuchengesetz** wurde deshalb festgelegt, daß für einen gewissen Personenkreis Untersuchungspflicht besteht. Es muß vom Gesundheitsamt ein Zeugnis ausgestellt werden, daß die im Gesetz aufgeführten Krankheiten nicht vorliegen.

Wann besteht ein Beschäftigungs- bzw. Tätigkeitsverbot?
Personen, die an

1. Cholera,
2. Enteritis infectiosa,
3. Paratyphus,
4. Shigellenruhr,
5. Typhus abdomalis oder
6. Virus Hepatitis erkrankt oder dessen verdächtig sind;
7. an ansteckungsfähiger Tuberkulose der Atmungsorgane,
8. Scharlach oder
9. Hautkrankheiten, deren Erreger von Lebensmitteln übertragen werden können, erkrankt sind;
10. und/oder Choleravibrionen,
11. Salmonellen oder
12. Shigellen ausscheiden,

dürfen beim gewerbsmäßigen Herstellen, Behandeln oder Inverkehrbringen bestimmter Lebensmittel nicht tätig sein oder beschäftigt werden, wenn sie mit diesen Lebensmitteln in Berührung kommen.

Um welche Lebensmittel handelt es sich?
Es handelt sich um folgende Lebensmittel:

1. Backwaren mit nicht durchgebackener Füllung oder Auflage

2. Eiprodukte
3. Erzeugnisse aus Fischen, Krusten-, Schalen- oder Weichtieren
4. Feinkostsalate, Kartoffelsalat, Marinaden, Mayonnaise, andere emulgierte Saucen, Nahrungshefe
5. Fleisch und andere Erzeugnisse aus Fleisch
6. Milch und Erzeugnisse aus Milch
7. Säuglings- und Kleinkindernahrung
8. Speiseeis und Speiseeishalberzeugnisse

In Küchen von Gaststätten, Kantinen, Krankenhäusern, Säuglings- und Kinderheimen oder sonstigen Einrichtungen mit oder zur Gemeinschaftsverpflegung dürfen generell keine Personen tätig sein, die an den oben angeführten Erkrankungen leiden oder dessen verdächtig sind. Es liegt hier ein **generelles Beschäftigungs- und Tätigkeitsverbot** vor, ohne Rücksicht auf die im Bundesseuchengesetz (siehe oben) aufgeführten Lebensmittel. Dieses Beschäftigungsverbot erstreckt sich auf das **gesamte Personal,** das in Küchen von Gaststätten, Kantinen, Krankenhäusern, Säuglings- und Kinderheimen oder von sonstigen Einrichtungen mit oder zur Gemeinschaftsverpflegung tätig ist.
Aus diesen Tätigkeitsverboten ergibt sich der Personenkreis, der der Untersuchungspflicht unterliegt, das heißt, es muß durch ein Zeugnis des Gesundheitsamtes nachgewiesen werden, daß keine Hinderungsgründe im Sinne des Bundesseuchengesetzes (siehe o. a. Krankheiten) bestehen.

> **Merke!**
> In Küchen von Gaststätten, Kantinen, Krankenhäusern, Säuglings- und Kinderheimen oder von sonstigen Einrichtungen mit oder zur Gemeinschaftsverpflegung darf niemand beschäftigt werden, der nicht über ein gültiges Gesundheitszeugnis verfügt.
> Gilt auch für jede Art von Aushilfen!

Weitere Punkte, die zu beachten sind:
1. Bei Neueinstellungen darf das Gesundheitszeugnis nicht älter als sechs Wochen sein.
2. Das Gesundheitszeugnis ist dem Arbeitgeber oder Dienstherrn auszuhändigen.
3. Die Zeugnisse sind an der Arbeitsstätte verfügbar zu halten.

Wiederholungsuntersuchungen
Gesundheitszeugnisse, die nach dem 01. 01. 1979 ausgestellt worden sind, behalten bis auf weiteres ihre Gültigkeit. Wiederholungsuntersuchungen sind zur Zeit nicht erforderlich. Die Vorschriften über derartige Wiederholungsuntersuchungen sollen neu geregelt werden. Diese Rechtsbestimmungen stehen aber noch aus.
Es besteht zwar keine Pflicht zur Wiederholungsuntersuchung, trotzdem sollten die Untersuchungen jährlich wieder-

holt werden. Besteht der Verdacht auf Vorliegen der oben angeführten ansteckenden Krankheiten (z. B. Erbrechen, Kolik, Fieber, Durchfall), sollte auf einer Untersuchung bestanden werden. Das gilt insbesondere dann, wenn diese Krankheitserscheinungen in gewissen Zeitabständen auftreten.

Die Schulung der Mitarbeiter auf dem Gebiet der Gesundheitsvorsorge ist wichtig!

Hinweis:
Es liegt der Entwurf eines Gesetzes zur Neuordnung seuchenrechtlicher Vorschriften vor. Durch das sogenannte „Infektionsschutzgesetz" soll das Bundesseuchengesetz abgelöst werden. Nach diesem Entwurf sollen Gesundheitskontrollen nur noch bei Verdacht auf Infektionen durchgeführt und die Schulung gesetzlich vorgeschrieben werden.

Allgemeine Hygienegesichtspunkte

Aus dem allgemeinen Hygienegebot des § 3 LMHV, den Anforderungen an Betriebsstätten, an Räume, Vorrichtungen, Geräte, Gegenstände und Einrichtungen sowie den Anforderungen beim Umgang mit Lebensmitteln an das Personal (§ 3 Ziffern 1. und 2. LMHV) in Verbindung mit einer Guten Hygiene-Praxis (GHP) und Guten Herstellungspraxis (GMP – Good Manufacturing Practice) – ergibt sich:

Allgemeiner Grundsatz
Lebensmittel dürfen nur so hergestellt, behandelt oder in den Verkehr gebracht werden, daß sie bei Beachtung der im Verkehr erforderlichen Sorgfalt der Gefahr einer nachteiligen Beeinflussung nicht ausgesetzt sind.

Hygiene-Risiken – Infektionsrisiken
In dem nachfolgenden Schema (Abbildung 5) ist die Keimverbreitung von der Kontaminationsquelle bis zum Infektionsrisiko (Krankheitsrisiko) dargestellt.

Abbildung 6 zeigt den Weg der Mikroorganismen – einschließlich der Zwischenstationen bis zum Menschen – auf.

Für die einwandfreie Beschaffenheit (hygienische Sicherheit) der in den Verkehr gebrachten und an den Verbraucher abge-

Abbildung 5

Hygiene-Risiken

Kontaminationsquellen

Erreger
ausgehend von
Umwelt – Tier – Mensch

ergeben

↓

Kontaminationsrisiko

Grundbelastung
der Lebensmittel

- Primäre Kontamination -

↓

Keimvermehrung

a) landwirtschaftliche Gewinnung

b) Verarbeitung, Herstellung,
industriell, handwerklich

c) Vertrieb
Lagerung, Transport, Verkauf

d) Haushalt
Lagerung, Zubereitung

- Sekundäre Kontamination -

↓

Infektionsrisiko – Krankheitsrisiko

gebenen Lebensmittel ist der Hygienestatus des Betriebes und der dort be- und verarbeiteten Produkte von ausschlaggebender Bedeutung. Der Hygienestatus des Betriebes (Vorhandensein von Keimen, Keimverbreitung, Keimvermehrung) ist abhängig von

1. Rohstoffen, Hilfsstoffen, Verpackungsmaterialien und Transportmitteln
   a) Kontamination (Keimbelastung) bei Eingang
   - durch rohe pflanzliche Lebensmittel (z. B. Salate, Früchte, Kartoffeln, Gemüse, Hülsenfrüchte, Reis)
   - durch zubereitete Lebensmittel (z. B. Teigwaren) und Convenience-Produkte

Abbildung 6

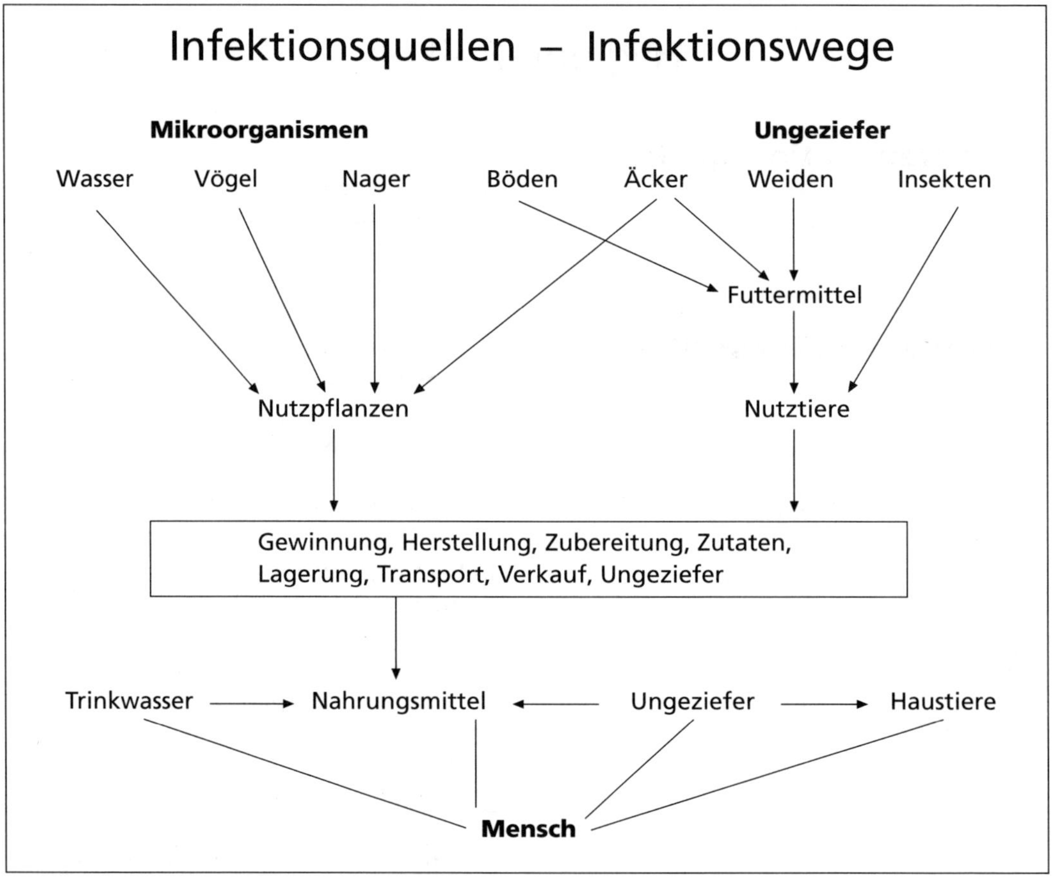

- durch rohes Fleisch und Fleischprodukte (z. B. Fleischerzeugnisse, Fleischwaren)
- durch rohen Fisch und Fischerzeugnisse
- Würzmittel, Gewürze, Gewürzkräuter, Eier und Eiprodukte
- Verpackungsmaterialien (z. B. Kartonagen, Umkartons, Dosen, Flaschen, Beutel, Folien)

b) Keimvermehrung bei der Lagerung der o. a. Produkte

2. Kontamination bei der Produktion (Produkthygiene)
   a) Sauberkeit der Räume, Gebäude, sanitären Einrichtungen, einschließlich eventueller Luftentkeimung und Abfallbeseitigung (Raum- und Gebäudehygiene)
   b) Sauberkeit der Maschinen und Geräte (Anlagenhygiene)

c) Sauberkeit des Arbeitsplatzes (Verarbeitungs- und Produkthygiene)
d) Sauberkeit der Mitarbeiter (Personalhygiene)

3. Lagerung von Halb- und Fertigerzeugnissen (Rohstoff- und Produkthygiene)

4. Verpackung, Transport und Transportmittel (Transporthygiene)

Die vermehrungsfähigen Mikroorganismen in den Rohstoffen und Halbfertigerzeugnissen werden durch küchentechnische Verfahren deutlich beeinflußt (siehe Abbildung 7).

In dem Zusammenhang ist eine Untersuchung über die Ursachen küchentechnischer Fehler bei Gruppenerkrankungen sehr interessant (siehe Abbildung 8).

Abbildung 7

Einfluß der wichtigsten küchentechnischen Verfahren auf den Mikroorganismengehalt der Produkte (nach Schmidt-Lorenz)

	Abnahme der vermehrungsfähigen Mikroorganismen im Produkt	**Zunahme** der vermehrungsfähigen Mikroorganismen im Produkt
Zurichten der Rohware	+	+
Waschen	+ +	+ +
Zerkleinern		+ + +
Mischen	+	+
Erhitzen	+ + + + +	
Stehenlassen (Zwischenlagerung)		+ + + + +
Würzen und Garnieren		+
Ansäuern	+	

Abbildung 8

Ursachen küchentechnischer Fehler bei Gruppenerkrankungen nach Gemeinschaftsverpflegung 1989

Gesamtzahl der analysierten Geschehen: 234

	Fehlerquelle	**Anteil**
1)	mangelnde Reinigung	22,6 %
2)	Vorkochen	10,7 %
3)	mangelnde Heißhaltung	11,2 %
4)	unsachgemäßes Abkühlen	10,7 %
5)	weitere Herstellungsfehler	16,2 %
6)	Überschreitung der Ausgabefrist	9,4 %
7)	Verwendung verdorbener Lebensmittel	7,7 %
8)	mangelnde Warenpflege	6,4 %
9)	Unterbrechung der Kühlkette	3,8 %
10)	sonstige küchentechnische Fehler	1,3 %

Quelle: v. Thurm, Bundesgesetzblatt I 34, 53 (1991)

Aus der Aufstellung geht hervor, daß 55,2 % aller Erkrankungen hätten vermieden werden können, wenn die Fehlerquellen 1 bis 4, die auf der Nichtbeachtung hygienischen Grundwissens beruhen, ausgemerzt würden.

Für die noch immer außerordentlich hohen Zahlen der Lebensmittelinfektionen kann man verschiedene Gründe anführen. Zum Beispiel:

- Unsere Ernährungsgewohnheiten haben sich geändert. Das umfangreiche Nahrungs- und Lebensmittelangebot beinhaltet sehr viele leichtverderbliche Lebensmittel.
- Die Wege vom Hersteller bis zum Verbraucher sind länger geworden, und der Verzehr von Halbfertigprodukten ist

gestiegen. Dabei wird die Kühlkette nicht immer vollständig eingehalten.

- Durch den Massentourismus werden Keime eingeschleppt, die bisher hier nicht heimisch waren.
- Etwa 25 bis 30 % der Bevölkerung nehmen täglich eine Mahlzeit im Restaurant, der Gaststätte oder der Gemeinschaftsverpflegung ein. Bei infizierten Lebensmitteln aus diesen Bereichen ist deshalb stets ein größerer Personenkreis betroffen.
- Trotz der anzuerkennenden Fortschritte in bezug auf die Hygiene im gastronomischen Bereich werden in der Küche noch viel zu häufig die gleichen Fehler gemacht wie in der Vergangenheit.

Es ist bekannt, daß es eine Reihe von Lebensmitteln bzw. Lebensmittelgruppen gibt, bei denen für die Mikroorganismen

Tabelle 1

Lebensmittel	**Grund für die Keimbelastung**
Hackfleisch und Produkte mit zerkleinertem Fleisch	große Oberfläche, hoher Nährstoffgehalt, Verteilung der Mikroorganismen im gesamten Erzeugnis aufgrund der Zerkleinerung
Geflügel und Wild	hohe Grundbelastung aufgrund der Herkunft, Keimvermehrung bei der Bearbeitung
Fleischerzeugnisse (Aufschnitt, Brühwurst, Frischerzeugnisse)	mangelnde Hygiene bei der Herstellung, Lagerung und Abgabe
angebratenes, nicht völlig durchgegartes Fleisch	mangelnde Hygiene bei der Verarbeitung, ungenügende Erhitzung, Keime nicht vollständig abgetötet
rohe Fische, Krusten-, Schalen- und Weichtiere	Herkunft aus verschmutzten Gewässern, mangelnde Hygiene bei der Verarbeitung
Mayonnaisen und Feinkostsalate	Belastung der Rohstoffe, mangelnde Hygiene bei der Herstellung
Eier-, Milchspeisen und Speiseeis	hohe Belastung der Zutaten, zu geringe Erhitzung bei der Herstellung
Diese Aufstellung soll nur beispielhaft sein. Sie erhebt keinesfalls den Anspruch auf Vollständigkeit.	

Tabelle 2: Ausbrüche von Lebensmittelinfektionen/-intoxikationen				
Lebensmittel	**Ausbrüche**	**%**	**Erkrankungen**	**%**
Fleisch-/ Wurstwaren	36	15,8	1225	16,1
Geflügel	6	2,6	209	2,7
Süß-/Backwaren, Speiseeis	71	31,1	2438	32,0
Feinkostsalate, Mayonnaise	15	6,6	429	5,6
Milch-/Eiprodukte	37	16,2	1210	15,9
Fische/Meerestiere	4	1,8	59	0,8
pflanzliche Lebensmittel	5	2,2	189	2,5
ohne Angaben	54	23,7	1860	24,4
(nach Züstrow und Schönberg, 1992)				

eine hohe Verfügbarkeit der Nährstoffe besteht und die deshalb besonders gefährdet sind. Es handelt sich dabei in der Regel um Lebensmittel, die als leichtverderblich einzustufen sind und bei denen aus verschiedenen Gründen mit einer höheren Keimbelastung stets gerechnet werden muß (siehe Tabelle 1).

Eine Untersuchung über die Ausbrüche von Lebensmittelinfektionen bzw. -intoxikationen belegt, daß die leichtverderblichen Lebensmittel auch der Hauptgrund für die Ausbrüche und die Zahl der Erkrankungen waren (siehe Tabelle 2).

Hygieneschwerpunkte

Um in die Schulung der Mitarbeiter eine gewisse Systematik einbringen zu können, empfiehlt es sich, die Hygieneschwerpunkte aufzuschlüsseln. Zum Beispiel in:

- Raumhygiene – Gebäudehygiene
- Hygiene der Gegenstände und Ausrüstungen
- Produkthygiene – Verarbeitungshygiene
- Personalhygiene

Zu den einzelnen Schwerpunkten wurden Checklisten erstellt, die gegebenenfalls von den Verantwortlichen weiter spezifiziert werden sollten und können. Mit Hilfe der Listen kann ein Hygiene-Check mit gleichzeitiger Bewertung eventuell vorhandener Mängel vorgenommen werden. Die **aufgeführten Punkte müssen** ohnehin **bei** der **Erstellung** des **betriebseigenen Kontrollkonzeptes** nach den Grundsätzen des HACCP-Systems, bei der Vornahme der Gefahrenanalyse und Identifizierung der Punkte, die im Prozeßablauf für die Lebensmittel risikoträchtig sein können, **berücksichtigt werden.**

Die Ziffern bedeuten:

1 keine Mängel.
2 geringe Mängel, Rücksprache über Abstellung und eventuelle Verbesserung, Vermerk über die Abstellung der Mängel sollte angebracht werden.
3 **deutliche Mängel, sofort abstellen!** Rücksprache über Verbesserungsmöglichkeiten, Vermerk über die Abstellung der Mängel sollte unbedingt angebracht werden.

Merke!
Für alle Hygiene-Punkte gilt: Überprüfung, ob eventuelle Mängel auch abgestellt wurden!

Raumhygiene – Gebäudehygiene

Allgemeines

Für sämtliche Räume sollte ein Hygieneplan (Reinigungs- und Desinfektionsplan) vorhanden sein. Auch bei Vergabe der Reinigungsarbeiten an Fremdfirmen muß sich der Verantwortliche durch regelmäßige Kontrollen davon überzeugen, daß die Arbeiten ordnungsgemäß ausgeführt werden. Die folgende Checkliste sollte – wie auch die nachfolgenden Checklisten – mit den Mitarbeitern diskutiert werden, um ihnen die Auswirkungen mangelnder Raum- und/oder Gebäudehygiene auf die Produkte vor Augen zu führen.

Tabelle 3

Raumhygiene – Gebäudehygiene	**1**	**2**	**3**
1. Allgemeine Sauberkeit ☞ Bereich Warenannahme: Wird bei Warenannahme auf eventuell verschmutzte Umverpackungen und verschmutzte Lieferfahrzeuge geachtet?			
☞ Ist die allgemeine Sauberkeit in Gängen/Fluren,			

Tabelle 3 Fortsetzung			
Raumhygiene – Gebäudehygiene	**1**	**2**	**3**
☞ Lagerräumen,			
☞ Trockenlagern,			
☞ Kühllagern,			
☞ Produktionsräumen,			
☞ Warenausgabe zufriedenstellend?			
☞ Wird in den o. a. Räumen auf Schädlingsbefall geachtet?			
☞ Auch bei Warenanlieferung,			
☞ in Schachtanlagen,			
☞ Lüftungsschächten,			
☞ Rohren, Hohlräumen, Wandverkleidungen,			
☞ abgehängten Decken?			
☞ Sind die Mitarbeiter über Vorkommen, Lebensweise und Bekämpfung von Schädlingen unterrichtet?			
2. Bauliche Mängel ☞ Sind Schäden im Bereich der oben angeführten Räume festzustellen?			
☞ z. B. beschädigte Fenster			
☞ Putz- und/oder Wasserschäden?			
☞ mangelhafter Anstrich?			
3. Temperaturen ☞ Entsprechen in den oben angeführten Räumen die Raumtemperaturen den dort gelagerten bzw. be- und verarbeiteten Lebensmitteln?			
☞ Wird die Temperatur regelmäßig kontrolliert?			
4. Fußboden ☞ Sind die Fußböden ✓ leicht zu reinigen, ✓ massiv, ✓ wasserundurchlässig, ✓ gegen Fett und Fettsäuren widerstandsfähig?			

Tabelle 3 Fortsetzung			
Raumhygiene – Gebäudehygiene	**1**	**2**	**3**
☞ Werden die Böden regelmäßig gereinigt und desinfiziert?			
☞ Sind die Fettabscheider, Siphons, Gitter und Roste saubergehalten?			
5. Wände ☞ Sind Wandflächen mit glatten Oberflächen bis zu einer für die entsprechenden Arbeitsvorgänge angemessenen Höhe versehen (wasserundurchlässige, wasserabstoßende, abwaschbare Materialien wie Fliesen, Ölanstriche usw.)?			
☞ Sind die Übergänge von Wänden zu Fußböden sauber verfugt (Rißbildung vermeiden)?			
☞ Ist an bestimmten Stellen regelmäßig Kondenswasser vorhanden (Gefahr der Schimmelbildung)?			
6. Decken ☞ Sind Decken und Deckenvorrichtungen so geschaffen, daß ✓ sich kein Kondenswasser bildet? ✓ kein Schimmelbefall entsteht? ✓ sich keine Materialien ablösen? ✓ sich kein Schmutz ansammeln kann (abgehängte Decken, Lamellen)? ✓ Schimmelbildung nicht feststellbar ist?			
7. Türen und Fenster ☞ Sind Türen und Fenster gereinigt?			
☞ Sind die Oberflächen glatt, leicht zu reinigen und gegebenenfalls zu desinfizieren?			
☞ Werden Schmutzansammlungen an Ecken und Kanten vermieden?			
☞ Sind Fenster oder Öffnungen, die ins Freie führen, mit zu Reinigungszwecken leicht entfernbaren Insektengittern ausgestattet?			
☞ Werden die Insektengitter regelmäßig gereinigt?			

Tabelle 3 Fortsetzung			
Raumhygiene – Gebäudehygiene	**1**	**2**	**3**
8. Arbeitsflächen ☞ Sind Oberflächen, die mit Lebensmitteln in Berührung kommen, ✓ in einwandfreiem Zustand? ✓ leicht zu reinigen und ggf. zu desinfizieren?			
☞ Wird der einwandfreie hygienische Zustand regelmäßig durch Abklatschpräparate (z. B. Hygicult, Schülke & Mayr, Norderstedt) kontrolliert?			
☞ Sind die verwendeten Materialien unbedenklich, glatt und abwaschbar?			
9. Handwaschbecken ☞ Sind Handwaschbecken in ausreichender Zahl vorhanden?			
☞ Verfügen diese über Kalt- und Warmwasserzufuhr (Sensoren zur Bedienung einsetzen!)?			
☞ Sind Mittel zur hygienischen Reinigung und Trocknung der Hände vorhanden (Seifenspender – keine Stückseife, Einmalhandtücher!)?			
☞ Sind Desinfektionsmittel (Spender) vorhanden?			
☞ Ist Anweisung zur Benutzung der Desinfektionsmittel angebracht?			
☞ Ist sichergestellt, daß die Handwaschbecken nicht zum Reinigen von Lebensmitteln benutzt werden (Hinweis empfehlenswert)?			
10. Vorrichtung zum Reinigen von Lebensmitteln ☞ Verfügen die Vorrichtungen über eine angemessene Zufuhr von warmem oder kaltem Wasser?			
☞ Werden sie saubergehalten?			
☞ Werden sie regelmäßig desinfiziert?			
11. Vorrichtung zum Reinigen der Arbeitsgeräte ☞ Verfügen sie über die erforderliche Warm- und Kaltwasserzufuhr?			
☞ Bestehen sie aus korrosionsfähigem Material?			
☞ Werden sie saubergehalten?			

Tabelle 3 Fortsetzung			
Raumhygiene – Gebäudehygiene	**1**	**2**	**3**
☞ Werden die Reinigungsmittel sicher aufbewahrt, daß sie nicht in Lebensmittel gelangen können?			
12. Belüftung ☞ Ist die Belüftung ausreichend (Wrasenbildung, Schwitzwasser)?			
☞ Erfolgen keine Luftströmungen aus einem unreinen in einen reinen Bereich?			
☞ Werden Dampfabzugseinrichtungen, Hauben, Klimaanlagen in regelmäßigen Abständen gewartet, gereinigt und desinfiziert?			
☞ Werden die Filter der Lüftungssysteme und die Fettfilter regelmäßig gereinigt?			
☞ Sind die Filter und Teile, die gereinigt oder ausgetauscht werden müssen, leicht zugänglich?			
☞ Sind die Ansaugstutzen für die Belüftung so angebracht, daß keine üblen Gerüche (Stallungen, Abfalleimer, Mülltonnen, Abgase, Staub, Schmutz) angesaugt werden?			
13. Beleuchtung ☞ Ist die Beleuchtung ausreichend, um eventuelle Sauberkeitsmängel feststellen zu können?			
14. Lebende Tiere ☞ Ist sichergestellt, daß sich keine lebenden Tiere (Hunde, Katzen, Vögel) – auch nicht zeitweilig – in den Räumen aufhalten?			
15. Betriebsfremde, zweckentfremdete Nutzung ☞ Werden die Räume nicht für andere Zwecke benutzt (Wohnen, Schlafen, Reparaturen)?			
☞ Befinden sich Gegenstände in den Räumen, die deren Sauberkeit nachteilig beeinflussen können (alte Maschinen, Backformen, Kartonagen, Kiste, Säcke, Paletten)?			

Tabelle 3 Fortsetzung			
Raumhygiene – Gebäudehygiene	**1**	**2**	**3**
16. Abwasseranlagen ☞ Sind die Abwasseranlagen so ausgelegt, daß es nicht zu einer nachteiligen Beeinflussung von Lebensmitteln kommen kann (Abflüsse in genügender Anzahl, kein Rückstau, Geruchsverschluß)?			
17. Sanitäre Anlagen ☞ Sind entsprechend der Zahl der Mitarbeiter genügend Toiletten mit Wasserspülung vorhanden?			
☞ Ist genügend Toilettenpapier (einschließlich Reserven) vorhanden?			
☞ Ist die Sauberkeit der Toiletten (auch Wände, insbesondere Fußböden) gewährleistet?			
☞ Sind genügend Handwaschbecken mit Kalt- und Warmwasserzufuhr vorhanden?			
☞ Verfügen die Handwaschbecken über Mittel zum hygienischen Reinigen, Trocknen und Desinfizieren der Hände (Bedienung durch Sensoren, Seifenspender, Desinfektionsmittel, Einmalhandtücher)?			
☞ Befinden sich Hinweise über den Handwaschbecken auf die Notwendigkeit der Desinfektion?			
☞ Ist sichergestellt, daß kein direkter Zugang von den Toiletten in die Räume, in denen Lebensmittel hergestellt, be- und verarbeitet werden, besteht?			
☞ Ist die Beleuchtung und Belüftung ausreichend?			
☞ Wird auf Schädlingsbefall geachtet (Asseln, Ameisen, Schaben, Silberfischchen)?			
18. Lagerräume ☞ Sind Fußböden, Decken, Wände, Fenster in sauberem einwandfreiem Zustand (Anstrich)?			
☞ Werden die Lagerräume regelmäßig belüftet?			
☞ Befinden sich eventuell verschmutzte Umverpackungen, Kartonagen, Fässer, Paletten (Staubfänger) in den Lagerräumen?			
☞ Wird regelmäßig auf Anzeichen eventuellen Schädlingsbefalls geachtet?			

Tabelle 3 Fortsetzung			
Raumhygiene – Gebäudehygiene	**1**	**2**	**3**
☞ Sind die Mitarbeiter in diesen Punkten geschult?			
☞ Werden die Lebensmittel so gelagert, daß sie sich nicht gegenseitig nachteilig beeinflussen können?			
☞ Finden regelmäßig Kontrollen auf Schädlingsbefall statt?			
Prüfer: .... **Ort/Datum:**			

Hygiene der Gegenstände und Ausrüstungen

Allgemeines

Gegenstände und Ausrüstungen, die mit Lebensmitteln in Berührung kommen, müssen so beschaffen sein, daß sie sauber- und instandgehalten und erforderlichenfalls desinfiziert werden können und von ihnen keine nachteilige Beeinflussung der Lebensmittel ausgeht.

Bei Spültüchern konnten über 100 Mio. Keime/cm^2 nachgewiesen werden (weitere Keimzahlen siehe unter Produkthygiene). Bei der Reinigung und Desinfektion ist besonders darauf zu achten, daß die Einwirkungszeiten der Desinfektionsmittel beachtet werden, um eine Abtötung der Mikroorganismen zu erreichen. Gründliches Nachspülen mit Wasser von Trinkwasserqualität ist erforderlich, damit keine Desinfektions- und/oder Reinigungsmittel in die Lebensmittel gelangen. Bei allen Gegenständen sollte durch den Einsatz von Abklatschpräparaten immer wieder kontrolliert werden, ob die Reinigung und Desinfektion allen hygienischen Anforderungen genügt. Gerade bei den Gegenständen und Ausrüstungen ergibt sich häufig eine Summe von kleinen Fehlern (hygienische Mängel), die zu einem hohen Risiko werden können.

Tabelle 4			
Gegenstände und Ausrüstungen	**1**	**2**	**3**
☞ Ist sichergestellt, daß die Lebensmittel nicht nachteilig beeinflußt werden, wenn Gefäße, Behälter übereinander gestapelt werden (sollte eigentlich vermieden werden)?			
☞ Wird darauf geachtet, daß Behälter, Gefäße nicht auf dem Fußboden stehen (Schmierinfektion)?			
☞ Befinden sich an den Maschinen schwer zu reinigende Schrauben, Gewindereste, Flügelmuttern (Hutmuttern einsetzen!) oder Langlöcher zum Verstellen?			
☞ Werden sämtliche Maschinen regelmäßig zur Säuberung auseinandergenommen?			
☞ Wird dabei auf sogenannte „Toträume" (stagnierendes, abgestandenes Wasser in Schläuchen, unter Topfdeckeln und Folien ist häufig stark verkeimt!) geachtet?			
☞ Enthalten die Oberflächen der Maschinen Haarrisse, Grate, Lunker oder rauhe Schweißnähte?			
☞ Werden bei der Reinigung eventuell andere Gegenstände/Maschinen verschmutzt (Spritzwasser)?			
☞ Werden die Maschinen regelmäßig gewartet und die Wartung dokumentiert?			
☞ Gehen mit Sicherheit keine fremden Stoffe (Schmier- und Gleitstoffe) von den Maschinen auf Lebensmittel über?			
☞ Erfolgt nach der Reinigung regelmäßige Desinfektion?			
☞ Wird nach der Desinfektion mit Leitungswasser nachgespült?			
☞ Werden die Gargeräte regelmäßig gesäubert?			
☞ Erfolgt regelmäßige Reinigung der Abzugshauben?			
☞ Werden die Hackklötze mindestens einmal täglich gründlich gereinigt, mit einer Klinge abgezogen und desinfiziert?			
☞ Sind die Schneidebretter aus geeignetem Material (Holz ist untersagt!), weisen sie weder Furchen noch Riefen oder Spalten auf, werden sie regelmäßig gereinigt, abgezogen und desinfiziert?			
☞ Wird die Reinigung von Kleingeräten (Messer, Löffel, Gabeln, Siebe, auswechselbare Maschinenteile zum Zerkleinern, Mixen) ausreichend überwacht und kontrolliert?			

Tabelle 4 Fortsetzung			
Gegenstände und Ausrüstungen	**1**	**2**	**3**
☞ Werden Spül-, Wisch- und Putztücher täglich frisch ausgegeben (Einmal-Tücher sind geeigneter, Auftrocknen der Tücher unbedingt vermeiden!)?			
☞ Werden die Kühlhäuser und Kühlmöbel regelmäßig gereinigt und abgetaut?			
☞ Werden die vorgegebenen Temperaturen regelmäßig kontrolliert (Thermometer vorhanden?)?			
☞ Werden die Abfallbehälter geschlossen gehalten, regelmäßig gereinigt und desinfiziert?			
☞ Wird die Umgebung der Abfallbehälter saubergehalten?			
☞ Wird in der Umgebung der Abfallbehälter außerhalb der Produktionsräume auf Schädlinge geachtet (Kontrollköder, Nager, Hunde, Katzen)?			
☞ Sind die Transportgefäße gesäubert?			
☞ Werden Transportwagen einschließlich Tablettrückgabewagen regelmäßig gereinigt?			
☞ Können benutzte Behälter (Thermophore, Isolierkästen) angelieferte Lebensmittel nachteilig beeinflussen?			
☞ Ist sichergestellt, daß benutzte (verschmutzte) Transportgefäße und Behälter gesäuberte nicht verschmutzen?			
☞ Sind die Transportfahrzeuge (Ladeflächen und -wände) ausreichend gesäubert (auch die äußere Sauberkeit von Transportfahrzeugen läßt gewisse Schlüsse auf den Betrieb zu)?			
☞ Werden Schränke, Regale, Schubladen regelmäßig gereinigt?			
☞ Sind Geräte, Maschinen, Möbel so installiert, daß eine angemessene Reinigung des unmittelbaren Umfeldes vorgenommen werden kann?			
☞ Wird das Verpackungsmaterial staub- und schmutzfrei gelagert?			
☞ Kommt nur sauberes, farbfestes, unbenutztes Verpackungsmaterial zum Einsatz?			
☞ Ist das Verpackungsmaterial für das jeweilige Lebensmittel geeignet (Migration/Wanderung von Inhaltsstoffen, Bescheinigung des Lieferanten über die Eignung anfordern!)?			

Tabelle 4 Fortsetzung			
Gegenstände und Ausrüstungen	**1**	**2**	**3**
☞ Werden die Lebensmittel durch Dekorationsmaterial eventuell nachteilig beeinflußt (Gerüche, Farbe, Mikroorganismen)?			
☞ Ist sichergestellt, daß Dekorationsmaterial oder Teile davon nicht in Lebensmittel gelangen?			
☞ Sind die Schilder und Bezeichnungen (Preisangaben) in der Warenausgabe stets sauber und werden nicht in die Waren eingesteckt?			
Prüfer: .... **Ort/Datum:**			

Produkthygiene – Verarbeitungshygiene

Allgemeines

Bei der Verarbeitung von Lebensmitteln muß vor allen Dingen darauf geachtet werden, daß Kreuzkontamination (mikrobiologische Belastung einwandfreier Lebensmittel durch belastete Lebensmittel) und Rekontamination (erneuter mikrobiologischer Befall) vermieden werden. Auch für diesen Sektor ergeben sich eine Anzahl von Risiken, die zum Teil auf die Rohstoffe zurückzuführen sind.

Tabelle 5	
Gesamtkeimzahl je 10 Quadratzentimeter:	
Kopfsalat (ungewaschen)	10 000 bis 1 000 000
Kopfsalat (gewaschen)	1 000 bis 100 000
Frische Erdbeeren	1 000 bis 1 000 000
Schweinefleisch (frisch)	100 000
Schweinefleisch (abgehangen)	100 000 000
Waagschale (Metzgerei)	750 bis 4 000
Küchentisch	300
Küchenbesteck (sauber)	10 bis 250
Handunterseite (gründlich gewaschen)	10 bis 250

Tabelle 5	
Gesamtkeimzahl je Gramm bzw. Milliliter:	
Tatar (mit Ei und Gewürzen)	100 000 bis 30 000 000
Leberwurst (auf Brötchen)	500
Italienischer Salat (hausgemacht)	3 000 000
Zwiebeln (gehackt)	20 000
Pfeffer (gemahlen)	30 000 bis 1 000 000
Trinkmilch (pasteurisiert)	bis 10 000
Quelle: Berg, Thiel und Frank, „Rückstände und Verunreinigungen in Lebensmitteln", UTB 675, Steinkopff-Verlag, Darmstadt, 1978)	

Die Beispiele mögen genügen, um darzustellen, mit welchen mikrobiologischen Belastungen bei der Verarbeitung gerechnet werden muß. Eine besondere Bedeutung kommt dem Wasser zu. Bei der Zubereitung von Lebensmitteln darf prinzipiell nur Wasser von Trinkwasserqualität eingesetzt werden. Dabei ist darauf zu achten, daß kein stagnierendes Wasser (abgestandenes Wasser) eingesetzt wird.

Ackerboden (eingetragen durch Gemüse) kann bis zu ca. 2,5 Mio. Bakterien/cm^3 enthalten. Eine besondere Gefährdung stellt nicht ordnungsgemäß entsorgtes Abwasser dar. So kann z. B. ein Schnapsglas stark verschmutzten Abwassers bis zu 200 Mio. Bakterien enthalten.

Tabelle 6			
Produkthygiene – Verarbeitungshygiene	**1**	**2**	**3**
☞ Werden die angelieferten Rohstoffe regelmäßig (durch Stichproben) auf die gesetzlich vorgeschriebenen und wünschenswerten (empfohlenen, Gute Hygiene-Praxis) Temperaturen überprüft – Belege darüber auch vom Lieferanten angefordert und gesammelt –?			
☞ Sind reine und unreine Zonen im Betrieb streng getrennt?			
☞ Ist sichergestellt, daß Transport- und Umverpackungen sofort beseitigt werden und nicht in den Betrieb gelangen?			

Tabelle 6 Fortsetzung			
Produkthygiene – Verarbeitungshygiene	**1**	**2**	**3**
☞ Gelangen keine äußerlich verschmutzten Lebensmittel in das Lager, Kühllager?			
☞ Ist eine Kontamination (Verunreinigung, mikrobiologische Belastung) durch den Lieferanten auszuschließen?			
☞ Wird unter ordnungsgemäßen hygienischen Bedingungen (sauberes Fahrzeug) geliefert?			
☞ Erfolgt Trennung des Sortiments während der Lagerung (sowohl bei der Kühl- als auch der Trockenlagerung)?			
☞ Können sich Lebensmittel während der Lagerung nicht gegenseitig nachteilig beeinflussen (z. B. Lagerung von Fisch neben Fleisch; von Räucherfisch und/oder geräucherten Fleischerzeugnissen neben Butter; Käse neben Sauermilcherzeugnissen)?			
☞ Werden Gewürze und Trockenvorräte regelmäßig auf Schädlingsbefall kontrolliert?			
☞ Werden Gewürze den Lebensmitteln vor Erhitzung zugefügt?			
☞ Werden Gewürze bei nichterhitzten Lebensmitteln möglichst unmittelbar vor dem Verzehr zugefügt?			
☞ Werden Lebensmittel soweit wie möglich abgedeckt gehalten?			
☞ Werden Lebensmittel nicht in Kisten oder Kartons, sondern in betriebseigenen, sauberen Gefäßen aufbewahrt?			
☞ Gelangen keine Holzpaletten (häufig stark verkeimt!) in die Produktionsräume?			
☞ Werden Lebensmittel mit starkem Eigengeruch fest verschlossen aufbewahrt?			
☞ Werden Lebensmittel in Kühlmöbeln und Kühlhäusern abgedeckt/verschlossen aufbewahrt?			
☞ Sind die Lebensmittel, insbesondere leichtverderbliche, gegen Sonneneinstrahlung geschützt?			
☞ Werden die vorgegebenen Temperaturen, besonders bei leichtverderblichen Lebensmitteln, eingehalten?			
☞ Wird bei den Lebensmitteln auf die Haltbarkeitsdaten (Mindesthaltbarkeitsdatum, Verbrauchsdatum) geachtet?			

Tabelle 6 Fortsetzung			
Produkthygiene – Verarbeitungshygiene	**1**	**2**	**3**
☞ Wird die Temperaturführung bei Erhitzungsprozessen überwacht (dokumentiert)?			
☞ Erfolgt die Abkühlung (von 70 °C/65 °C auf 15 °C) bei gegarten Speisen (z. B. Süßspeisen, Fonds) möglichst schnell?			
☞ Ist eine getrennte Verarbeitung von rohem Gemüse und Salat einerseits und rohem Fleisch, Fisch, Geflügel andererseits gewährleistet?			
☞ Werden nur die Mengen an Rohwaren in den Produktionsbereich verbracht, die in einem kurzen (überschaubaren) Zeitraum verarbeitet werden?			
☞ Werden beim Portionieren (manuellen Vermischen) von Feinkostsalaten, Aufschnitt, Belägen Einmal-Handschuhe getragen?			
☞ Werden Essensreste (Lebensmittelabfälle) möglichst schnell aus dem Produktbereich entfernt?			
☞ Gelangen Essensreste (Abfälle) aus Krankenstationen mit Sicherheit nicht in den Lager- und Produktionsbereich, sondern sofort in den Abfallbereich?			
☞ Werden genußuntaugliche oder gar gesundheitsschädliche Lebensmittel sofort beseitigt und die Umgebung dieser Lebensmittel sorgfältig überprüft bzw. gereinigt und desinfiziert?			
☞ Werden genußuntaugliche oder gar gesundheitsschädliche Lebensmittel, die zur Durchsetzung eines Anspruchs auf Erstattung durch den Lieferanten auch so abgetrennt und verschlossen gehalten, daß eine Kreuzkontamination ausgeschlossen ist?			
☞ Sind diese genußuntauglichen Lebensmittel für jeden Mitarbeiter erkennbar (deutlicher schriftlicher Hinweis an den Produkten!) und eine Wiederverwendung ausgeschlossen?			
☞ Sind die Lebensmittel in der Warenausgabe (Buffet) vor nachteiliger Beeinflussung (Hustenschutz, Abdeckung) geschützt?			
☞ Werden warme Speisen bei der Ausgabe in Temperaturbereichen zwischen 70 °C und 60 °C gehalten (kleinere Portionen zur Ausgabe bereitstellen)?			
☞ Werden die Heißhaltetemperaturen regelmäßig kontrolliert?			
☞ Ist sichergestellt, daß Lebensmittel, die dem Einflußbereich der Küche entzogen waren, nicht durch Rückgabe erneut in den Verkehr kommen?			

Tabelle 6 Fortsetzung			
Produkthygiene – Verarbeitungshygiene	**1**	**2**	**3**
☞ Kommen Auftauflüssigkeiten (Gefrierfleisch, insbesondere Geflügel!) nicht mit leichtverderblichen und anderen Lebensmitteln, Arbeitsflächen und Geräten in Berührung?			
☞ Werden die Arbeitsflächen und Gerätschaften, die mit Auftauflüssigkeiten in Berührung gekommen sind, sofort gereinigt und gegebenenfalls desinfiziert?			
☞ Werden Waschbecken zur Reinigung von Lebensmitteln auch nicht zum Händewaschen benutzt?			
☞ Werden rohe und gekochte Lebensmittel in den verschiedenen Phasen der Zubereitung möglichst getrennt gehalten (Kreuzkontamination)?			
☞ Werden Eier unter 7 °C gelagert (Salmonellengefahr)?			
☞ Werden Eierspeisen ausreichend erhitzt (Kerntemperatur mindestens 70 °C über 5 Minuten)?			
☞ Sind im Küchenbereich keine Blumen oder Topfpflanzen vorhanden?			
☞ Werden im Produktionsbereich Putzmittel, Reinigungsgeräte oder Schädlingsbekämpfungsmittel gelagert?			
Prüfer: .... **Ort/Datum:**			

Personalhygiene

Allgemeines

Der Mensch ist als Kontaminationsquelle ein großer Risikofaktor. Einwandfreies Verhalten in Hygiene-Fragen trägt entscheidend zum Schutz der Lebensmittel vor Verunreinigungen/Kontamination bei.

Die Infektion durch den Menschen ist ein uraltes Thema. So schrieb bereits Karl der Große (795 n. Chr.) in „Capitulare de villis et curtis imperialibus“: „Alles, was mit Händen verarbeitet und zubereitet wird, wie Speck, Rauchfleisch, Sülze, Wein, Essig, Brombeerwein, Würzwein, Most, Senf, Käse, Butter, Malz, Malzbier, Met, Honig, Wachs, Mehl soll mit größter Sauberkeit hergestellt werden. ... Niemand soll sich unterstehen, die Trauben etwa mit den Füßen zu keltern."

Abbildung 9 zeigt den Kontaminationsweg von Staphylococcus aureus (Eitererreger).

Anzumerken ist dazu, daß das Enterotoxin (Giftstoff) von St. aureus die üblichen Gar- und Brattemperaturen übersteht. Das Tragen von Handschuhen bei kleinen Verletzungen (auch wenn diese versorgt sind!) ist deshalb besonders wichtig.

Einige Keimzahlen auf der Haut des Menschen belegen, wie wichtig die persönliche Hygiene ist (siehe Tabelle 7).

Abbildung 9

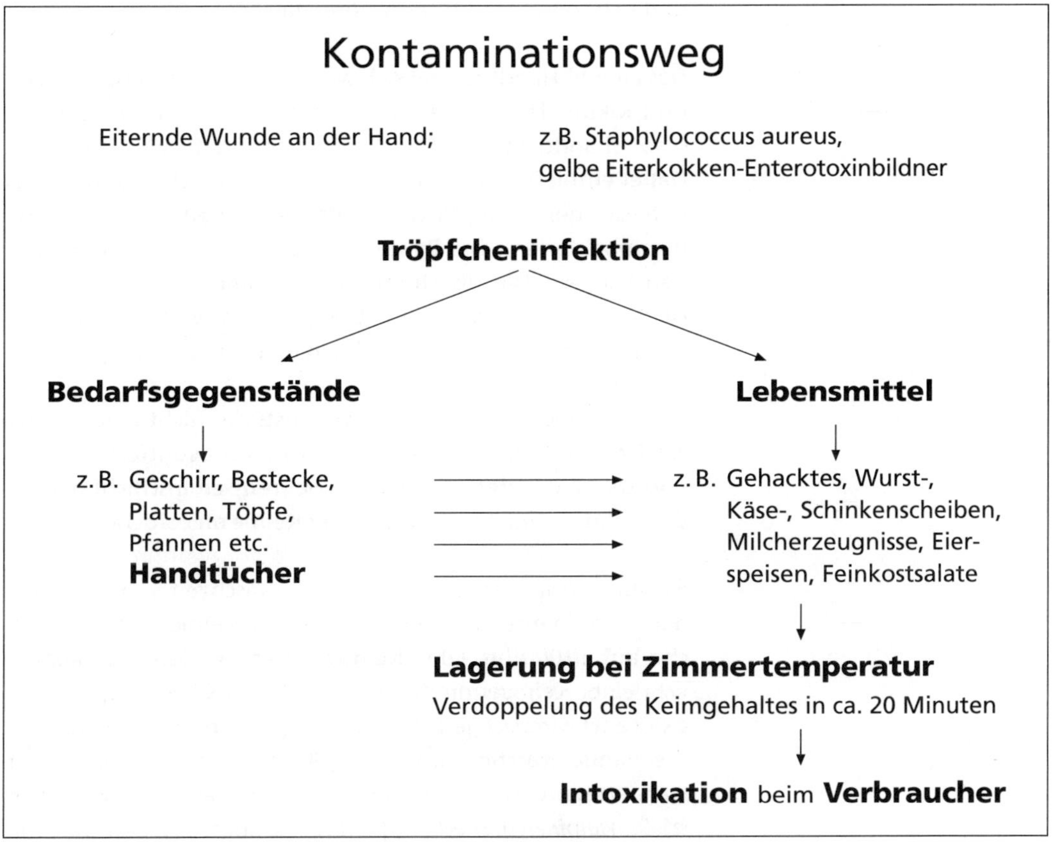

Tabelle 7	
Keimzahlen auf der Haut beim Menschen	
Stelle	**Keimzahl pro cm²**
Kopfhaut	$1,5 \times 10^6$
Achselhöhle	$2,4 \times 10^6$
Unterarm	$1,1 \times 10^6$
Rücken	$3,1 \times 10^6$
Stirn	$1,2 \times 10^6$
(Quelle: nach Seyfarth, H., Pharm. Ind. 55; (1993) 63	

Es ist angesichts dieser Keimzahlen (insbesondere die der Kopfhaut) außerordentlich erstaunlich und befremdend, daß immer wieder Köche (auch „große Meister des Faches") und Küchenpersonal ohne Kopfbedeckung angetroffen werden und sich sogar noch fotografieren lassen.

Das Einmal-Handtuch hat sich weitgehend durchgesetzt. Grün und Kikuth fanden bei ihren Untersuchungen an „Gemeinschaftshandtüchern" (Stoff) seinerzeit ca. 16 500 Keime/cm². Dabei enthielt jedes zweite Handtuch Staphylococcus aureus (Eitererreger); jedes dritte Handtuch enthielt Escherichia coli (Darmbakterien). Die Bakterien lebten bis zu 24 Stunden in den Tüchern. Die Übertragung der Keime an Folgebenutzer ist damit vorprogrammiert. Das gilt selbstverständlich auch für die Mehrfachbenutzung durch eine einzelne Person.

Bei der Händereinigung sind Seifenstücke nicht empfehlenswert, da die Keime beim Waschen nicht restlos entfernt werden und zum Teil in der gequollenen oberen Seifenschicht haften. Es erfolgt so eine Übertragung der Keime an Folgebenutzer.

Es wurde festgestellt, daß bei einer Waschzeit von 30 Sekunden eine Keimreduzierung von 100 000 Keimen/cm² Handfläche auf 10 000 bis 1 000 Keime/cm² erreicht werden kann – was einer Keimverminderung von 90 bis 99 % entspricht. In der Regel wird sich jedoch kaum ein Mitarbeiter 30 Sekunden die Hände waschen. Daraus ergibt sich die Wichtigkeit der Händedesinfektion. Eindrucksvoll haben dies Untersuchungen (*K. Bansemir Hyg. Med. 21; 51, 1996)* belegt. Es wurde eine mit

E. coli kontaminierte Zeigefingerbeere auf festes Nährmedium gedrückt, bei Anwendung von drei Blättern zweilagigen Toilettenpapiers konnten nach Andruckzeiten von 1, 2 und 5 Sekunden noch eindeutig E. coli nachgewiesen werden. Die Wichtigkeit der Händedesinfektion kann nicht deutlicher dargestellt werden.

Tabelle 8

Personalhygiene	**1**	**2**	**3**
☞ Halten die Mitarbeiter ein „hohes Maß an persönlicher Sauberkeit" (kein Körpergeruch, keine ungepflegten Haare, gepflegtes äußeres Erscheinungsbild)?			
☞ Werden die Fingernägel kurz gehalten und nicht lackiert?			
☞ Wir darauf hingewiesen, daß tägliches Duschen und häufige Haar- und/ oder Bartwäsche eine Selbstverständlichkeit sein sollte?			
☞ Wird seitens der Mitarbeiter auf die Reinhaltung der Füße geachtet (oft vernachlässigt! Pilzinfektion!)?			
☞ Sind genügend Umkleideschränke vorhanden?			
☞ Wird die Alltagskleidung (Zivilkleidung) von der Arbeitskleidung (Schutzkleidung) in den Schränken getrennt gehalten?			
☞ Werden die Schuhe stets außerhalb der Schränke aufbewahrt?			
☞ Werden Ringe, Ketten, Uhren, Ohrclips vor Arbeitsbeginn abgelegt (Schlupfwinkel für Mikroorganismen; Gefahr, daß persönliche Gegenstände in Lebensmittel gelangen, gründliche Reinigung nur so möglich)?			
☞ Wird die Schutzkleidung regelmäßig, insbesondere bei Verschmutzung, gewechselt?			
☞ Ist stets ausreichende Schutzkleidung vorhanden?			
☞ Werden Kopfbedeckungen getragen, damit keine Haare, Schuppen, Hautfetzen und Schweiß in die Lebensmittel gelangen (Haare sollten vollständig bedeckt sein)?			
☞ Ist Schutzkleidung (einschließlich Kopfbedeckung und Einmal-Überschuhe) für eventuelle Gäste und Personal des Maschinenservice usw. vorhanden?			
☞ Wird darauf geachtet, daß sich keine betriebsfremden Personen (Lieferanten, Verwaltungspersonal) in den Produktionsräumen aufhalten?			

Tabelle 8 Fortsetzung			
Personalhygiene	**1**	**2**	**3**
☞ Werden die Straßenschuhe stets ausgewechselt?			
☞ Werden die Arbeitsschuhe regelmäßig gründlich gereinigt und desinfiziert?			
☞ Wäscht jeder Mitarbeiter vor Arbeitsbeginn gründlich die Hände und Unterarme?			
☞ Wird Husten, Niesen und Spucken vermieden (ekelerregend, Speichel oft verkeimt, Einmal-Taschentücher)?			
☞ Wird die Nase regelmäßig gesäubert (Tröpfchen-Infektion, Einmal-Taschentücher!)?			
☞ Wird die Säuberung der Ohren mit den Fingern vermieden?			
☞ Wird Kratzen am Körper, insbesondere Kopfhaut (Kopfbedeckung!) und Nase vermieden?			
☞ Ist gründliches Händewaschen und -desinfektion nach jedem Toilettenbesuch eine Selbstverständlichkeit?			
☞ Werden zum Abtrocknen der Hände Einmalhandtücher benutzt?			
☞ Werden Finger, Löffel oder Gabeln nach Speisengenuß (Verkosten, Probieren) auch nicht abgeleckt?			
☞ Wird das Verbot der Nahrungsaufnahme (Essenspause) in den Produktionsräumen eingehalten?			
☞ Werden keine Trinkbecher mit in die Produktionsräume genommen (Becher geraten in Maschinen, werden zerkleinert, gelangen in Lebensmittel)?			
☞ Stehen in den Produktionsräumen ausreichend Handwaschbecken, Reinigungs- und Desinfektionsmittel sowie Einmalhandtücher zur Verfügung?			
☞ Wird das absolute Rauchverbot in Produktions- und Lagerräumen beachtet?			
☞ Ist gründliches Händewaschen und -desinfektion selbstverständlich: ✓ bei Wiederaufnahme der Arbeit nach den Pausen? ✓ nach Handhabung von rohem Fleisch, Fisch, Geflügel, rohem Gemüse und rohen Salaten (Kreuzkontamination!)?			
☞ Wird bei Verletzungen (Schnittwunde) die Wunde sofort versorgt?			

Tabelle 8 Fortsetzung			
Personalhygiene	**1**	**2**	**3**
☞ Werden anschließend Einmal-Handschuhe getragen?			
☞ Sind die Mitarbeiter darüber informiert, daß beim Auftreten von Durchfall, Erbrechen, Übelkeit und Kolik (krampfartige Bauchschmerzen) sowie eitrigen Wunden sofort Meldung an die Betriebsleitung erfolgen sollte?			
☞ Ist sichergestellt, daß Hauterkrankungen der Mitarbeiter gemeldet und behandelt werden?			
☞ Ist sichergestellt, daß jeder Mitarbeiter seinen Arbeitsplatz soweit aufräumt, daß nach Arbeitsschluß gründliche Reinigung und eventuelle Desinfektion möglich ist?			
Prüfer: .... **Ort/Datum:**			

Spezielle Vorgaben bei bestimmten Mikroorganismen bzw. Lebensmitteln

Das Auftreten von Salmonellen beschäftigt seit Jahren die Hersteller von Lebensmitteln und die Gesundheitsbehörden. Immerhin wurden auch im Jahr 1995 115 600 Salmonellosen (Erkrankungen durch Salmonellen) gemeldet. Die Dunkelziffer (nicht erkannte bzw. nicht gemeldete Fälle) liegt sicher um ca. 20 % höher. Wegen der Bedeutung dieser Mikroorganismen sind die nachfolgenden ausführlicheren Informationen wichtig.

Bei den Salmonellen – benannt nach dem amerikanischen Bakteriologen Salmon – handelt es sich um Stäbchen-Bakterien, die peritrich (die Zelle umlaufend) begeißelt und zu eigener Fortbewegung fähig sind. Die Generationszeit, das ist das Zeitintervall bis zur Verdoppelung der Zellenzahl, liegt bei 20 Minuten, bei 37 °C bis 42 °C und einem pH-Wert von 7,0. Voraussetzung ist selbstverständlich, daß genügend Nahrung und Wasser zur Verfügung steht. Eine Vermehrung ist im Temperaturbereich von 6 °C bis 46 °C bei einem pH-Wert von 4,0 bis

Merke:

- Hygiene-Regeln strengstens beachten (einschließlich Desinfektion!)!
- Beim Einkauf auf Frische bestehen (z. B. Legedatum bei Eiern)!
- Sofort nach Eingang kühlen (bei Geflügel Nachweis der Kühlkette verlangen, Eier auf mindestens 7 °C kühlen)
- Möglichst schneller Verbrauch der Waren (Planung)

8,0 möglich. Um zu einer vollständigen **Abtötung** zu kommen, muß das Material mindestens **5 Minuten bei 70 °C** erhitzt werden. Dabei ist auf die Kerntemperatur zu achten. Das heißt, diese Temperatur und Zeit muß auch im Innern des Produktes erreicht werden. Durch eine Bestrahlung mit 3 bis 4 kGy ist ebenfalls Abtötung möglich. Die Bakterien sind gegen Milchsäure, Propionsäure, Chlor und Desinfektionsmittel empfindlich. Kaum wirksam ist jedoch Salzen und Räuchern. Einige „Arten" (Serotypen) wie Salmonella enteritidis sind hitzeresistenter, werden aber nach Kühlung auf 4 °C bis 7 °C hitzeempfindlicher. Da sie durch die Kloake bis in den Eierstock eindringen können, besteht die Möglichkeit, daß nicht nur die äußere Schale der Hühnereier kontaminiert ist, sondern sich auch im Innern des Eies Salmonellen befinden. Das hauptsächliche Vorkommen ist in Geflügelfleisch, Eiern, Fleisch, Fleischerzeugnissen, Feinkostsalaten (Tunken), Speiseeis, Fisch und Fischerzeugnissen. Die Übertragung erfolgt durch Kreuzkontamination („Schmierinfektion"). Die Gefährdung ist auf fehlende oder mangelhafte Erhitzung zurückzuführen und darauf, daß die Abkühlung der Speisen von 65 °C auf 7 °C zu langsam erfolgte. Es konnte festgestellt werden, daß Spiegel-, Rühr- und Frühstückseier länger als eine Stunde nach Zubereitung – bei Warmhaltung! – serviert wurden. Bei Kühlung unter 7 °C ist die Vermehrung der Salmonellen deutlich reduziert.

Als genereller Grundsatz gilt: Je mehr Salmonellen der Mensch aufnimmt, desto höher ist die Wahrscheinlichkeit einer klinisch manifesten (Offenbarwerden) Erkrankung. Früher glaubte man, zur Auslösung der Salmonellose wären einige 100 000 Salmonellen erforderlich. Aufgrund mehrerer gut untersuchter Fälle vertritt man heute den Standpunkt, daß nur wenige Salmonellen pro Gramm genügen, um eine Salmonellose auszulösen. Über die Höhe der tatsächlichen Infektionsdosis ist man aber nach wie vor auf vage Schätzungen angewiesen, weil beträchtliche individuelle Unterschiede in der Empfindlichkeit für den Menschen bestehen. Ebenso gibt es beträchtliche Unterschiede in der Virulenz („Giftigkeit", d. h. Infektionskraft und Vermehrungsfähigkeit) der einzelnen serologisch unterschiedlichen Typen. Es gibt jedoch keine Hinweise darüber, daß es apathogene (nicht-krankheitserregende) Salmonellen gibt.

Auf ein Faltblatt zur Kurzinformation „Was tun gegen Salmonellen" – herausgegeben und zu beziehen bei der Arbeitsgemeinschaft der Verbraucherverbände e. V., Heilsbachstraße 20, 53123 Bonn – wird verwiesen.

Wegen der Salmonellen-Problematik bei Hühnereiern wurde die Hühnereier-Verordnung (Verordnung über die hygienischen Anforderungen an das Behandeln und Inverkehrbringen von Hühnereiern und roheihaltigen Lebensmitteln i. d. F. vom 16. 12. 1994) erlassen. Die Verordnung enthält wichtige Hygiene-Regelungen für die Behandlung und Verarbeitung frischer Eier und mit frischen Eiern hergestellter Speisen.

Auch das Bundesinstitut für gesundheitlichen Verbraucherschutz und Veterinärmedizin hat Hygiene-Regelungen für die Behandlung und Verarbeitung frischer Eier und von Eiprodukten in Konditoreien und Bäckereien veröffentlicht, die aber auf die Behandlungs- und Arbeitsweise in Gaststätten und Betrieben der Gemeinschaftsverpflegung übertragen werden können und müssen (siehe *Bundesgesundheitsblatt Band 37; Heft 12, S. 516, 1994*).

Für den Einkauf von Eiern gilt:
Vorzugsweise Güteklasse A einkaufen, da die Bestände kontrolliert sind.

- Legedatum beachten!
- Mindesthaltbarkeitsdatum beachten. Es beträgt höchstens 28 Tage nach dem Legen, ab 18. Tag nach dem Legen ist Kühlung zwischen +5 °C und +8 °C gesetzlich vorgeschrieben, ab dem 21. Tag nach dem Legen ist der Verkauf unzulässig.
- Als Faustregel ist anzusehen: Beträgt die Differenz zwischen Mindesthaltbarkeitsdatum und Einkauf weniger als 10 Tage: Kühlung.
- Beträgt die Differenz zwischen Mindesthaltbarkeitsdatum und Einkauf weniger als eine Woche: Verkaufsverbot.
- Das Mindesthaltbarkeitsdatum findet sich bei verpackter Ware auf der Verpackung, bei loser Ware (Handel, Markt, ab Hof) auf einem Begleitzettel.

Tip:

- Legedatum beachten!
- Nur Wochenbedarf einkaufen!
- Nach Einkauf sofort auf +5 °C bis +8 °C kühlen!
- Eier stets getrennt von anderen Speisen, Roh- und Zwischenprodukten lagern!

Bei der Verarbeitung von Frischeiern sollte folgendes beachtet werden:

- Aufschlagen der Eier nur unmittelbar vor der Verarbeitung! Standzeiten vermeiden!
- Kontamination ausschließen! Eigelb, Eiklar und Eierschalen von anderen Lebensmitteln fernhalten!
- Eierschalen nicht auskratzen!
- Eierschalen sofort von der Arbeitsfläche entfernen (Abfall)!
- Gefäße sofort (!) reinigen, eventuell desinfizieren!

Mit rohen Eiern hergestellte Speisen sollten möglichst bald erhitzt werden, und zwar so, daß die Salmonellen abgetötet werden. In Gaststätten und Einrichtungen zur Gemeinschaftsverpflegung dürfen Speisen, die unter Verwendung von rohen Bestandteilen der Hühnereier hergestellt und **nicht erhitzt** wurden, nur an Verbraucher abgegeben werden, wenn die Lebensmittel zum **unmittelbaren Verzehr an Ort und Stelle** bestimmt sind.

Weitere Auflagen:
Sofern die Lebensmittel erwärmt verzehrt werden sollen, muß die Abgabe an den Verbraucher innerhalb von zwei Stunden nach der Herstellung erfolgen.

Sofern die Lebensmittel kalt verzehrt werden sollen, müssen die Lebensmittel innerhalb von zwei Stunden nach der Herstellung bei einer Temperatur von höchstens +7 °C abgekühlt, bei dieser oder einer niedrigeren Temperatur gehalten und innerhalb von 24 Stunden nach Herstellung an den Verbraucher abgegeben werden.

Merke!
In Einrichtungen zur Gemeinschaftsverpflegung für alte und kranke Menschen oder Kinder müssen Lebensmittel, die unter Verwendung von rohen Bestandteilen der Hühnereier hergestellt worden sind, einem Erhitzungsverfahren unterzogen werden! (Abtötung der Salmonellen! – siehe oben)

Rückstellproben

Von allen eihaltigen Speisen, die unter Verwendung von rohen Bestandteilen der Hühnereier hergestellt und anschließend nicht mehr ausreichend erhitzt wurden, sind Rückstellproben zu nehmen. Die Pflicht zur Entnahme von Rückstellproben beginnt bei einer Menge von mehr als 30 Portionen. Die Rückstellproben sind bei max. 4 °C 96 Stunden aufzubewahren. Die Proben sind mit dem Datum und der Stunde des Herstellungszeitpunktes zu kennzeichnen und der zuständigen Behörde auf Verlangen auszuhändigen.

Verwendung pasteurisierter Eiprodukte

- Die Verwendung pasteurisierter Eiprodukte bietet einige Sicherheiten gegenüber dem Einsatz von Frischeiern. Es sollte jedoch folgendes beachtet werden:
- Nur Erzeugnisse aus zugelassenen Betrieben verwenden (Veterinär-Kontrollnummer).
- Stets die Gebindegröße wählen, die dem Tagesbedarf entspricht.
- Bei Eingang Mindesthaltbarkeitsdaten und Transport-Temperatur kontrollieren!
- Produktinformationen anfordern (mikrobiologische Analyse).
- Die Lagerungstemperaturen kontrollieren! Sie müssen betragen bei:
  tiefgefrorenen Eiprodukten –18 °C,
  gefrorenen Eiprodukten –12 °C,
  flüssigen Eiprodukten +4 °C.
- Gefrorene/tiefgefrorene Eiprodukte bedarfsgerecht rasch auftauen und danach sofort verbrauchen!
- Bei Verwendung flüssiger Eiprodukte nach Entnahme den Behälter fest verschließen (Rekontamination)!
- Angebrochene Behälter bei max. 4 °C lagern!
- Möglichst rasch verbrauchen, spätestens innerhalb von 24 Stunden. Falls dies nicht möglich ist, Eiprodukte nur einsetzen für Speisen, die durcherhitzt werden!
- Für die Verwendung trockener Eiprodukte ist zu beachten, daß die Suspensionen umgehend verbraucht werden, andernfalls muß die Lagertemperatur max. 4 °C betragen. Die Suspensionen sollten unbedingt am Herstellungstag verbraucht werden.

Aus diesen Detail-Vorschriften läßt sich ersehen, welche Bedeutung dem Vorkommen von Salmonellen zugemessen wird. Auch bei der derzeitigen Diskussion um das Vorkommen von EHEC und Listerien geht es primär immer darum, daß die Hygiene-Anforderungen grundsätzlich zu beachten sind.

Allgemeines über Mikroorganismen

Die Bezeichnung „mikro" kommt aus dem Griechischen und bedeutet „klein". Mikroorganismus heißt also soviel wie kleiner Organismus. Diese Kleinlebewesen sind mit bloßem Auge nicht erkennbar. Sie kommen überall vor, umgeben den Menschen ständig (Erde, Wasser, Luft, alle Geräteoberflächen, Lebensmittel) und verbreiten sich unbemerkt. Sie sind unverzichtbar für den Kreislauf der Natur, der durch die Stoffwechseltätigkeit unzähliger Mikroorganismen in Gang gehalten wird, indem sie abgestorbenes Material abbauen und dem Naturkreislauf wieder zuführen. Zu den Mikroorganismen zählen Bakterien, Hefen, Schimmelpilze und Viren.

Viele Mikroorganismen bestehen nur aus einer Zelle, die häufig sehr unkompliziert aufgebaut und daher sehr anpassungs- und widerstandsfähig ist. Es gibt aber auch Mikroorganismen, die außerordentlich spezialisiert sind – z. B. auf nur ein einziges Substrat (Ernährungssubstanz für Mikroorganismen). Es überrascht daher nicht, daß es eine ungeheuere Vielfalt von Mikroorganismen gibt und – was gerade in jüngster Zeit nachgewiesen wurde – diese Kleinlebewesen auch unter extremen Bedingungen (Hitze, Kälte) noch existieren können.

Die Mikroorganismen sind sehr klein. Ihre Größe schwankt von 1/100 bis zu 5/1000000 Millimeter. Sie sind nur unter dem Mikroskop sichtbar und selbst da häufig nur grob zu unterscheiden.

Erst bei außerordentlich großer Vermehrung (mehrere Millionen) kann man Mikroorganismen mit bloßem Auge erkennen. Sie bilden dann sogenannte **Kolonien** (typisch geformte und zum Teil auch gefärbte Flecken). Bei flüssigen Lebensmitteln treten Trübungen auf. Bei den Schimmelpilzen sieht man die Sporenträger, den sogenannten „Schimmel".

Ist ein Lebensmittel mit schädlichen Mikroorganismen verunreinigt, spricht man von **„Kontamination"**.

Werden Mikroorganismen von ihrer ursprünglichen Brutstätte auf bisher nicht kontaminierte Lebensmittel (z. B. frisch hergestellte Speisen) übertragen, spricht man von Keimverschleppung oder **„Kreuzkontamination"**.

Man kann die Mikroorganismen auch einteilen in solche mit

- gewünschten Wirkungen und
- unerwünschten (schädigenden) Wirkungen.

Erwünschte Wirkungen

Bei der Lebensmittelproduktion werden vielfach Mikroorganismen eingesetzt, um die erwünschten Produkteigenschaften zu erreichen. Einige Beispiele:

- Verwendung von Bierhefen und Weinhefen. Sie bauen den Zucker ab und bilden Alkohol, Geruchs- und Geschmacksstoffe sowie Kohlendioxid.
- Backhefe bildet Kohlendioxid und lockert so den Hefeteig.
- Milch- und Essigsäurebakterien säuern das Sauerkraut und Gurken.
- Spezielle Milchsäurebakterien und Joghurtbakterien werden eingesetzt zur Herstellung von Sauerrahm, Butter, Joghurt und Kefir.
- Bestimmte Schimmelpilze geben den verschiedenen Käsesorten die typischen Geschmacksstoffe (Camembert, Gorgonzola).

Schädliche Mikroorganismen
Hier unterscheidet man in:

1. Lebensmittelverderber
Solche lebensmittelverderbenden Mikroorganismen treten normalerweise in großer Anzahl auf. Sie bewirken Veränderungen im Geruch, der Farbe oder der Struktur der Lebensmittel, bringen diese zum Verderben, müssen aber nicht unbedingt schädlich für den Menschen sein.

2. Mikroorganismen, die Krankheiten hervorrufen
Dazu zählen z. B. sogenannte **pathogene Bakterien** (Krankheitserreger). Sie sind dann schädlich für den Menschen, wenn sie in genügend großer Zahl auftreten. In der Regel erfolgt keine Veränderung des Lebensmittels. Das heißt, das Lebensmittel, welches diese Krankheitserreger enthält, erfährt keine Veränderung im Geruch, Geschmack oder Aussehen.

3. Mikroorganismen, die Gifte produzieren
Eine Reihe von Mikroorganismen wachsen und vermehren sich in Lebensmitteln und „produzieren" dabei Giftstoffe (Toxine), die die menschliche Gesundheit schädigen können.

Wachstumsvoraussetzungen (Entwicklungsfaktoren) für Mikroorganismen

Folgende Parameter sind für das Wachstum von entscheidender Bedeutung:

Merke:
Die Intensität des Wachstums der Mikroorganismen ist abhängig von der Konzentration des Nährstoffangebotes und seiner Verfügbarkeit.

1. Nährstoffangebot

Mikroorganismen benötigen in Wasser gelöste Nährstoffe (Eiweiß, Fett, Kohlenhydrate, Mineralstoffe), die sie sich mit Hilfe von Enzymen durch Aufschluß der Lebensmittel bzw. Lebensmittelreste beschaffen.

Der „Speisezettel" der Mikroorganismen ist außerordentlich vielfältig. Lebensmittel mit hohem Eiweißgehalt, z. B. Fleisch und Fleischerzeugnisse, Fisch und Fischerzeugnisse, Geflügel, Geflügelerzeugnisse, Molkereiprodukte (außer hartem Käse und Butter), Erzeugnisse mit Eiern usw. bilden gute Nährsubstrate.

2. Temperatur

Neben dem Nährstoffangebot ist für die Entwicklung von Mikroorganismen die Temperatur von entscheidender Bedeutung. Man kann eine Einteilung für entsprechende Temperaturbereiche vornehmen:

- 80 °C bis 65 °C praktisch kein mikrobiologisches Wachstum
- 65 °C bis 50 °C mikrobiologisches Wachstum in geringem Umfang möglich
- 50 °C bis 15 °C mikrobiologisches Wachstum sehr groß – Gefahrenbereich!
- 15 °C bis 0 °C mikrobiologisches Wachstum reduziert beziehungweise deutlich reduziert
- 0 °C bis –5 °C mikrobiologisches Wachstum in geringem Umfang möglich
- –5 °C bis –18 °C praktisch kein mikrobiologisches Wachstum, aber der Stoffwechsel der Mikroorganismen funktioniert noch zum Teil. Er kommt unter –18 °C in der Regel zum Erliegen.

Man kann Mikroorganismen auch nach ihrer Temperaturempfindlichkeit einteilen (siehe Tabelle 9).

Tabelle 9				
Temperaturempfindlichkeit der Mikroorganismen				
Art der Mikroorganismen	**Grad C**			**Vorkommen/Art**
	Optimum	**Minimum**	**Maximum**	
Kälteliebende MO Psychrophile	ca. 10	-5	ca. 20	z. B. Seefische
Kälteverträgliche MO Psychrotrophe, Psychrotolerante	ca. 24	0	35	Verderbniserreger auf Lebensmitteln, Pilze
Mittlere Temperaturen liebende MO Mesophile	ca. 37	15	ca. 48	auf Lebensmitteln, alle Krankheitserreger (pathogene MO), Pilze
Wärmeliebende MO Thermophile	ca. 60	ca. 40	ca. 70	auf Lebensmitteln, Bakterien, Pilze

Die Temperaturabhängigkeiten für die verschiedenen Arten von Mikroorganismen in den verschiedenen Temperaturbereichen sind stets fließend.

Merke:
Das Wachstum der Mikroorganismen läßt sich durch Temperatursteuerung (z. B. Kühlung) beeinflussen.

3. Zeit

Wie alle Lebewesen benötigen auch Mikroorganismen eine gewisse Zeit zur Entwicklung. So können sich z. B. viele Bakterien bei Vorhandensein von Idealbedingungen – das heißt optimaler Umgebungstemperatur, reichlichem Nahrungsangebot, ausreichender Feuchtigkeit und der erforderlichen Atmosphäre – alle 15 bis 20 Minuten verdoppeln. Aus 100 Keimen (einzelnen Mikroorganismen) können so in einer Stunde 800 Keime, in zwei Stunden 6 400 Keime, in drei Stunden 51 200 Keime, in vier Stunden 409 600 Keime, in fünf Stunden 3 276 800 Keime entstehen. Wie betont: Voraussetzung sind Idealbedingungen für die Mikroorganismen. Diese Zahlen gelten auch für Krankheitserreger. Würden zum Beispiel in 25 Gramm Fleisch lediglich 10 Salmonellen sein, würden nach 20 Minuten bereits 20 vorliegen, nach 40 Minuten 80, nach einer Stunde 160. Der Verzehr dieser Fleischmenge würde dann durchaus schon eine Salmonellose auslösen können.

Abbildung 10

BAKTERIEN-WACHSTUM 1 BIS 5 STUNDEN

1. Stunde	2. Stunde	3. Stunde	4. Stunde	5. Stunde
800	6.400	51.200	409.600	3.276.800
Keime	Keime	Keime	Keime	Keime

Quelle: Bundeszentrale für gesundheitliche Aufklärung, Köln: »Wie vermeidet man Lebensmittelvergiftungen«

Merke:
Möglichst kurze Aufbewahrungs- und Standzeiten verringern die Kontamination.

Diese Beispiele zeigen deutlich, wie wichtig die Einhaltung der Kühlkette ist. Auch kurzfristiges Aufbewahren von Lebensmitteln bei Zimmertemperatur kann zu einer deutlichen Beeinträchtigung der Produkte führen.

4. Wasser

Alle Lebewesen – und auch selbstverständlich die Mikroorganismen – benötigen zum Leben Feuchtigkeit. Erfahrungsgemäß sind getrocknete Lebensmittel oder solche mit hohem Salz- oder Zuckeranteil länger haltbar. Der Grund liegt darin, daß nicht das insgesamt im Lebensmittel enthaltene Wasser für die Mikroorganismen nutzbar ist. Entscheidend ist jedoch das verfügbare Wasser. Für die verfügbare Wassermenge wurde der Begriff der **Wasseraktivität**, der sogenannte a_w-Wert (activity of water) eingeführt. Dieser a_w-Wert gibt das Verhältnis des Wasserdampfdrucks über einem Lebensmittel zum Sättigungsdampfdruck über destilliertem Wasser bei einer bestimmten Temperatur wieder. Dieser Wert entspricht der relativen Feuchtigkeit (rF), die sich über einem Produkt in einem abgeschlossenen Raum einstellt, geteilt durch 100 – z. B. 70 % rF = a_W-Wert 0,70.

Eiweiß, Stärke, Salz und Zucker „binden" Wasser, welches dann den Mikoorganismen nicht mehr zur Verfügung steht.

Bei einem a_W-Wert von 1,0 bis 0,9 vermehren sich fast alle Mikroorganismen sehr gut, weil genügend Wasser mit den darin gelösten Nährstoffen zur Verfügung steht. A_W-Werte unter 0,70 gelten als sicherer Bereich, weil hier kein Wachstum von Mikroorganismen mehr stattfinden kann. Auch Sporen können nicht mehr auskeimen. Die minimale Wasseraktivität für die Vermehrung von Mikroorganismen ist bei den einzelnen Bakterienarten, Hefen und Pilzen unterschiedlich.

Merke:
Je niedriger der a_W-Wert, desto geringer die Wachstumschancen für die Mikroorganismen.

5. Atmosphäre
Neben dem verfügbaren Wassergehalt (z. B. auch in der Umgebungsluft; Schimmelpilz-Wachstum bei Schwitzwasser, Kondenswasser) hat der **Sauerstoffgehalt** besondere Bedeutung. Aufgrund des Verhaltens gegenüber dem Luftsauerstoff unterteilt man die Mikroorganismen in

a) Keime, die Sauerstoff benötigen: **Aerobier**, aerobe Mikroorganismen.
b) Keime, die keinen Sauerstoff benötigen bzw. nur bei Abwesenheit von Sauerstoff überleben können: **Anaerobier**, anaerobe Mikroorganismen.
c) Keime, die sowohl mit als auch ohne (bzw. geringe Mengen) Sauerstoff Energie gewinnen können; das heißt sie verhalten sich von Fall zu Fall **(fakultativ)** wie **aerobe** oder **anaerobe** Mikroorganismen.

6. Säurewert
Die Meßgröße für den Säurewert ist der pH-Wert – ein Maß für die Konzentration an Wasserstoffionen im Produkt.
Die Skala reicht von 0 bis 14. Der pH-Wert 7 ist der Neutralpunkt. Hier halten sich saure und alkalische (basische, laugige) Anteile die Waage. Unterhalb des pH-Wertes 7 liegt der saure Bereich, oberhalb der alkalische Bereich.

Mikroorganismen können sich in der Regel nur im Bereich 4,5 bis 8,0 vermehren. Es gibt jedoch auch „Spezialisten", die bei pH-Werten bis 3,0 oder 9,0 noch vermehrungsfähig sind.

Merke:

Durch Änderung des Säurewertes läßt sich das Wachstum der Mikroorganismen beeinflussen.

Die meisten Mikroorganismen gedeihen im Neutralbereich besonders gut. Viele Lebensmittel weisen pH-Werte zwischen 6,0 und 8,0 auf.

Nachfolgend einige Beispiele:

Tabelle 10

pH-Bereiche verschiedener Lebensmittelgruppen

pH-Bereich	Lebensmittel	pH-Wert
Alkalisch pH > 7,0	Eiklar	bis 9,6
Neutral pH 7,0–6,5	Frischfleisch, schlachtwarm	7,2
	Milch	7,0 – 6,8
	Garnelen	7,0 – 6,8
	Austern	6,7 – 6,3
	Geflügel	6,7 – 6,3
Schwach sauer pH 6,5 – 5,3	Fisch	6,6 – 5,7
	Kochschinken, Brühwurst, Leberwurst	6,4 – 6,0
	Schweinefleisch, gereift	6,0 – 5,6
	Rindfleisch, gereift	5,8 – 5,4
	Rohschinken	5,8 – 5,3
	Rohwurst, streichfähig	5,8 – 5,0
	Weißbrot	6,0 – 5,0
	Viele Gemüsesorten	6,5 – 5,0
Mittelsauer pH 5,3–4,5	Viele Dosenkonserven, Rohwurst, schnittfest	5,2 – 4,9
Sauer pH 4,5 – 3,7	Sauergemüse	4,5 – 3,5
	Tomaten	4,4 – 4,0
	Joghurt	4,2 – 3,8
	Mayonnaise	4,1 – 3,0
	viele Obstsorten	4,5 – 3,0
Stark sauer pH < 3,7	Sauerkraut	3,7 – 3,1
	Äpfel, Apfelsaft	3,5 – 3,3
	Pflaumen	3,0 – 2,8
	Zitronen	2,4 – 2,2

Quelle: Krämer, J.: Lebensmittel-Mikrobiologie. 2. Aufl., Ulmer, Stuttgart 1992, S. 106

Möglichkeiten der Verhinderung bzw. Verringerung des Wachstums von Mikroorganismen

Um das Wachstum von Mikroorganismen zu verhindern bzw. zu verringern (Minimierung), gibt es folgende Möglichkeiten:

1. Nährstoffentzug
Durch gründliche Reinigung aller Gerätschaften (Bedarfsgegenstände) und Oberflächen, die mit Lebensmitteln in Berührung gekommen sind, werden Reste dieser Lebensmittel beseitigt und den Mikroorganismen die Nahrung entzogen. – **Hygiene-Maßnahme: Sauberkeit.**

2. Temperaturänderungen
Man kann das Wachstum der Mikroorganismen dadurch hemmen oder sie abtöten, indem man sie Temperaturen aussetzt, die den für sie jeweiligen Grenzwert nach oben oder unten überschreiten. Bei Anwendung von Hitze gerinnt (koaguliert) das in den Zellen enthaltene Eiweiß und die Mikroorganismen sind inaktiviert. Der Vorgang der Hitzegerinnung ist nicht umkehrbar (irreversibel), das heißt eine Reaktivierung (Wiederbelebung) der Mikroorganismen ist nicht möglich.

3. Zeit (Verbrauch)
Eine weitere Möglichkeit der Verringerung des Wachstums der Mikroorganismen liegt im möglichst schnellen Verbrauch der Lebensmittel. Insbesondere im kritischen Bereich von 60 °C bis 15 °C müssen die Aufbewahrungszeiten (Standzeiten) möglichst kurz gehalten werden.

4. Wasserentzug
Lebensmittel mit geringeren Wassergehalten sind in der Regel länger haltbar. Abgesehen von eventuellen chemischen Prozessen, die zum Verderb führen können (z. B. Ranzigwerden von Fett), kann die Aktivität der Mikroorganismen durch Wasserentzug verringert werden. Das bekannteste Verfahren ist das Trocknen von pflanzlichen und tierischen Lebensmitteln. Durch den Wasserentzug wird vielen Mikroorganismen die Überlebensfähigkeit genommen. Auch das Zuckern und Salzen von Lebensmitteln verringert den Anteil des Wassers, der den Mikroorganismen zur Verfügung steht (Herabsetzung des a_W-Wertes).

Einige Beispiele:

Tabelle 11	
Produkt	**a_W-Wert (ca.-Angaben)**
Trockengemüse, Cornflakes	0,20
Cracker, Chips	0,30
Gewürze, Nudeln	0,50
Trockenfrüchte, Vollmilchpulver, Haferflocken	0,60
Magermilchpulver, Volleipulver, Trockenfisch	0,70
Fleisch, Fisch	über 0,95

5. Änderung der Atmosphäre
Durch Aufbewahren der Lebensmittel in anderer Atmosphäre als Luft werden den Mikroorganismen ebenfalls die Lebensbedingungen erschwert. So können die Packungen vakuumiert (Vakuum = Entzug von Luft/Sauerstoff, Unterdruck) werden. In die Packungen können dann zusätzlich noch „Schutzgase" eingezogen werden. Es handelt sich dabei in der Regel um Stickstoff, Kohlendioxid oder Stickstoffdioxid.

6. Änderung des Säurewertes
Die meisten Bakterien, besonders die auf Frischfleisch und Frischfisch vorkommenden, sind säureempfindlich und verringern ihr Wachstum unterhalb pH 4,5 deutlich. Durch Zugabe von sogenannten Genußsäuren wie Zitronensäure, Weinsäure, Essigsäure, Milchsäure kann der pH-Wert gesenkt werden. Beispiel: Einlegen von Gemüse und Obst in Essig, Zubereitung von Feinkosterzeugnissen.

7. Einsatz von Konservierungsstoffen
Es handelt sich hier um chemische Substanzen, die von den Mikroorganismen aufgenommen werden und dort in den Stoffwechsel eingreifen. Die chemischen Konservierungsstoffe verlangsamen auf diesem Wege das Bakterienwachstum (siehe Haltbarmachung).

8. Einsatz von Desinfektionsmitteln

Die Mikroorganismen werden durch chemische Substanzen abgetötet. Von entscheidender Bedeutung sind dabei die einzuhaltenden Konzentrationen und Wartezeiten.

9. Bestrahlung

Die Abtötung der auf oder in einem Produkt befindlichen Mikroorganismen mit Hilfe von ionisierenden Strahlen ist in der Bundesrepublik zur Zeit noch verboten. Die Bestrahlung wird eingesetzt für medizinische Geräte und Hilfsmittel (Tupfer, Verbandstoffe, Spritzen usw.). In vielen anderen Ländern ist die Bestrahlung zur Abtötung von Mikroorganismen gestattet (z. B. Entkeimen von Gewürzen, Eliminierung von Salmonellen usw.).

Haltbarmachung von Lebensmitteln

Es ist Ziel der Haltbarmachung, den mikrobiellen Verderb zu verhindern bzw. zu verzögern. Wie zuvor allgemein dargestellt, kann man dies durch die Änderung der Wachstumsvoraussetzungen der Mikroorganismen erreichen. Da die Lebensmittel jedoch in der Regel von mehreren Mikroorganismen-Arten (Bakterien, Hefen, Pilzen) befallen werden und diese Mikroorganismen zum Teil sehr unterschiedliche Wachstumsbedingungen haben, genügt es in der Regel nicht, zur Erzielung der gewünschten Haltbarkeit eine Wachstumsvoraussetzung (Parameter) zu ändern. Viele Verfahren zur Haltbarkeitsverbesserung bzw. Haltbarmachung der Lebensmittel beruhen deshalb auf der Kombination der verschiedenen Möglichkeiten.

Übersicht der Methoden der Haltbarmachung

Haltbarmachung durch

1. chemische Methoden

a) Salzen
b) Zuckern
c) Säuern
d) Pökeln
e) Räuchern
f) Alkohol
g) Konservierungsstoffe
h) Begasen

2. physikalische Methoden

a) Kälte

- Kühlen
- Frieren
- Tiefgefrieren

b) Hitze

- Sterilisieren
- Pasteurisieren

c) Wasserentzug

- Trocknen
- Gefriertrocknen

d) Bestrahlung

e) Vakuum

Die Wirkung kombinierter Verfahren bei der Haltbarmachung von Lebensmitteln wurde von *Leistner (1978)* sehr einleuchtend mit dem Hürdenprinzip dargestellt.

Beispiel A: Die Mikroorganismen werden in ihrem Wachstum an einer letzten Hürde gebremst.

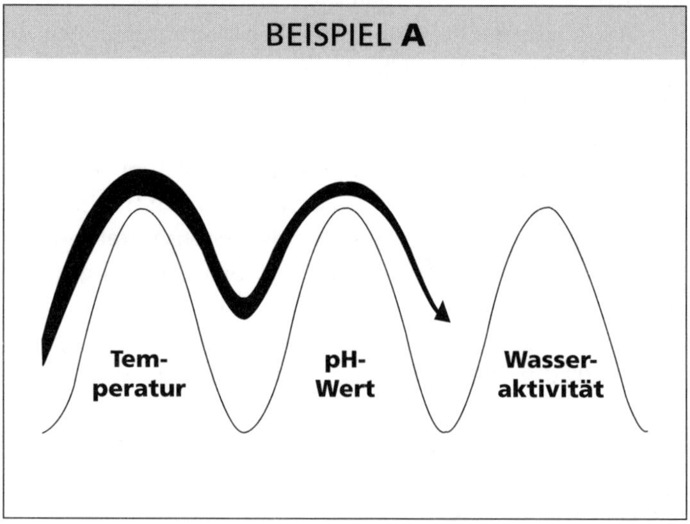

Bei diesem Beispiel wurde durch Senkung der Temperatur und des pH-Wertes zwar eine gewisse Wachstumshemmung der Mikroorganismen erreicht, entscheidend war jedoch die Änderung der Wasseraktivität z. B. durch Salzung (Herabsetzung des a_w-Wertes).

Beispiel B: Die Mikroorganismen werden durch eine hohe Hürde ausgeschaltet.

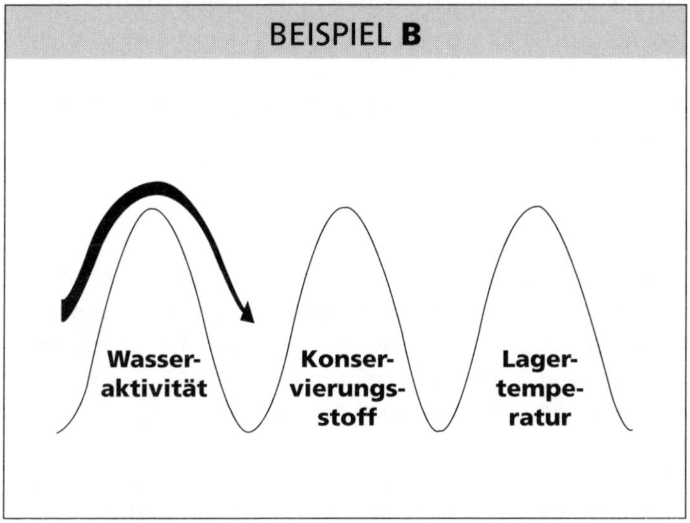

Die Herabsetzung des a_w-Wertes ergibt nur eine geringe Verminderung des Wachstums der Mikroorganismen. Der Einsatz von Konservierungsstoffen schaltet die Mikroorganismen aus. Bei entsprechender Lagertemperatur und Vorsorge, daß keine Rekontamination eintritt, ist dieses konservierte Lebensmittel längere Zeit haltbar.

Beispiel C: Die Mikroorganismen sind so zahlreich, daß viele von ihnen die Hürden bewältigen.

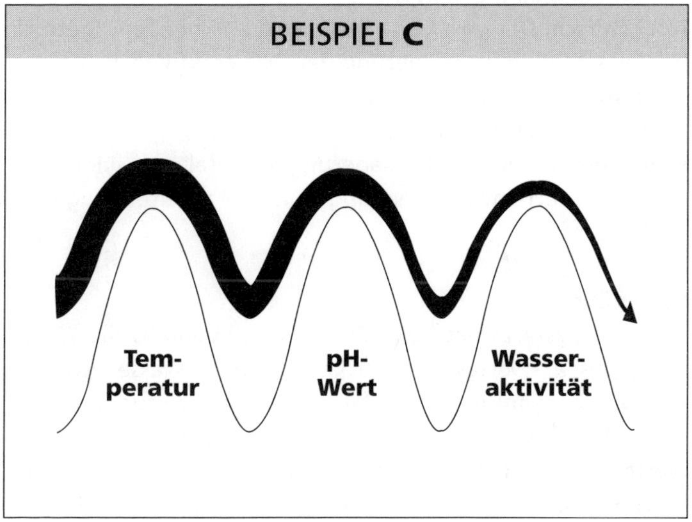

Das Lebensmittel war stark kontaminiert. Senkung der Temperatur, des pH-Wertes und des a_W-Wertes reichten nicht aus, um ein mikrobiologisch einwandfreies Lebensmittel herzustellen.

Erläuterungen zu wichtigen Methoden der Haltbarmachung

Chemische Methoden

a) Das Salzen

Das Einsalzen von Lebensmitteln ist eine sehr alte Methode der Haltbarmachung. Durch Zugabe von Kochsalz wird der a_W-Wert herabgesetzt. Da man die Zusammenhänge zwischen a_W-Wert und Kochsalzkonzentration kennt, ist es möglich, mit abgestuften Kochsalzgehalten zu arbeiten.

Aber auch stärkstes Salzen (gesättigte Kochsalzlösung enthält 26,5 % Kochsalz) ist nicht in der Lage, Lebensmittel vor jeglichem Befall durch Mikroorganismen zu schützen. Zumal es Mikroorganismen gibt, denen diese Salzkonzentrationen nichts anhaben können (sogenannte halophile Bakterien). Das Salzen wird deshalb in der Regel mit weiteren Haltbarmachungsverfahren kombiniert.

Beispiele:
Matjes: Verminderung des a_W-Wertes durch Salzen, zusätzlicher Sauerstoffabschluß (Änderung der Atmosphäre) durch Vakuum und Einlegen in Öl.
Trockenfisch: Der gesalzene Fisch wird anschließend getrocknet (zweimalige Verminderung der Wasseraktivität).
Käse: Mozzarella wird in Salzlake eingelegt.
Salzgurken werden zusätzlich pasteurisiert.
Pilze werden zur Zwischenlagerung eingesalzen (siliert) und nach entsprechender Wässerung weiterverarbeitet (eingedost und erhitzt).

b) Das Zuckern

Der wichtigste Effekt beim Zuckern ist ebenfalls die Absenkung des a_W-Wertes. Der Zucker „bindet" Wasser, welches den Mikroorganismen dann nicht mehr zur Verfügung steht. Da selbst gesättigte Saccharose(Zucker)-Lösungen nur a_W-Werte von ca. 0,85 erzeugen können (gesättigte Lösung), wird häufig als Kombination das Haltbarmachen durch Hitze hinzugenommen (Kochen von Konfitüren).

Durch den hohen Zuckeranteil wird auch die Löslichkeit von Sauerstoff erniedrigt. Das heißt, in stark zuckerhaltigen Lebensmitteln steht den Mikroorganismen, die Sauerstoff benötigen (aerobe), nur ein Bruchteil des üblicherweise vorhandenen lebensnotwendigen Sauerstoffs zur Verfügung. Kandierte Früchte – z. B. Zitronat, Orangeat – werden in Zucker eingelegt und die Zuckerkonzentration kontinuierlich gesteigert (Kandierzeiten bis zu 10 Tagen). Die Produkte werden dann häufig geschwefelt (Behandlung mit dem Konservierungsstoff Schwefeldioxid) zur Bekämpfung von Hefen.

c) Das Säuern

Durch den Einsatz von Genußsäuren wird der pH-Wert gesenkt. Die auf frischem Fleisch und Fisch vorkommenden Mikroorganismen sind zumeist säureempfindlich. Da z. B. bei Fischmarinaden die Säuerung allein zur Haltbarmachung nicht ausreichen würde, werden die Erzeugnisse eingedost und pasteurisiert (erhitzt) oder mit chemischen Konservierungsstoffen versetzt. Da Hefen und Schimmelpilze noch bis zu pH-Werten um 2 wachsen können, besteht bei gesäuerten Produkten stets die Gefahr des Verderbs durch Schimmelbildung und Hefewachstum.

Die Haltbarmachung von Lebensmitteln durch natürliche Säuerung ist ein sehr altes Verfahren. Hier wird die antimikrobielle Wirkung insbesondere der Milchsäure ausgenutzt. Die Milchsäure entsteht durch bestimmte Lactobacillus-Arten. Am bekanntesten ist die Herstellung von Sauerkraut durch Milchsäuregärung. Neben Lactobacillus-Arten greifen auch Hefen und Schimmelpilze in den komplexen mikrobiologisch-biochemischen Vorgang ein. Neben Milchsäure, durch die optimale pH-Werte zwischen 3,5 und 3,9 erreicht werden, entstehen Alkohol, Essigsäure und Vitamin C. Vergleichbar mit dieser Säuerung ist die Gewinnung milchsauervergorener Salzgurken. Oliven werden ebenfalls milchsauervergoren. Anzuführen sind hier auch die Sauerteig-Brote. Sie haben eine deutlich längere Haltbarkeit als Hefebrote.

d) Das Pökeln

Ursprünglich verstand man unter Pökeln das Einsalzen von Fleisch („Salzfleisch"). Heute versteht man darunter die Verwendung von Pökelsalz – einer Mischung aus 99,5 % Kochsalz und maximal 0,5 % Natriumnitrit (Pökelsalz).

Merke:
Natriumnitrit ist ein Konservierungsstoff. Deklaration auf der Speisekarte erforderlich.

Bei einigen Lebensmitteln – z. B. Schinken – wird neben dem Kochsalz auch Salpeter (Kaliumnitrat) eingesetzt. Aus dem Nitrat bildet sich durch Reduktion Nitrit. Nitrit ist verantwortlich für die sogenannte Umrötung – „Pökelrot" – bei Fleisch oder Fisch. Zudem wird ein spezielles „Pökelaroma" erzeugt.

Nitrit ist ein Zellgift und führt zum Absterben der Mikroorganismen. Das gilt insbesondere für den lebensbedrohenden Erreger Clostridium botulinum, der das Toxin (Gift) Botulin erzeugt (Botulismus). 3,5 % Kochsalz und 150 Milligramm Natriumnitrit pro Kilogramm Fleisch führen zur sicheren Abtötung dieses Erregers. Das Pökelverfahren wird häufig kombiniert mit der Räucherung.

Beim Pökeln wird sowohl der a_w-Wert erniedrigt als auch eine Abtötung der Mikroorganismen durch Nitrit erreicht.

e) Das Räuchern
Auch beim Räuchern handelt es sich um ein sehr altes Haltbarmachungsverfahren. Hier liegt in der Regel ein Kombinationsverfahren vor, da die Ware vor dem Räuchern gesalzen (gepökelt), gebrüht, gekocht oder getrocknet wird. Die Wirkungen des Rauches beruhen auf einer chemischen Konservierung – es entstehen im Rauch eine Vielzahl von Substanzen, u. a. Aldehyde, Ameisensäure, Essigsäure und Phenole – und einer Senkung des a_w-Wertes durch teilweises Austrocknen. Gleichzeitig tritt durch die Inhaltsstoffe des Rauches, insbesondere durch Phenole, eine antioxidative Wirkung (Verhinderung der Fettzersetzung) und eine Aromatisierung aufgrund von Reaktionen mit Inhaltsstoffen ein.
Man unterscheidet bei der Räucherung zwei Arten.

1. Kalträucherung:
Sie erfolgt bei ca. 18 °C bis 25 °C. Die Dauer beträgt zwischen einigen Tagen und mehreren Wochen, je nach Ware. Die Kalträucherung wird eingesetzt z. B. bei Rohschinken, Speck, Kasseler, Rauchfleisch, Rohwürsten (z. B. Salami, Teewurst) und Lachs.

2. Heißräucherung:
Sie erfolgt bei 65 °C bis 80 °C. Die Räucherdauer beträgt zwischen 30 Minuten und drei Stunden. Diese Methode wird angewandt z. B. bei Brühwürsten (Bockwurst, Wiener, Frankfurter, Mortadella, Jagd- und Bierwurst), Kochsalami, Makrelen,

Sprotten und Schillerlocken. Es muß darauf hingewiesen werden, daß beim Heißräuchern eventuell krebserregende (cancerogene) polycyclische aromatische Kohlenwasserstoffe (PAK) entstehen können. Hier ist besonders das Benzpyren zu erwähnen.

f) Alkohol

Durch Einlegen von Lebensmitteln – insbesondere von Früchten – in Alkohol kann ebenfalls Haltbarmachung erreicht werden (Rumtopf). Das Prinzip beruht auf der Denaturierung (Ausflocken und Verändern) von Eiweiß. Alkohol kann auch zum Abtöten von Mikroorganismen auf Oberflächen eingesetzt werden. Besonders wirksam ist die Konzentration von 70 % Ethanol (siehe unter Desinfektion).

g) Konservierungsstoffe

Die Wirkung der Konservierungsstoffe beruht im wesentlichen auf einer keimhemmenden Beeinflussung (aseptische Wirkung) der

- genetischen Feinstruktur der Protoplasten
- der Protein-Synthese
- der Enzymaktivität
- der Zellmembran
- der Zellwand

Die Konservierungsstoffe besitzen kein komplettes Wirkungsspektrum gegen alle Arten von Mikroorganismen. Bei den meisten stehen die Wirkungen gegen Hefe- und Schimmelpilze im Vordergrund. Sie haben aber auch beachtliche Wirksamkeit gegen bestimmte Bakterien.

Merke! Das Wirkungsspektrum von Konservierungsstoffen kann durch Kombination mehrerer Konservierungsstoffe erheblich verbreitert werden!

Dabei ist zu beachten, daß die Wirkungen der Konservierungsstoffe dosisabhängig sind. Zudem sind die gesetzlich vorgeschriebenen Zulassungsbeschränkungen einzuhalten. In der nachfolgenden Tabelle 12 sind die Wirkungsweisen einiger Konservierungsstoffe gegenüber Mikroorganismen aufgeführt.

Tabelle 12			
Wirkungsweise einiger Konservierungsstoffe gegenüber Mikroorganismen			
	Bakterien	**Hefen**	**Schimmelpilze**
Nitrit	+ +	–	–
Sulfit	+ +	+	+
Ameisensäure	+	+ +	+ +
Propionsäure	+	+ +	+ +
Sorbinsäure	+ +	+ + +	+ + +
Benzoesäure	+ +	+ + +	+ + +
p-Hydroxybenzoesäureester	+ +	+ + +	+ + +
Diphenyl	–	+ +	+ +
Zeichenerklärung:	–	**unwirksam**	
	+	**wenig wirksam**	
	+ +	**mittelstark wirksam**	
	+ + +	**gut wirksam**	
Nach Lück, E., Chemische Lebensmittelkonservierung, 2. Auflage, Springer Verlag, Berlin, S. 35.			

Die Wirksamkeit von Konservierungsstoffen ist auch abhängig vom pH-Wert (Säurewert). Verallgemeinert kann man sagen, je niedriger der pH-Wert, desto wirksamer ist der Konservierungsstoff. So wirkt bei der Essigsäure durch Absenkung des pH-Wertes der Anteil an H-Ionen. Bei der Sorbinsäure z. B. hingegen wirkt der nicht-dissoziierte Anteil (nicht in Ionen zerfallen). Hier werden deshalb die Salze eingesetzt, da ansonsten Lösungsprobleme auftauchen.

Bei der Verwendung von Konservierungsstoffen ist zu berücksichtigen, daß eventuell Reaktionen mit den Produkten, die konserviert werden sollen, eintreten können (z. B. können Aldehyde Sulfit unwirksam machen, Nitrit verbindet sich mit Aminen zu den krebsgefährdenden Nitrosaminen).

Vielfach werden Konservierungsstoffe in Kombination mit Hitze, Kälte, Wasserentzug und auch Bestrahlung eingesetzt.

Merke: Konservierungsstoffe müssen auf der Speisekarte deklariert werden.

h) Begasen

Bei diesem Verfahren werden die Lebensmittel mit inerten (nicht reaktionsfähigen) Gasen wie Kohlendioxid, Stickstoff oder Distickstoffoxid behandelt. Es erfolgt somit ein Austausch von Luft-Sauerstoff gegen diese Gase. Einer Vielzahl von Bakterien, die Sauerstoff benötigen (Aerobier), wird dadurch die Lebensgrundlage entzogen. Eingesetzt wird das Verfahren insbesondere bei Fleisch, Fleischerzeugnissen, Fisch, Fischerzeugnissen und Backwaren. Häufig erfolgt die Verwendung in Verbindung mit Vakuum, das heißt es wird zunächst der Luftsauerstoff entzogen, dann Gas aufgegeben (Verdrängung des noch vorhandenen Restluft-Sauerstoffs) und dann erneut Vakuum gezogen.

Die Lagerung unter Gasatmosphäre ist bei Obst und Gemüse als CA-Lagerung bekannt (Controlled Atmosphere). Dabei wird die Sauerstoffkonzentration in den Räumen abgesenkt und die Konzentration an Kohlendioxid auf 5–50 % erhöht, gleichzeitig wird die Ware gekühlt. Ein 10prozentiger Gehalt an Kohlendioxid ergibt überschlagsmäßig eine 50prozentige Wachstumshemmung der Mikroorganismen bei gleichzeitiger Hemmung des Pflanzenstoffwechsels, das heißt z. B. das Obst reift nicht weiter (Äpfel, Bananen).

Physikalische Methoden

a) Sterilisation

Durch trockene oder feuchte Hitze bei Temperaturen oberhalb von 100 °C werden nicht nur die krankheitserregenden und giftbildenden (pathogenen und toxinbildenden) Mikroorganismen abgetötet, sondern alle Mikroorganismen und Enzyme, die bei der Lagerung einen Verderb hervorrufen könnten. Bei Temperaturen von 115 °C bis 135 °C unter Druck (im Autoklaven) werden in der Regel innerhalb von 30 Minuten alle in einem Produkt oder auf einem Gebrauchsgegenstand befindlichen Mikroorganismen abgetötet.

Neben dem Erhitzen in geschlossenen Behältnissen unter Druck kann das Erzeugnis auch vor dem Abfüllen hocherhitzt werden (z. B. Ultrahocherhitzung – UHT-Erhitzung über 135 °C). Dabei ist besonders wichtig, daß die Abfüllung in absolut keimfreien Gefäßen erfolgt, um einen erneuten Befall mit Mikroorganismen (Reinfektion, Rekontamination) zu vermeiden. Wichtig ist dabei vor allen Dingen, daß die Temperaturen an jedem Punkt des Produktes erreicht und über die erforderliche Zeit gehalten werden (Standzeiten). Dabei werden die Vitamine und Geschmacksstoffe in der Regel geschädigt. Um eine möglichst geringe Schädigung der wärmeempfindlichen Inhaltsstoffe zu erreichen, wurden verschiedene Arten der Sterilisierung entwickelt – z. B. Einleiten von gespanntem Wasserdampf (Wasserdampf mit Überdruck), Sterilisation in flachen Behältnissen oder Sterilisation durch Plattenerhitzer.

Außerdem kann man bei flüssigen Produkten oder Produkten in Flüssigkeiten durch Bewegen der Behältnisse während des Sterilisierens die Abtötungszeiten erheblich verkürzen.

Durch wiederholte sogenannte fraktionierte Sterilisation werden eventuell nachträglich ausgekeimte Sporen auch noch abgetötet.

Handelsübliche Sterilität eines Produktes liegt dann vor, wenn sich in dem Erzeugnis keine wachstumsfähigen lebenden Organismen mehr befinden. Die im Küchenbereich angewandten Temperaturen des Garmachens (Kochens) sind wie eine Sterilisierung einzustufen. Nach dem Kochprozeß sind die Produkte praktisch keimfrei. Der Erfolg des Erhitzungsverfahrens ist stets von der Zusammensetzung des erhitzten Materials abhängig.

Um eine absolute Sicherheit zu erreichen, richtet man sich bei der industriellen Herstellung nach dem außerordentlich widerstandsfähigen Lebensmittelvergifter Clostridium botulinum. Dieser Mikroorganismus wird als sogenannter Richtkeim benutzt. Eine Vollkonserve, die über vier Jahre bei Temperaturen bis zu 25 °C gelagert werden soll, muß so sterilisiert werden, daß die als Test eingebrachten Richtkeime restlos abgetötet werden.

b) Pasteurisation

Es handelt sich um ein Erhitzungsverfahren, das nach dem französischen Wissenschaftler Louis Pasteur (1822–1895) benannt wurde und insbesondere für flüssige oder pastöse Produkte eingesetzt wird. Die Erzeugnisse werden unter 100 °C erhitzt, um alle pathogenen (krankheitserregenden) vegetativen Keime abzutöten und dabei auch die produkteigenen Enzyme zu inaktivieren. Der Vorteil der Pasteurisation gegenüber der Sterilisation ist, daß die ernährungsphysiologischen und sensorischen Eigenschaften des Produktes weitgehend erhalten bleiben.

Es gibt verschiedene Pasteurisierungsverfahren. Bei der Trinkmilch sind drei Verfahren zugelassen:

- **Dauererhitzung**

62 °C bis 65 °C über 30 bis 32 Minuten (heute allerdings kaum noch angewandt),

- **Kurzzeiterhitzung**

72 °C bis 75 °C über 15 bis 30 Sekunden und die

- **Hocherhitzung**

85 °C bis 127 °C im kontinuierlichen Durchfluß.

Andere Erhitzungsverfahren, die alle der Haltbarkeitsverlängerung dienen, werden z. B. bei Flüssigei mit 64 °C bis 65 °C über 2 bis 3 Minuten oder bei Fruchtsäften mit 85 °C bis 87 °C über ca. 20 Sekunden eingesetzt.

Das neueste Verfahren ist Pasteurisieren unter Hochdruck. Die Drücke liegen zwischen 4 000 und 8 000 bar, die Temperaturen reichen bis 55 °C und die Einwirkungszeit beträgt nur wenige Minuten. Bei diesem Verfahren bleibt der natürliche, frische Geschmack sowohl von rohem Fleisch und rohem Fisch als auch von rohen Früchten und Säften erhalten.

Auch beim Pasteurisieren sind generell zwei Varianten in der Anwendung:

1. Das Material wird in Behältnisse abgefüllt, die Behältnisse werden verschlossen und dann erfolgt Pasteurisierung.
2. Das Material wird pasteurisiert und dann keimfrei abgefüllt und verschlossen.

Der vollständige dichte Verschluß verhindert eine Reinfektion der Erzeugnisse.

c) Kühlung

Durch Herabsetzung der Temperaturen (siehe Wachstumsvoraussetzungen, 2. Temperatur) wird das mikrobiologische Wachstum gebremst bzw. deutlich reduziert. Die untere Grenze der Kühlung liegt bei +5 °C bis –3 °C, dem Gefrierpunkt des Zellsaftes der meisten Lebensmittel. Als Faustregel gilt: Eine Temperaturerniedrigung um 10 °C kann die Wachstums-

und Stoffwechselrate der Mikroorganismen etwa halbieren. Im Kühllagerungsbereich sind jedoch einige kälteverträgliche, sogenannte psychrotrophe Mikroorganismen noch aktiv, worauf bei der Produktion von Fisch- und Fleischerzeugnissen besonders geachtet werden muß. Kühlung ist in der Regel verbunden mit einer geringen Luftfeuchtigkeit. Das führt zu einem gewissen Wasserentzug auf den Oberflächen der Produkte. Die Beeinflussung der Wasseraktivität (siehe 4. Wasserentzug) ist einerseits zwar erwünscht, führt aber auch sehr schnell zur Austrocknung und damit zur Qualitätsminderung, die sich durch entsprechende Luftumsetzung jedoch ausgleichen läßt.

Für die Kühlung von Lebensmitteln sind eine Reihe gesetzlicher Festlegungen erfolgt, die in der nachfolgenden Tabelle 13 aufgelistet sind. Gleichzeitig sind Temperaturwerte in die Tabelle aufgenommen, die der allgemeinen guten Herstellungspraxis (GMP) entsprechen.

Tabelle 13

Höchsttemperaturen für kühlbedürftige Lebensmittel

Lebensmittel	Meßort[1)] (L, P)	Temperatur (°C)	Gesetzlicher Bezug
Butter	P	+ 10	§ 3 Abs. 2 Nr. 3 Butter-V
Frischkäse	P	+ 10	§ 14 Abs. 6 Nr. 1 c Käse-V
Weich- und Schnittkäse	L	+ 10	§ 14 Abs. 2 Nr. 4 Käse-V
Konsummilch, pasteurisiert	P	+ 10	§ 2 Abs. 2 Nr. 3 Konsummilch-Kennzeichnungs-V
Milcherzeugnisse, leichtverderblich	P	+ 10	§ 3 Abs. 2 Nr. 4 MilchErzV
Vorzugsmilch	P	+ 8	§ 7 Abs. 1 Nr. 3 und Nr. 4 Milch-V
Lebensmittel, leichtverderblich	L	+ 7	keiner, aber GMP; Empfehlung
Backwaren mit nicht durcherhitzten Füllungen oder Auflagen	L	+ 7	keiner, aber GMP; Empfehlung

Tabelle 13 Fortsetzung			
Höchsttemperaturen für kühlbedürftige Lebensmittel			
Lebensmittel	**Meßort**[1)] (L, P)	**Temperatur** (°C)	**Gesetzlicher Bezug**
Feinkostsalate u. ä.	L	+ 7	keiner, aber GMP; Empfehlung
Salate, zerkleinert	L	+ 7	keiner, aber GMP; Empfehlung
Fleisch, frisch	P	+ 7	Anl. 2 Kap. IX Nr. 1.1.1, 1.1.2 und 3 FIHV
Nebenprodukte der Schlachtung, frisch	P	+ 3	Anl. 2 Kap. IX Nr. 1.2 FIHV
Geflügelfleisch, frisch	P	+ 4	Anl. 2 Abschn. II Nr. 12 GFIMindV
Haarwild, erlegt, frisch	P	+ 7	Anl. 2 Kap. VI Nr. 1.2 FIHV
Hasen, Wild- und Hauskaninchen	P	+ 4	Anl. 2 Kap. VI Nr. 1.2 und Kap. IX Nr. 1.1.3 FIHV
Federwild	P	+ 4	Anl. 2 Abschn. II Nr. 12 GFIMindV
Hackfleisch und Hackfleischzubereitungen • zugel. Betriebe • andere Betriebe (Lagerung) (Verkaufsvorgang)	 P L L	 + 2 + 4 + 7	 Anl. 2 a Nr. 3.4.2 und 5.2.1 FIHV § 4 Abs. 1 Satz 1 HFIV § 4 Abs. 1 Satz 2 HFIV
Fleischzubereitungen aus Nebenprodukten der Schlachtung • zugel. Betriebe • andere Betriebe (Lagerung) (Verkaufsvorgang)	 P L L	 + 3 + 4 + 7	 Anl. 2 a Nr. 5.2.2 FIHV § 4 Abs. 1 Satz 1 HFIV § 4 Abs. 1 Satz 2 HFIV

Tabelle 13 Fortsetzung			
Höchsttemperaturen für kühlbedürftige Lebensmittel			
Lebensmittel	**Meßort[1]** (L, P)	**Temperatur** (°C)	**Gesetzlicher Bezug**
andere Fleischzubereitungen • zugel. Betriebe • andere Betriebe	 P P	 + 7 + 7	 Anl. 2 a Nr. 5.2.3 FIHV keiner, aber GMP; Empfehlung
Geflügelfleischzubereitungen • zugel. Betriebe • andere Betriebe	 P L	 + 4 + 7	 keiner, aber GMP; Empfehlung keiner, aber GMP; Empfehlung
Fleischerzeugnisse, leichtverderblich	P	+ 7	keiner, aber GMP; Empfehlung
Muscheln, lebend	L	+ 10	Anl. 2 Kap. 6 Nr. 5 FischHV
Fischereierzeugnisse, frisch sowie gekochte Krebs- und Weichtiererzeugnisse	L	in schmelz. Eis oder +2	Anl. 1 Kap. 6 Nr. 4.1 FischHV
Hühnereier	L	+ 8	ab dem 18. Tag nach dem Legen § 1 Hühnerei-V
Roheihaltige Lebensmittel (z. B. Frischeimayonnaise)	P	+ 7	Abgabe binnen 24 h nach Herstellung § 2 Abs. 1 Nr. 2 b, § 3 Hühnerei-V
Eiprodukte ohne Vorbehandlung	P	+ 4	Verwendung am Tag der Herstellung
Eiprodukte, vorbehandelt	L, P	+ 4	Anl. 1 Kap. IV Nr. 2.3 Eiprod.-V

[1] Die Lagertemperatur (L) ist die höchstzulässige Temperatur, bei der kühlbedürftige Lebensmittel bis zur Abgabe an den Verbraucher aufbewahrt werden müssen.
Die Produkttemperatur (P) ist die höchstzulässige Temperatur, die bei kühlbedürftigen Lebensmitteln an allen Punkten eingehalten werden muß.

Aus Tabelle 14 über optimale Lagerbedingungen bei gekühltem Gemüse geht hervor, welchen Einfluß die Kühltemperatur auf die Lagerdauer hat.

Tabelle 14

Optimale Lagerbedingungen und entsprechende Lagermöglichkeiten bei gekühltem Gemüse

Gemüseart	Temperatur (°C)	Relative Feuchtigkeit (%)	Lagerdauer
Blumenkohl	0	85 – 90	2 – 3 Wochen
Broccoli	0	90 – 95	10 – 21 Tage
Bohnen (Phascolus vulg.)	2 bis 7	85 – 90	10 – 15 Tage
Champignons	0	85 – 90	5 Tage
Erbsen, grün, in Schoten	- 0,5 bis 0	85 – 90	1 – 3 Wochen
Gurken	11,5	85 – 95	1 – 2 Wochen
Karotten, gestutzt	- 1 bis + 1	90 – 95	4 – 6 Monate
Kartoffeln			
• neue	3 bis 4	85 – 90	einige Wochen
• späte, zum Verzehr	4,5 bis 10	85 – 90	4 – 8 Monate
Kohl	0	85 – 90	2 – 4 Monate
Blattsalat	0	90 – 95	1 – 3 Wochen
Oliven, frische	7 bis 10	85 – 90	4 – 6 Wochen
Rettich	- 1 bis 0	90 – 95	10 – 12 Monate
Rhabarber	0	90	2–3 Wochen
Rüben, weiße	0	90 – 95	4 – 5 Monate
Schwarzwurzeln	0 bis 1	90 – 95	2 – 4 Monate
Sellerie, Knollen	0 bis 1	90 – 95	2 – 4 Monate
Spargel	0 bis 0,5	85 – 90	2 – 4 Wochen
Spinat	- 0,5 bis 0	90 – 95	2 – 6 Wochen
Tomaten			
• grüne	11,5 bis 13	85 – 90	3 – 5 Wochen
• reife	0	85 – 90	1 – 3 Wochen
Wassermelonen	2 bis 4	85 – 90	2 – 3 Wochen
Zwiebeln	- 3 bis 0	70 – 75	6 Monate

Aus: Schormüller, J.: Die Erhaltung der Lebensmittel, Ferd. Enke Verlag, Stuttgart 1966

d) Gefrieren – Tiefgefrieren

Erreicht man durch Kühlen schon ein beachtliches Verlangsamen der Wachstumsvorgänge bei Mikroorganismen, so ist dieser Effekt durch Frieren bzw. Tiefgefrieren noch weiter zu optimieren. Das Frieren (Frosten) von Lebensmitteln im Bereich von –3 °C bis –12 °C wird im Küchenbereich angewandt, um Lebensmittel über eine gewisse Zeit haltbar zu machen. In der Regel werden die Produkte jedoch heute tiefgefroren. Unter einem tiefgefrorenen Lebensmittel versteht man ein Produkt, das einem geeigneten Gefrierprozeß unterzogen wurde, bei dem der Bereich der maximalen Kristallisation entsprechend der Art des Lebensmittels so schnell wie möglich durchschritten wird, mit der Wirkung, daß die Temperatur des Lebensmittels an allen seinen Punkten nach der thermischen Stabilisierung mindestens –18 °C beträgt. Es stehen dafür mehrere Verfahren zur Verfügung:

- Gefrieren mit Gasen

Die Produkte werden direkt mit tiefgekühlten Gasen behandelt – z. B. festem Kohlendioxid: „CO_2-Schnee".

- Kontaktgefrieren

Das Produkt wird zwischen Platten gefroren und hat direkten Kontakt mit den sogenannten Plattenfrostern.

- Luftgefrieren

Bei diesem Verfahren wird das Produkt entweder in kalter Luft hochgewirbelt und gefroren (Wirbelschicht-Verfahren) oder während des Gefrierens gerüttelt.

Um eine Bildung von größeren Eiskristallen in den Zellen möglichst zu verhindern, werden die Produkte bei –30 °C und deutlich darunter tiefgefroren. Durch diesen „Schock"-Frost kommt es nicht zur Bildung von größeren Eiskristallen, die die Zellwände beschädigen würden („matschig" werden der Produkte).

Tiefgefrorene Lebensmittel müssen bei einer Kerntemperatur von –18 °C aufbewahrt werden. Nur beim Be- und Entladen darf die Temperatur kurzfristig auf –15 °C ansteigen. Zwischendurch angetaute Lebensmittel sind an der Schneebildung zu erkennen. Bei Beschädigungen der Verpackungen tritt Gefrierbrand auf (völlige Austrocknung der Ware, Aromaverlust).

Für gefrorene und tiefgefrorene Lebensmittel wurden ebenfalls Höchsttemperaturen festgelegt. Die gesetzlichen Fundstellen sind in der nachfolgenden Tabelle 15 aufgeführt. Für

Tabelle 15				
Höchsttemperaturen für tiefgefrorene und gefrorene Lebensmittel				
Lebensmittel	**Meßort[1] (L, P)**	**Temperatur (°C)**	**Temperatur-anstieg[2] (°C)**	**Gesetzlicher Bezug**
Tiefgefroren:				
Lebensmittel	P	– 18	3	§ 2 Abs. 4 TLMV
Geflügelfleisch	P	– 18	3	Art. 2 VO (EWG) 1906/ 90
Fischereierzeugnisse	P	– 18	3	Anl. 1 Kap. 6 Nr. 4.2 FischHV
Hackfleisch in Fertig-packungen	P	– 18	–	Anl. 2 a Nr. 3.4 und Nr. 3.4.1 FIHV
Hackfleischerzeug-nisse, roh	P	– 18	3	§ 4 Abs. 2 HFIV
Geflügelfleischzube-reitungen	P	– 18	–	Art. 2 VO (EWG) 1906/ 90
Fleischzubereitungen	P	– 18	–	Anl. 2 a Nr. 5.2 und Nr. 5.2.4 FIHV
Eiprodukte	L, P	– 18	–	Anl. 1 Kap. IV Nr. 2 und Nr. 2.1 Eiprodukte-V
Speiseeis in Fertigpak-kungen	P	– 18	3	§ 2 Abs. 4 TLMV
Gefrorene Eiprodukte	L, P	– 12	–	Anl. 1 Kap. IV Nr. 2 und Nr. 2.2 Eiprodukte-V
Gefrorenes Geflügel-fleisch	P	– 12	3	Art. 2 VO (EWG) 1906/ 90
Gefrorenes Fleisch	P	– 12	–	Anl. 2 a Nr. 8.3 FIHV
Speiseeis zum Auspor-tionieren	P	– 10	3	keiner, aber GMP; Empfehlung

1) Die Lagertemperatur (L) ist die höchstzulässige Temperatur, bei der tiefgefrorene bzw. gefrorene Lebensmittel bis zur Abgabe an den Verbraucher aufbewahrt werden müssen. Die Produkttemperatur (P) ist die höchstzulässige Temperatur, die bei tiefgefrorenen bzw. gefrorenen Lebensmitteln an allen Punkten eingehalten werden muß.

2) Nur kurzfristig zulässig beim Versand, dem örtlichen Vertrieb und in den Geräten des Einzelhandels.

Speiseeis zum Ausportionieren besteht eine solche gesetzliche Bestimmung nicht. Der angegebene Temperaturbereich ist als gute Herstellungspraxis (GHP, GMP) zu empfehlen.

e) Trocknen

Ziel bei diesem Verfahren ist es, durch Wasserentzug eine Absenkung des a_W-Wertes unter 0,6 zu erreichen.
Es gibt verschiedene Trocknungsverfahren, z. B.

- Hordentrockner (Kanal-, Tunneltrockner)

Dabei wird Luft im Gleichstrom oder Gegenstrom von 60 °C bis 90 °C über die Lebensmittel geleitet. Das Verfahren ist besonders geeignet für stückige Obst- und Gemüseprodukte.

- Walzentrockner

Die Walzen sind mit ca. 100 °C beheizt. Dieses Verfahren eignet sich besonders für flüssige oder pasteuse Produkte wie z. B. Milch, Milcheiweiß und Molke.

- Sprühtrocknung

Bei diesem Verfahren werden die Lebensmittel durch eine rotierende Scheibe oder Düse in einem Sprühturm in aufströmende heiße Luft eingespeist, die etwa 150 °C bis 200 °C aufweist. Das Trocknungsgut erreicht dabei Temperaturen zwischen 50 °C und 70 °C. Dabei verdampft das Wasser. Die Verweilzeit beträgt einige Sekunden bis Minuten. Sprühtrocknung wird vorzugsweise bei Gemüsesäften und Instantprodukten eingesetzt.

- Gefriertrocknung

Hier wird ein Großteil des Wassers – unter Umgehung der flüssigen Phase – ausgefroren, das heißt durch Sublimation abgeführt. Die dabei eingesetzten Vakuumanlagen arbeiten unter einem Druck, der weniger als 1 Millibar beträgt. Dieses Verfahren eignet sich für Produkte mit hochporöser, schwammartiger Struktur, z. B. Gewürzextrakte und Kaffee.

Wie bei den anderen Verfahren ist auch bei diesem häufig eine Kombination mit weiteren Haltbarmachungsverfahren angesagt. So erfolgt die Lagerung gefriergetrockneter Produkte häufig unter Vakuum oder unter der Verwendung von Schutzgas. Die Vorteile der Trocknungsverfahren liegen in sehr langen Lagerzeiten; es muß dabei aber auf Schädlingsbefall und Autoxidation geachtet werden.

f) Bestrahlung

Für Bestrahlung von Lebensmitteln werden Kobalt 60 und Caesium 137 eingesetzt. Beim Zerfall dieser Elemente entstehen

u. a. Gammastrahlen. Es ist wichtig zu wissen, daß bei den verwandten – und zugelassenen – Strahlenmengen (Strahlendosis) die Lebensmittel nicht selbst zu Strahlern werden. Generell gilt, daß die Wirkung von der Dosis abhängig ist und ein komplex aufgebauter Organismus gegenüber Strahlen empfindlicher ist als ein einfach aufgebauter. Bei der Bekämpfung von Mikroorganismen oder anderen Kleinlebewesen (Insekten) müssen deshalb Strahlungsmengen aufgewandt werden, die für den Menschen tödlich wären. Diese Tatsache hat sicher dazu beigetragen, daß von vielen Verbrauchern die Bestrahlung der Lebensmittel abgelehnt wird.

Merke!
Bestrahlte Lebensmittel sind keine „Strahler"

Bisher ist die Bestrahlung in der Bundesrepublik verboten. Sie ist jedoch in vielen Mitgliedstaaten in der EG und außereuropäischen Staaten für viele Produkte zulässig.

Die Bestrahlung wird z. B. eingesetzt für die Bekämpfung von Salmonellen, die Entwesung (Eier, Larven, Insekten) von Getreide. Bei Früchten, Gemüsen, Getreide, Fisch und Muscheln wirkt sie wie eine Sterilisation. Gleichzeitig wird bei vielen Früchten (z. B. Bananen, Mangos, Erdbeeren) eine Haltbarkeitsverbesserung und z. B. bei Zwiebeln und Kartoffeln Keimhemmung erreicht. In den USA wird die Bestrahlung zur Trichinenbekämpfung eingesetzt.

Lebensmittelhygiene-Verordnung (LMHV)

Um einen europaweiten Hygienestandard zu erreichen, wurde am 14. 6. 1993 die Richtlinie über Lebensmittelhygiene (93/43/EWG) erlassen. Die Umsetzung in nationales Recht erfolgte durch die **Lebensmittelhygiene-Verordnung** (LMHV) vom 5. 8. 1997 (*BGBl. I, Nr. 56, S. 2008*).

Die Bestimmungen sind seit dem **8. 8. 1998 rechtskräftig.**

Im Rahmen der betriebseigenen Maßnahmen besteht von diesem Zeitpunkt an auch die Pflicht, daß Personen, die mit Lebensmitteln umgehen, entsprechend ihrer Tätigkeit in Fragen der Lebensmittelhygiene geschult werden **(Schulungspflicht).**

Ab dem 8. 2. 1998 sind alle **Hygienevorschriften der Bundesländer** (Regelungen für Fleisch, Fisch sowie Erzeugnisse daraus, Speiseeis, Back- und Konditoreiwaren, Verkaufsräume; insgesamt 27 gesetzliche Länderregelungen) außer Kraft.

Durch die LMHV ist eine **neue Rechtssituation** für den Bereich Lebensmittelhygiene und für die Gewährleistung der Lebensmittelsicherheit entstanden.

Geltungsbereich (§ 1 der VO)

Die LMHV erfaßt alle Betriebe, die gewerbsmäßig im Anschluß an die Urproduktion – diese ist ausgenommen – Lebensmittel herstellen, behandeln und/oder in den Verkehr bringen. Spezielle Hygiene-Vorschriften, die mindestens den Forderungen der LMHV entsprechen (z. B. Milch-VO, Fischhygiene-VO, Fleischhygiene-VO) oder darüber hinausgehen, bleiben unberührt.

Da die in der LMHV aufgestellten Hygieneforderungen Mindestanforderungen sind, greift sie auch in den Fällen, wo zwar spezielle Hygienevorschriften aufgestellt sind, diese aber unter den Anforderungen der LMHV liegen, wie es z. B. in der Getränkeschankanlagen-VO der Fall ist.

Begriffsbestimmungen (§ 2 der VO)

Es wird zwischen ortsfesten, ständigen und ortsveränderlichen oder nichtständigen Betriebsstätten wie Verkaufszelten, Marktständen, mobilen Verkaufseinrichtungen, Verkaufsfahrzeugen sowie Verkaufsautomaten unterschieden.

Die LMHV definiert die zu vermeidende **nachteilige Beeinflussung** als eine ekelerregende oder sonstige Beeinträchtigung

der einwandfreien hygienischen Beschaffenheit der Lebensmittel durch eine Vielzahl von Umständen, die einzeln aufgeführt sind.
Da die Hygieneanforderungen an Betriebe, in denen leicht verderbliche Lebensmittel eine Rolle spielen, selbstverständlich höher angesiedelt werden müssen als im „Normalfall", mußte auch der Begriff „leicht verderblich" definiert werden.

> **Merke:**
> Faktoren der Beeinflussung (s. LMHV § 2, Ziffer 2) bei der Erstellung des betriebseigenen Kontrollsystems berücksichtigen.

Allgemeine Hygieneanforderungen (§ 3 der VO)
Hier findet sich die Kernaussage der LMHV – Allgemeines Hygienegebot! –:
Lebensmittel dürfen nur so hergestellt, behandelt oder in den Verkehr gebracht werden, daß sie bei Beachtung der im Verkehr erforderlichen Sorgfalt der Gefahr einer nachteiligen Beeinflussung nicht ausgesetzt sind.

Um dieses allgemeine Hygienegebot durchsetzen zu können, wurden in einem umfangreichen Anhang Mindestanforderungen zur Vermeidung einer nachteiligen Beeinflussung mit Vorgaben zur Beschaffenheit der Räume, Anlagen und Geräte sowie Anforderungen beim Umgang mit Lebensmitteln und an das Personal festgeschrieben.

Diese Vorgaben waren weitgehend bereits in den Hygienevorschriften der Bundesländer enthalten; d. h. die bisherigen Hygieneanforderungen bleiben bestehen und werden im Prinzip nicht verschärft. Die Anforderungen gelten für alle Arten von Betriebsstätten, sind aber graduell unterschiedlich (Unterschied: Imbißstube – Krankenhausküche).

Betriebseigene Maßnahmen und Kontrollen (§ 4 der VO)
Zusätzlich zu der nach allgemeinem Lebensmittelrecht bestehenden Eigenverantwortung und Sorgfaltspflicht und der sich daraus ergebenden Verpflichtung zur umfassenden Sicherstellung der Unbedenklichkeit der Lebensmittel wird ein betriebseigenes Kontrollkonzept eingeführt, das der Gefahrenidentifizierung und -bewertung dient, zu deren Beherrschung beiträgt und auf folgenden Grundsätzen – des HACCP-Systems – beruht:

> **Merke:**
> Betriebseigenes Kontrollsystem ist Pflicht!

1. Analyse dieser Gefahren in den Produktions- und Arbeitsabläufen,
2. Identifizierung der Punkte in diesen Prozessen, an denen diese Gefahren auftreten können,

3. Entscheidung, welche dieser Punkte die für die Lebensmittelsicherheit kritischen sind,
4. Festlegung und Durchführung wirksamer Sicherungsmaßnahmen und deren Überwachung für diese kritischen Punkte und
5. Überprüfung der Gefahrenanalyse, der kritischen Punkte und der Sicherungsmaßnahmen und deren Überwachung in regelmäßigen Abständen sowie bei jeder Änderung der Produktions- und Arbeitsabläufe.

Die Dokumentation, wie sie das HACCP-System fordert, wurde nicht vorgeschrieben, aber es besteht die **Verpflichtung, die betriebseigenen Kontrollmaßnahmen gegenüber der Lebensmittelüberwachung darlegen zu können**. Deshalb wird die Dokumentation dringend empfohlen. Die Eigenkontrollen in den Betrieben erhalten somit höheres Gewicht.

Merke!
Den Text der LMHV sorgfältig durcharbeiten.

Die Verantwortlichen müssen im Rahmen der betriebseigenen Maßnahmen gewährleisten, daß Personen, die mit Lebensmitteln umgehen, entsprechend ihrer Tätigkeit und unter Berücksichtigung ihrer Ausbildung in Fragen der Lebensmittelhygiene unterrichtet oder geschult werden **(Schulungspflicht)**. Über den Umfang der Schulungen bestehen Vorstellungen, nicht aber über die Häufigkeit.

Über das o. g. HACCP-System bzw. die Einrichtung eines betriebseigenen Kontrollkonzeptes nach den Grundsätzen dieses Systems existiert inzwischen eine umfangreiche Literatur. Die anschließenden Passagen erheben keinen Anspruch auf vollständige Information über das HACCP-Konzept, sondern sie sollen bei der Einrichtung bzw. Überprüfung des Eigenkontrollsystems eine Hilfe darstellen.

HACCP-Konzept

HACCP ist die Abkürzung von **H**azard **A**nalysis **C**ritical **C**ontrol **P**oints. Übersetzt: Gefährdungs-Analyse kritischer Punkte.

Mit dem HACCP-Konzept können Gefahren (Hazards) und Risiken erfaßt, analysiert, überwacht und somit weitgehend beherrscht werden. Das Konzept ist daher geeignet zum vorbeugenden Gesundheitsschutz und kann in erheblichem Maße zur Qualitätssicherung beitragen. Die häufig in diesem

Zusammenhang erwähnten Qualitätsmanagement-Systeme wie ISO 9000 ff. gehen sehr viel weiter. Diese Qualitätssicherungssysteme werden von vielen Betrieben derzeit freiwillig eingeführt. Die Grundsätze des HACCP-Systems werden aufgrund der gesetzlichen Vorgaben in den Betrieben eingeführt werden müssen. Erfaßt werden von dem System eventuelle Gefahren und Risiken in allen Bereichen des Betriebes.

Gefahren und Risiken, die zu einer nachteiligen Beeinflussung der Lebensmittel führen können, gehen nicht nur von Mikroorganismen (Bakterien, Hefen, Viren) aus, sondern auch von chemischen Schadstoffen (z. B. Rückständen von Reinigungs- und Desinfektionsmitteln) sowie von Fremdkörpern und Verunreinigungen (z. B. Glasbruch, Besatz, Pilze, Ungeziefer, Zigarettenreste etc.) aus.

Die Einführung der Grundsätze des HACCP-Systems im Rahmen der Eigenkontrolle sollte von den Betroffenen nicht als „Zwangsmaßnahme der Behörde“ angesehen werden, da die Vorteile auf der Hand liegen:
Erhöhung der Lebensmittelsicherheit und Schaffung bzw. Erhaltung der Qualität der Lebensmittel

Die Dokumentation ist in der LMHV nicht explizit vorgeschrieben. Wie weiter unten erläutert, muß sich in Zukunft die Lebensmittelüberwachung davon überzeugen, ob das HACCP-Konzept in den Betrieben eingeführt, durchgeführt, eingehalten und überprüft wird. Meines Erachtens impliziert das HACCP-System eine umfangreiche Dokumentation, da auf die Ergebnisse der Überprüfung an den sogenannten kritischen Punkten zurückgegriffen werden muß. Hinzu kommt, daß die Dokumentation ein entscheidendes Mittel ist, mit dem die Verantwortlichen die Erfüllung ihrer Sorgfaltspflicht belegen können.

Entstehung und Entwicklung des Konzeptes

In den 60er Jahren legte die NASA ein Programm auf (Zero-Defects-Program – ZDP), um eine höchstmögliche Sicherheit der Versorgung der Astronauten zu erreichen. Dabei griff man zum Teil auf Risikoanalysen und Fehlervermeidungsstrategien der Auto- und Pharmaindustrie zurück.
1971 erfolgte die erste umfassende Beschreibung des HACCP-Konzeptes in den USA; die Anwendungsempfehlung erfolgte

1985 durch die National Academy of Science. 1989 erkannten Komiteemitglieder des Codex Alimentarius, daß dieses Konzept das Verbrauchervertrauen in die Lebensmittel fördern würde. Es wurde ein Dokument erarbeitet über die Anwendung des HACCP-Konzeptes in Lebensmittel-Produktionsprozessen (*Alinorm 93/13 A*). 1993 wurde dann die Richtlinie über Lebensmittelhygiene veröffentlicht und so die Grundsätze des HACCP-Konzeptes in Europa eingeführt.

HACCP-Konzept – Einstieg und Ablauf		
1.	Geltungsbereich festlegen	
2.	HACCP-Team benennen	✓ Schulung sicherstellen ✓ Zeitplan vorgeben
3.	Erfassen von Produktdaten, Produktbeschreibungen, Anforderungen an das Produkt	
4.	Erstellen von Fließschemata Herstellungsdiagrammen	
5.	Überprüfung und Bestätigung der Beschreibungen und Schemata	✓ Korrekturen?
6.	Auflistung der Risiken und Maßnahmen zu ihrer Vermeidung – mögliche kritische Kontrollpunkte (Lenkungspunkte, CCP)	
7.	Festlegung der kritischen Kontrollpunkte	
8.	Festlegung von Warn- und Grenzwerten für die kritischen Kontrollpunkte	
9.	Einrichtung eines Überwachungssystems für die kritischen Kontrollpunkte	✓ Wie? – Wo? – Was? wird kontrolliert
10.	Festlegung von Maßnahmen bei Überschreitung der Warn- und Grenzwerte (Korrektur-und Lenkungsmaßnahmen)	✓ Wer wird informiert und wer entscheidet?
11.	Regelmäßige Überprüfung, ob die Überwachungsverfahren funktionieren	
12.	Dokumentation	✓ Art und Umfang ✓ Wer hat Zugriff?

Definitionen

Zum besseren Verständnis einige Definitionen:

Hazard (Gefahr, Risiko, besser: Gefährdung): jeder negative Einfluß (biologisch, chemisch, physikalisch) auf die Produkte (Rohstoffe, Zutaten, Zwischenprodukte, Enderzeugnisse), der einen unannehmbaren gesundheitsgefährdenden Umstand zur Folge hat.

Kritischer Kontrollpunkt (Lenkungspunkt, CCP): jeder Punkt oder Verfahrensschritt in einem Herstellungsprozeß, bei dem durch gezielte Kontrollmaßnahmen (Überwachung) ein Hygienerisiko, das die gesundheitliche Unbedenklichkeit eines Lebensmittels gefährdet (Hazard), beseitigt oder auf ein annehmbares (duldbares) Niveau herabgedrückt wird.

HACCP: systematisches Verfahren zur Erkennung, Beurteilung und Verhinderung von Risiken und Gefahren.

Erläuterungen und Ausführungen zu dem 12-Punkte-System

1. Geltungsbereich festlegen

Es empfiehlt sich, den Betrieb in verschiedene Bereiche aufzuteilen. Normalerweise sind diese Bereiche ohnehin durch die Arbeitsabläufe gegeben: Warenannahme (teilweise Einlagerung), Produktion (teilweise Einlagerung), Vertrieb. Auch in der Produktion selbst sind stets mehrere Bereiche vorhanden (z. B. Warenvorbereitung, Gemüse putzen, Salat-Küche, warme Küche usw.). Es empfiehlt sich, die Umsetzung zunächst auf einen Bereich zu begrenzen. Es stellt sich dann bald heraus, daß viele der dort gewonnenen Erkenntnisse auf die anderen Bereiche zu übertragen sind.

Vor Beginn der Arbeiten sollten alle Mitarbeiter über die Grundlagen des HACCP-Konzeptes informiert werden. Selbstverständlich muß sichergestellt sein, daß die Betriebsleitung (Wirtschafts- und Küchenleitung) voll hinter dem Projekt steht.

2. HACCP-Team benennen

In kleinen Betrieben kann es sich durchaus lediglich um eine/n HACCP-Beauftragte/n handeln. Der/die Beauftragte/n beziehungsweise die Mitglieder des Teams müssen zunächst mit dem Konzept vertraut gemacht werden (Schulung). Die Erstellung eines Zeitplanes ist dabei hilfreich.

Folgende Anforderungen sind zu berücksichtigen:
Das Team muß

- fachübergreifend sein (Stabsfunktion)
- alle Betriebsbereiche berücksichtigen
- sach- und fachkundig in allen Fragen der Produktion sein (Einkauf, Herstellung, Lagerung, Vertrieb)
- potentielle Hygiene-Risiken beurteilen können
- zur Risiko-Analyse eventuell Fachleute aus dem Betrieb oder externe Spezialisten hinzuziehen (Mikrobiologie, Hygiene-Technologe, Techniker, Fachleute aus den Gebieten Marketing, Forschung, Entwicklung, Einkauf, Planung, innerbetriebliche Wartung).

Merke!
Teamwork ist angesagt!

Bedient man sich eines Teams, sollte ein Koordinator benannt werden, der sicherstellt, daß die Zusammensetzung eines Teams den Erfordernissen der Untersuchung entspricht, und in der Lage ist, eventuelle Veränderungen im Team vorzuschlagen, die Arbeit des Teams zu koordinieren und für die Einhaltung des aufgestellten Planes zu sorgen. Er leitet die Team-Sitzungen, schlichtet eventuelle Konflikte zwischen den Mitgliedern des Teams oder den Abteilungen im Betrieb. Zu seinen Aufgaben gehört es auch, die Ergebnisse und Entscheidungen des Teams bekannt zu machen und vor den Mitarbeitern und der Geschäfts- und der Betriebsleitung zu vertreten.

3. Erfassen von Produktdaten, Produktbeschreibungen, Anforderungen an das Produkt

Dieser Punkt wird zunächst den höchsten Aufwand erfordern. In Verbindung mit dem Punkt 4 (Erstellen von Fließschemata und Herstellungsdiagrammen) wird aber gerade hier die gewünschte Transparenz des Betriebes und seiner Einzelbereiche erreicht.

Produktbeschreibung

Zur Produktbeschreibung gehört die Auflistung aller relevanten Faktoren und Daten wie

Zusammensetzung

- Rohstoffe, Zutaten, Zusatzstoffe (Rezepturen), geforderte/anerkannte chemische und/oder mikrobiologische Kriterien, z. B. Fleisch-/Fischanteile bei Salaten, Fettgehalte bei Fleischerzeugnissen, mikrobiologische Normen bei Speiseeis und Milchprodukten, Empfehlungen der Deutschen Gesellschaft für Hygiene und Mikrobiologie

Beschaffenheit/Merkmale

- Hierhin gehört die Auflistung der physikalisch-chemischen Eigenschaften wie pH-Wert, Wasseraktivität, Konzentrationen der einzelnen Bestandteile, Lagerungstemperaturen, fest/flüssig/trocken, Gel, Emulsion usw.

Behandlungsform

- z. B. gekocht, gefroren, gesalzen, getrocknet
- z. B. Dose, verschweißt, in Folie vakuumiert, Karton

Lagerung und Vertriebsbedingungen

- Kühlung
- Tiefkühlung
- Raumtemperatur
- Heißhaltung

Haltbarkeit

- Mindesthaltbarkeitsdatum
- Verbrauchsdatum
- Bedingungen zur Erreichung dieser Vorgaben

Merke!
Diese Erfassung von Einzelheiten wird sich in vielen Fällen erübrigen, da diese Produkte aus fertigen Erzeugnissen bezogen werden.

Zubereitungsanweisungen

- Erhitzen
- Grillen
- Wasserbad
- Mikrowelle
- Aufkochen
- eventuelle Zugabe weiterer Zutaten

Voraussichtlicher Verwendungszweck

- bestimmte Diäten
- Hauptmahlzeiten
- Frühstück
- Abendessen

Hier bietet sich jedoch gleichzeitig Gelegenheit, ein sogenanntes „Lasten-Heft" für den Lieferanten zu erstellen, in dem ihm vorgegeben wird, welche hygienischen Mindestanforderungen erwartet werden. Gleichzeitig ist es möglich, hier Qualitätsgrundsätze als Vorbedingung für die Lieferung festzuschreiben.

Herstellungsprozeß

Die Beschreibung des Herstellungsprozesses umfaßt alle Stufen – einschließlich der Verweilzeiten.

4. Erstellen von Fließschemata, Herstellungsdiagrammen
Um Herstellungsprozesse zu beschreiben, haben sich Fließschemata sehr bewährt. Man kann jeweils die einzelnen Arbeitsschritte als Modul herausnehmen und sie gesondert bearbeiten. Als Beispiel seien die Produktionsabläufe in der Gemeinschaftsverpflegung angeführt *(nach Eisgruber, H. und Stolle, A., DLR 91; 282, 1995)* (siehe Abbildung 11).

Beim Erfassen der Produktionsdaten, der Produktbeschreibung, der Auflistung der Anforderungen an das Produkt und dem Erstellen von Fließschemata und Herstellungsdiagrammen werden die Arbeitsabläufe transparent. Bei den **Rohstoffen** sollte diskutiert werden:

Abbildung 11

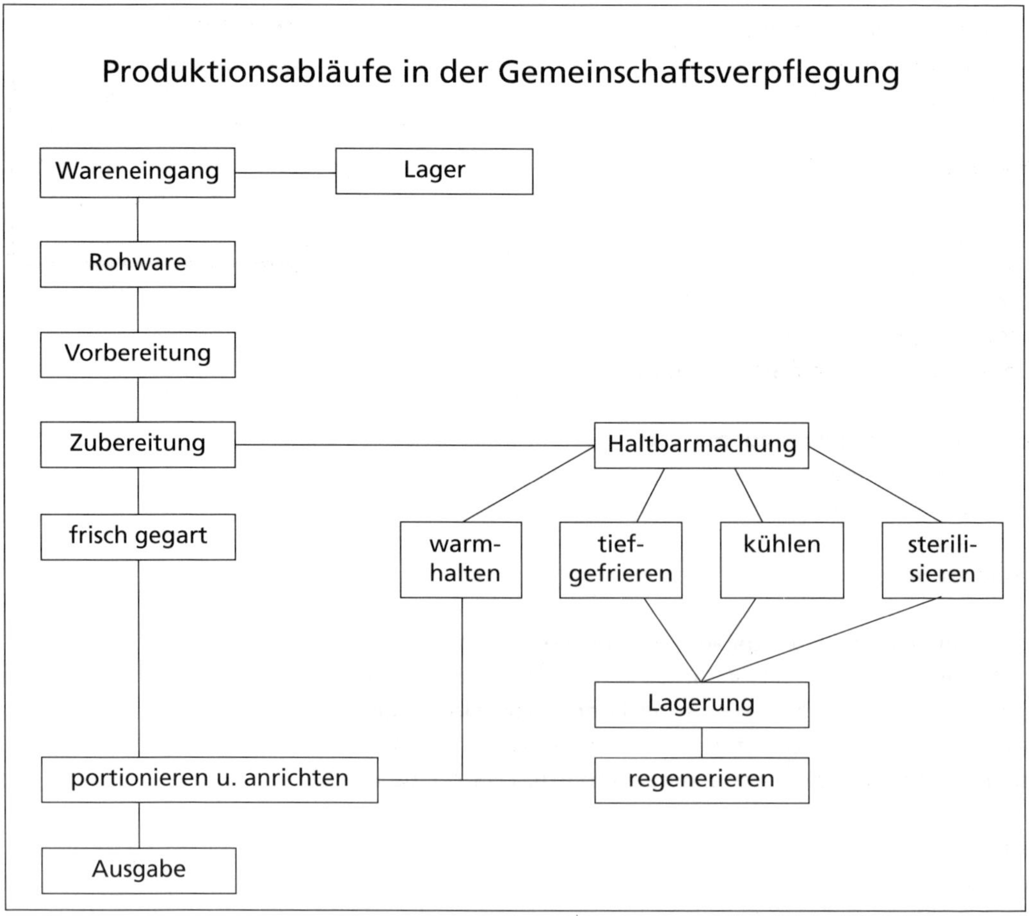

a) Wareneingang

- z. B. Übereinstimmung mit dem Muster (Identität)
- Verpackung (sauber, beschädigt, ausreichend)
- Sauberkeit der Transportmittel
- Temperaturen (gekühlt, tiefgekühlt, Schreiber im Fahrzeug)
- hygienisch einwandfreie Ladevorgänge (Schutzkleidung, Sauberkeit des Personals, Rauchen)
- Verunreinigung (Besatz, Schmutz, Ungeziefer)
- nachteilige Beeinflussung durch andere Lebensmittel oder Stoffe
- organoleptische Eigenschaften (Aussehen, Geruch, Geschmack – gegebenenfalls ist Probenahme angezeigt)

b) Lagerung

- z. B. Sauberkeit der Lagerräume, Mängel (bauliche Mängel an Decken, Boden, Fenstern, Türen), Temperaturen, nachteilige Beeinflussung (Staub, Schmutz, Schimmel, Ungeziefer, Fremdgerüche, Schädlingsbekämpfungsmittel), Umsetzungen (Licht, Luft), Umschlag (First in – first out), Haltbarkeiten

Zubereitung

a) Vorbereitung

z. B. Kontrolle der Ausrüstungsgegenstände, Arbeitsgeräte, Räumlichkeiten, Reinigung, Zerkleinerung, Erhitzen, Kühlen, Gefrieren, Trocknen der Rohstoffe

b) Weitere Bearbeitung

Kontrolle von Auftauen, Rehydrieren, Mischen, Garen, Pasteurisieren, Sterilisieren, Abfüllen, Verschließen, Kühlen, Gefrieren, Lagern, Etikettieren, Umpacken, Transport, Distribution

Um eine möglichst hohe Transparenz zu erreichen, müssen

- die Pläne der Gebäude
- die Pläne zur Reinigung und Desinfektion
- die Personal-Pläne (Angaben zur Betriebs- und Personalhygiene)
- Angaben über die Anforderung und technischen Daten der Maschinen (DIN-Vorschriften)
- Parameter über Prozeßabläufe (Zeitkurven, Verweildauer)
- eine Übersicht über innerbetrieblichen Produktverkehr (wichtig, um Kreuzkontamination zu vermeiden)

herangezogen werden.

5. Überprüfung und Bestätigung der erstellten Beschreibungen und Schemata

Das HACCP-Team sollte unbedingt mit den Verantwortlichen vor Ort während der Produktionszeit eine Überprüfung der geschaffenen Unterlagen vornehmen. Eine Diskussion mit den jeweiligen Mitarbeitern ist erforderlich, damit das HACCP-Team die „Bodenhaftung" nicht verliert.

6. Auflistung der Risiken und Maßnahmen zu ihrer Vermeidung

Schon bei der Diskussion vor Ort (siehe unter 5. Rückkoppelung) wird mit Sicherheit über eventuelle Risiken gesprochen werden, so daß die einzelnen Schritte durchaus nicht isoliert betrachtet werden müssen. Bei der Auflistung der Risiken sollten alle potentiellen biologischen, chemischen und/oder physikalischen Risiken, mit deren Auftreten gerechnet werden muß, durchleuchtet werden. Das gilt für alle Stufen vom Wareneingang bis zur Warenausgabe. In dieser Auflistung sollte enthalten sein, ob ein eventuell nicht hinzunehmendes Maß an

- biologischer Kontamination/Rekontamination (Überleben oder Vermehrung von Krankheits- und/oder Verderbniserregern sowie Ungeziefer)
- chemischer Kontamination (Freiwerden, Entstehen, Fortbestehen chemischer Stoffe durch Umsetzung, Enzyme, Oxydation, Licht, mikrobielle Stoffwechselproduktion, Giftstoffe, z. B. Schädlingsbekämpfung)
- physikalischer Veränderung (Folgen biologischer/chemischer Kontaminationen)

im Produktionsablauf, -umfeld oder bei Zwischen- und Enderzeugnissen vorliegt.

Es muß immer wieder die Frage gestellt werden, ob durch irgendwelche Maßnahmen das Risiko beziehungsweise die Risiken einer hygienischen Belastung der Lebensmittel verhütet oder beseitigt beziehungsweise auf ein noch duldbares Niveau reduziert werden können. Dabei wird sich sehr schnell herausstellen, daß man durch eine Maßnahme häufig mehrere Risiken beherrscht (Abtötung von Salmonellen und Hefen durch Hitze). Auf die Spezifikation der Maßnahmen (Reinigungs-, Desinfektionspläne, Erhitzungstabellen, Kühltemperaturen für Warengruppen) sollte dabei nicht verzichtet werden.

7. Festlegung der kritischen Kontrollpunkte

Die Festlegung kritischer Kontrollpunkte erfolgt auf Grundlage der Daten, die unter 3. bis 6. erfaßt worden sind: in Verbindung mit der Betriebsbegehung. Dabei wird jeweils in den einzelnen Bereichen (z. B. Rampe, Lager, Koch-Bereich, Salat-Küche, Ausgabe) gefragt:

Wer prüft?
Was wird geprüft?
Wo wird geprüft?
Wie wird geprüft?
Wie oft wird geprüft?

Unter Zugrundelegung der einzelnen Module im Fließdiagramm (z. B. Lager, Erhitzungsprozesse) kann man durch wiederholte Betriebsbegehung und Diskussion mit den Verantwortlichen sehr schnell eventuelle Risiken ermitteln. Um kritische Kontrollpunkte festlegen zu können, kann man einen Bewertungsschlüssel aufstellen, aus dem hervorgeht, ob z. B. Sofortmaßnahmen erforderlich sind (Gesundheitsgefahr, Unfallrisiken), ob mit einer Qualitätsminderung zu rechnen ist oder es auf Dauer eventuell zu hygienischen Risiken kommen könnte (bauliche Mängel usw.).

Merke!
Hier lassen sich Lenkungspunkte einbauen.

Für die Entscheidung, ob ein kritischer Punkt vorliegt oder nicht, kann man den sogenannten „Entscheidungsbaum" heranziehen. Er wurde veröffentlicht in der Richtlinie 91/493/EWG betreffend die Eigenkontrolle bei Fischereierzeugnissen vom 20. 5. 1994 (*94/356/EG – Amtsblatt 37 Nr. L 156/50*). In dieser Entscheidung wird vorgeschrieben, in welcher Weise die Grundsätze der Eigenkontrolle im Sinne des HACCP-Konzeptes umzusetzen sind. Sie stellt zudem eine generelle „Leitlinie" zur Umsetzung von Maßnahmen nach dem HACCP-Konzept dar. Da auch in einem weiteren Entwurf für Hygienemaßnahmen auf dem Milchsektor dieser „Entscheidungsbaum" erneut herangezogen wird, sei er hier abgedruckt (siehe Abbildung 12).

Beim Entscheidungsbaumverfahren werden nacheinander die einzelnen Prozeßstufen berücksichtigt, die in dem Diagramm zur schematischen Darstellung des Herstellungsprozesses identifiziert sind. Der Entscheidungsbaum ist auf jede Prozeßstufe und auf jedes identifizierte Risiko, mit dessen Auftreten gerechnet werden muß, sowie auf jede Maßnahme zur Risiko-

Abbildung 12

Entscheidungsbaum zur Identifizierung der kritischen Punkte

Für jede Prozeßstufe und jedes identifizierte Risiko sollten folgende Fragen in der angegebenen Reihenfolge beantwortet werden:

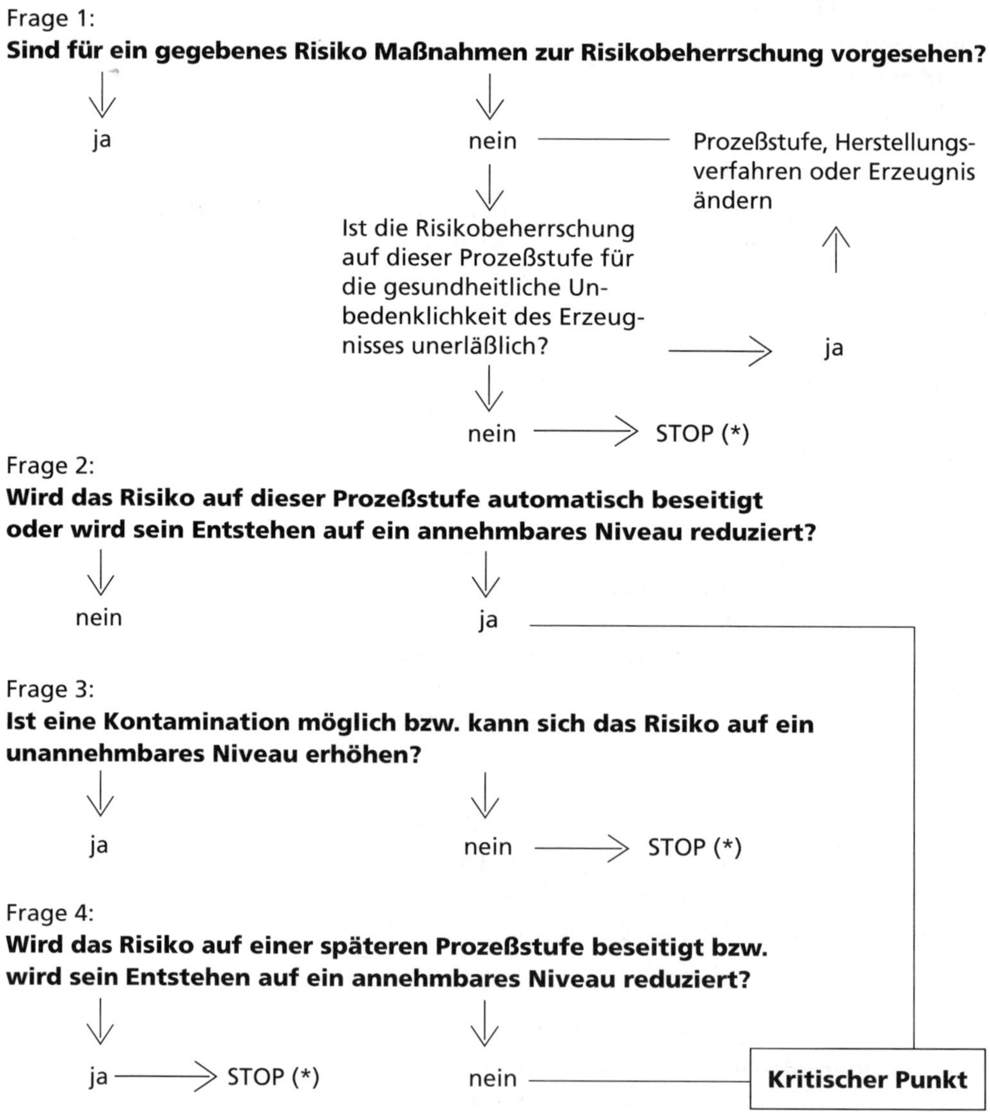

(*) Die Prozeßstufe ist kein kritischer Punkt. Zur nächsten Prozeßstufe übergehen.

beherrschung anzuwenden. Das Entscheidungsbaumverfahren ist mit Flexibilität und Überlegung anzuwenden, ohne dabei den Herstellungsprozeß als ganzen aus den Augen zu verlieren, damit eine unnötige Verdoppelung der kritischen Punkte weitestmöglich vermieden wird.

Diese Vorgehensweise erscheint jedoch recht aufwendig; deshalb im folgenden einige Vorschläge (siehe Abbildungen 13 bis 18), wie man so eine „Gefahren-Analyse" (Ermittlung und Festlegung kritischer Kontrollpunkte) übersichtlich gestalten kann. Selbstverständlich lassen sich solche Prüfbogen ohne Schwierigkeiten in der Datenverarbeitung übertragen.

Aus den vorgelegten Prüfbogen ist ersichtlich, daß sich für die verschiedenen Produkte und Produktgruppen derartige Prüfprotokolle zusammenfassen lassen.

Sämtliche Prüfungen sind stets Stichproben!

Stellt sich heraus, daß ein Lieferant sich exakt an die Vorgaben hält, können die Prüfintervalle vergrößert werden.

Für den Herstellungsprozeß läßt sich nachfolgender Prüfbogen verwenden (Abbildung 19, siehe S. 100).

8. Festlegung von Warn- und Grenzwerten für die kritischen Kontrollpunkte

Wie aus den Prüfbogen hervorgeht, müssen kritische Grenzwerte festgelegt werden (z. B. Temperaturen). Neben den gesetzlich festgelegten Temperatur-Grenzwerten (z. B. Hackfleisch-Verordnung, Geflügelfleisch-Hygiene-Verordnung, Fleisch-Hygiene-Verordnung, Eiprodukte-Verordnung, Hühnereier-Verordnung) sollten auch die Empfehlungen der Deutschen Gesellschaft für Hygiene und Mikrobiologie beachtet werden.

Wie weiter unten zu diskutieren ist, muß in Zukunft damit gerechnet werden, daß neben Temperatur-Kontrollkriterien auch weitere mikrobiologische (bakteriologische) Grenzwerte festgelegt werden. Generell gilt, daß die gesetzlich vorgeschriebenen Grenzwerte (Parameter) immer eingesetzt werden müssen.

9. Einrichtung eines Überwachungssystems für die kritischen Punkte

Das Überwachungs- und Kontrollverfahren läßt sich wie bereits unter 7. aufgeführt definieren:

Fortsetzung auf S. 100

Abbildung 13

Produkt(-gruppe): **Tiefkühlkost** .... (hier Produkte einsetzen)
Prüfort: **Wareneingang (Rampe)**

Datum	Lieferant	Gefahren	Kritischer Grenzwert	Prüfmethode	Frequenz*	Maßnahme bei Abweichung	Unter-schrift Uhrzeit
		MHD	abgelaufenes MHD	Sichtkontrolle	1 x wöchentlich		
		erhöhte Temperatur	mind. –15 °C bis –18 °C	Temperatur-messung	bei Anlieferung	Nichtannahme/ Rücksendung	
		beschädigte, verschmutzte Verpackung		Sichtkontrolle	bei Anlieferung	Inhalt prüfen/ evtl. Rücksendung	
		Fahrzeug unsauber		Sichtkontrolle	bei Anlieferung	Mitteilung an Lieferant	
		fehlende, verschmutzte Schutzkleidung		Sichtkontrolle	bei Anlieferung	Mitteilung an Lieferant	

* dreimalige Prüfung: einwandfrei
Frequenz auf 1 × monatlich reduzieren

Abbildung 14

Produkt(-gruppe): **Milcherzeugnisse** . . . . (hier Produkte einsetzen)
Prüfort: **Wareneingang (Rampe)**

Datum	Lieferant	Gefahren	kritischer Grenzwert	Prüfmethode	Frequenz*	Maßnahmen bei Abweichung	Unterschrift Uhrzeit
		MHD	abgelaufenes MHD	Sichtkontrolle	1 x wöchentlich		
		erhöhte Temperatur	6 °C bis 8 °C max. 10 °C	Temperatur-messung	bei Anlieferung	Nichtannahme/ Rücksendung	
		beschädigte, verschmutzte Verpackung		Sichtkontrolle	bei Anlieferung	Inhalt prüfen/ evtl. Rücksendung	
		Bombagen		Sichtkontrolle	bei Anlieferung	Nichtannahme/ Rücksendung	
		Fahrzeug unsauber		Sichtkontrolle	bei Anlieferung	Mitteilung an Lieferant	
		fehlende, verschmutzte Schutzkleidung		Sichtkontrolle	bei Anlieferung	Mitteilung an Lieferant	

* dreimalige Prüfung: einwandfrei
Frequenz auf 1 × monatlich reduzieren

Abbildung 15

Produkt(-gruppe): **Fleisch/Wurst** .... (hier Produkte einsetzen)
Prüfort: **Wareneingang (Rampe)**

Datum	Lieferant	Gefahren	kritischer Grenzwert	Prüfmethode	Frequenz*	Maßnahmen bei Abweichung	Unterschrift Uhrzeit
		MHD	abgelaufenes MHD	Sichtkontrolle	1 x wöchentlich		
		erhöhte Temperatur	– Frischfleisch max. 7 °C – Hackfleisch frisches Geflügelfleisch frische Hauskaninchen max. 4 °C	Temperaturmessung Temperaturmessung	bei Anlieferung	Nichtannahme/ Rücksendung	
		beschädigte Verpackung		Sichtkontrolle	bei Anlieferung	Nichtannahme/ Rücksendung	
		beschädigte, unsaubere Transportverpackung		Sichtkontrolle	bei Anlieferung	Nichtannahme/ Rücksendung	
		Fahrzeug unsauber		Sichtkontrolle	bei Anlieferung	Mitteilung an Lieferant	
		Schutzkleidung fehlt bzw. unsauber		Sichtkontrolle	bei Anlieferung	Mitteilung an Lieferant	

* dreimalige Prüfung: einwandfrei
Frequenz auf 1 × monatlich reduzieren

Abbildung 16

Produkt(-gruppe): **Frisch-Fisch** . . . . (hier Produkte einsetzen)
Prüfort: **Wareneingang (Rampe)**

Datum	Lieferant	Gefahren	kritischer Grenzwert	Prüfmethode	Frequenz*	Maßnahmen bei Abweichung	Unterschrift Uhrzeit
		MHD	abgelaufenes MHD	Sichtkontrolle	1 x wöchentlich		
		erhöhte Temperatur	max. 2 °C (auf Eis)	Temperaturmessung und Geruchsprobe	bei Anlieferung	Nichtannahme/ Rücksendung	
		beschädigte, Verpackung		Sichtkontrolle	bei Anlieferung	Nichtannahme/ Rücksendung	
		beschädigte, unsaubere Transportverpackung		Sichtkontrolle	bei Anlieferung	Nichtannahme/ Rücksendung	
		Fahrzeug unsauber		Sichtkontrolle	bei Anlieferung	Mitteilung an Lieferant	
		Schutzkleidung fehlt bzw. unsauber		Sichtkontrolle	bei Anlieferung	Mitteilung an Lieferant	

* dreimalige Prüfung: einwandfrei
Frequenz auf 1 × monatlich reduziere

Abbildung 17

Produkt(-gruppe): **Frischobst/Frischgemüse** .... (hier Produkte einsetzen)
Prüfort: **Wareneingang (Rampe)**

Datum	Lieferant	Gefahren	kritischer Grenzwert	Prüfmethode	Frequenz	Maßnahmen bei Abweichung	Unterschrift Uhrzeit
		Schmutz (Erde, Besatz)	jeweilige Handelsklasse (Hkl.)	Sichtkontrolle		bei Überschreitung der jeweiligen Grenzwerte der Handelsklassen:	
		Schimmel	Hkl.	Sichtkontrolle und Geruchsprobe	1 × monatl. bei Anlieferung	Nichtannahme/ Rücksendung	
		Verderb (Faulstellen, Welke)	Hkl.	Sichtkontrolle und Geruchsprobe (Phenole, Chlor, Pestizide)	bei Anlieferung	Nichtannahme/ Rücksendung	
		verschmutzte Verpackung (Steigen)	Hkl.	Sichtkontrolle	bei Anlieferung	Nichtannahme/ Rücksendung	
		Fraßstellen (Schädlinge)	Hkl.	Sichtkontrolle	bei Anlieferung	Rücksendung/ Nichtannahme	

Abbildung 18

Produkt(-gruppe): **Konserven/Brot/Backwaren/Hülsenfrüchte/Nudeln** .... (hier Produkte einsetzen)
Prüfort: **Wareneingang (Rampe)**
Keine Kühlung erforderlich!

Datum	Lieferant	Gefahren	kritischer Grenzwert	Prüfmethode	Frequenz*	Maßnahmen bei Abweichung	Unterschrift Uhrzeit
		MHD	abgelaufenes MHD	Sichtkontrolle	1 × wöchentlich	Inhalt prüfen/ evtl. Rücksendung	
		beschädigte, Verpackung		Sichtkontrolle	bei Anlieferung	Inhalt prüfen/ evtl. Rücksendung	
		Bombagen		Sichtkontrolle	bei Anlieferung	Nichtannahme/ Rücksendung	
		sichtbarer Schädlingsbefall		Sichtkontrolle	bei Anlieferung	Nichtannahme/ Rücksendung	
		unsaubere Transportverpackung		Sichtkontrolle	bei Anlieferung	Inhalt prüfen/ evtl. Rücksendung	

* dreimalige Prüfung: einwandfrei
Frequenz auf 1 × monatlich reduzieren

Was wird kontrolliert (z. B. Konserve, Frischfleisch, Frischgemüse)?
Wo wird kontrolliert (Rampe, Lager, Herstellung, Ausgabe)?
Wie wird kontrolliert (Sichtkontrolle, Geruch, Thermometer)?
Wann wird kontrolliert (Frequenz, Zeitpunkt)?
Wer kontrolliert (Name, Uhrzeit – Vertretung regeln)?

Wenn man die unter 6., 7., 8. und 9. aufgeführten Einzelmaßnahmen durchgeführt hat, lassen sich die Ergebnisse auch in einem Sammelprüfbogen zusammenfassen, in dem gleichzeitig noch Risikoabschätzungen (Risikopotentiale) erfaßt werden. Der nachfolgende Ermittlungsbogen (Abbildung 20) ist dafür ein Beispiel. Er wurde entnommen aus dem Hygiene-Plan der Ecosan Hygiene GmbH, Postfach 14 61, 63404 Hanau.
Hier wird gleichzeitig bei der Ermittlung des Risikos eine „Schulung" des Personals durchgeführt. Es werden nicht nur wesentliche Forderungen aufgestellt, sondern gleichzeitig er-

Abbildung 19
Herstellungsprozeß

○ Vorbereitung ○ Zubereitung ○ Ausgabe	Prüfort: Prüfort: Prüfort:		Produkt: Produkt: Produkt:
Gefahren*	Prüfmethode	Frequenz	Maßnahme bei Abweichung
Unterschreitung der zulässigen Kerntemperatur	Messung mit Temperaturfühler	nach Beendigung des Garprozesses	Fortführung des Garprozesses
Unterschreitung der Warmhaltetemperaturen (z. B. 65 °C)	Messung mit Temperaturfühler	Stichprobe bei Essensausgabe	verwerfen Belehrung der Mitarbeiter
Einhaltung der Standzeiten des Essens	Zeitmessung	mind. 2 × wöchentlich	verwerfen Belehrung der Mitarbeiter
unsauberer Arbeitsplatz	Sichtkontrolle	wöchentlich	Belehrung der Mitarbeiter/ Kontrollfrequenz erhöhen

* eventuelle gesetzliche Bestimmungen beachten!

Abbildung 20
RISIKOANALYSE – Ermittlung der Hygienekontrollpunkte (HCP)

Objekt: Bereich: Betriebsräume Risikopotential ❒ hoch ❍ mittel ◆ niedrig		Datum: Verantwortliche Person	
ANFORDERUNGEN	**RISIKO**	**HYGIENEKONTROLL-PUNKT**	**ÜBERWACHUNG**
nach gesetzlichen Bestimmungen bzw. allgemeinen Grundsätzen	Was passiert, wenn Anforderungen nicht eingehalten werden?	Was muß daher kontrolliert werden?	Häufigkeit, Art der Überwachung und verantwortliche Person festlegen.
Ausreichende Anzahl von Handwaschplätzen mit desinfizierender Handseife und Einmaltrockentüchern.	Hände werden nicht gereinigt bzw. desinfiziert. Kontamination von Lebensmitteln. ❒	Händewaschplätze, ob die Spender befüllt und sauber sind.	wöchentlich Herr/Frau ....
Angemessene Belüftung und Reinigung der Filter und Lüftungssysteme	Kontamination der Lebensmittel durch Luftbewegung ❍	Regelmäßige Reinigung der Anlage (Fremdvergabe?)	wöchentlich Herr/Frau ....
Angemessene Umkleidemöglichkeiten für Personal	Kontamination der Lebensmittel und Flächen durch Straßenkleidung ❒	Sauberkeitsgrad Umkleideraum. Benutzung von Straßenkleidung	monatlich Herr/Frau ....
Einwandfreier Zustand der Bodenbeläge, keine Pfützenbildung	Unzureichende Reinigung. Nischen für Keime. ◆	Zustand der Bodenbeläge	monatlich Herr/Frau ....
Entnommen aus: Ecosan Euro-Hygiene-Plan			

läutert, was geschieht, wenn die Anforderungen nicht eingehalten werden. Derartige Erläuterungen führen mit hoher Wahrscheinlichkeit zu einer besseren Akzeptanz dieser Maßnahmen.

10. Festlegung von Maßnahmen bei Überschreitung der Warn- und Grenzwerte – Korrektur- und Lenkungsmaßnahmen
Hier sind zwei Situationen zu unterscheiden:
a) Die überwachten Parameter (Grenzwerte) bewegen sich um den Grenzwert. Es besteht die Gefahr, daß die hygienische Kontrolle über das Produkt an diesem Punkt verlorengeht. Es müssen deshalb sofort Maßnahmen ergriffen werden, damit das Hygiene-Risiko nicht zu hoch wird (z. B. erneutes Erhitzen des Produktes, Erzeugnisse nach Ausfall der Kühlung überprüfen und umlagern).
b) Die überwachten Grenzwerte (Parameter) liegen über den festgesetzten Grenzwerten (direktes Hygiene-Risiko). Es müssen sofort Korrektur-Maßnahmen eingeleitet werden, um die Norm wiederherzustellen (Einzelprüfung der Produkte, ob noch einwandfrei, Kühlmaschinen überprüfen, Heizgeräte überprüfen usw.).

Merke!
Die Überprüfung muß die Zuverlässigkeit des Eigenkontrollsystems ergeben!

Die Korrektur- und Lenkungsmaßnahmen lassen sich etwa wie folgt zusammenfassen:

Wer leitet Korrektur-Maßnahmen ein?
Wie wird die Norm wiederhergestellt (Art der Maßnahme)?
Was geschieht mit Produkten, die unter Normabweichung hergestellt wurden?

Diese Maßnahmen sollten (siehe unter 12.) dokumentiert werden.

11. Regelmäßige Überprüfung, ob die Überwachungsverfahren funktionieren (Überprüfung des Eigenkontrollsystems)
Diese Prüfmethoden und -verfahren werden von dem HACCP-Team festgelegt.
a) Prüfmethoden: Darunter versteht man Stichproben, verstärkte Tests an kritischen Punkten, Prüfung der Lagerungs- und Vertriebsbedingungen, Nachkontrollen von Zwischen- und Endprodukten.
b) Prüfverfahren: Darunter versteht man sämtliche Inspektionen und Kontrollgänge (Betriebsbegehungen), die Überprü-

fung der Grenzwerte und der Aufzeichnungen der Korrektur-Maßnahmen.

Bei Änderungen im Betriebsablauf (z. B. andere Lagerungsbedingungen, Herstellungsprozeß wird geändert, andere Rohstoffe werden eingesetzt) muß überprüft werden, ob dadurch neue Risiken entstehen.

12. Dokumentation

Wie bereits betont, ist eine ordnungsgemäße Hygiene-Kontrolle und -Überwachung nicht möglich ohne Dokumentation. Es sollte deshalb von dem HACCP-Team festgelegt werden:

Wer dokumentiert – **wie** und – **wo**?

Das heißt, Art und Umfang der Dokumentation müssen diskutiert und festgeschrieben werden. Es erscheint auch wichtig, festzulegen, wer zu dieser Dokumentation Zugriff hat.

Wichtig:

Diese Dokumentation dient der amtlichen Überprüfung zur Feststellung, ob das HACCP-Konzept in dem Betrieb umgesetzt wurde. Von dieser Dokumentation darf sich die Überwachung Kopien anfertigen. Wie weiter unten gezeigt wird, kann man davon ausgehen, daß bei funktionierender Eigenkontrolle die Prüfungen durch die Überwachung auf ein Mindestmaß zurückgenommen werden.

Vielfach wird die Dokumentation unterschätzt. Sie dient nicht nur der eigenen Bestätigung, daß die angeordneten Maßnahmen zur Vermeidung von Hygiene-Risiken auch greifen, sondern sie stellt gleichzeitig einen exakten Nachweis über die Erfüllung der Sorgfaltspflicht gegenüber der Behörde dar.

In der Rechtsprechung geht man in der Regel davon aus, daß Dokumentiertes geschehen ist und Nicht-Dokumentiertes nicht geschehen ist.

Merke!
Wer schreibt, der bleibt!

Schulung

Die LMHV schreibt die Schulung folgendermaßen vor:
„Wer Lebensmittel herstellt, behandelt oder in den Verkehr

bringt, hat im Rahmen betriebseigener Maßnahmen zu gewährleisten, daß Personen, die mit Lebensmitteln umgehen, entsprechend ihrer Tätigkeit und unter Berücksichtigung ihrer Ausbildung in Fragen der Lebensmittelhygiene unterrichtet oder geschult werden."
Gesetzliche Vorgaben über den Umfang und die Häufigkeit der Schulung existieren (noch) nicht.
Der Vorschlag des Normen-Ausschusses Lebensmittel und landwirtschaftliche Produkte (NAL) vom Deutschen Institut für Normung e. V. (DIN 10514, Beuth Verlag, Burggrafenstraße 6, 10772 Berlin) gibt wieder, auf welchen Sektoren die Mitarbeiter geschult werden sollen, die mit Lebensmitteln umgehen.

1. **Grundkenntnisse in der Mikrobiologie der Lebensmittel**
   Größenordnung, Erkennen, Vermehrungsformen der Mikroorganismen, Einteilung der Bakterien, Schimmelpilze, Hefen, Viren, Kenntnisse über Stoffwechselprodukte der Mikroorganismen einschließlich der Toxine
2. **Wachstumsvoraussetzungen für Mikroorganismen**
   Parameter für gewünschte und unerwünschte Vermehrung: Nährstoffangebot, Temperatur, Zeit, Feuchtigkeit, pH-Wert, A_W-Wert
3. **Mikrobielle Risiken**
   Kenntnisse der zum Verderb führenden Keimgehalte und Krankheitserreger
4. **Weitere gesundheitliche Risiken**
   Rückstände von Reinigungs- und Desinfektionsmitteln, Schmierstoffen, Fremdkörpern, fehlerhaften Kontrollgeräten
5. **Spezielle Unterweisungen**
   Die Mitarbeiter sollen über hygienische Besonderheiten ihres Arbeitsplatzes informiert und über Auswirkungen von Fehlern auf das Produkt aufgeklärt werden

a) Raum- und Anlagenhygiene
   Grundkenntnisse über Reinigung und Desinfektion, die Intervalle, Intensität, Temperatur, Einwirkzeiten, geeignete Mittel
b) Rohstoff-, Lager- und Transporthygiene
   Temperaturanforderungen, Schädlingserkennung, Maßnahmen bei Schädlingsbefall, Vorbeugung
c) Verarbeitungs- und Produkthygiene
   Beobachtungen von Druck, Temperatur, Feuchtigkeit, Standzeiten, Lagertemperaturen

d) Personalhygiene
   Körper- und Kleiderhygiene
e) Entsorgungshygiene
   Kenntnisse über die hygienische Behandlung der Abfälle, Wertstoffe und Abwässer

Zusammensetzung und Beschaffenheit bestimmter Lebensmittel und Lebensmittelgruppen

Allgemeines

Generelle Anforderungen an die Beschaffenheit und Zusammensetzung der Lebensmittel sind im Lebensmittel- und Bedarfsgegenstände-Gesetz (LMBG), in Spezialgesetzen (z. B. Milchgesetz) und für bestimmte Lebensmittel in den jeweiligen Produkt-Verordnungen festgelegt. Eine Vielzahl weiterer Angaben über den reellen Handelsbrauch und die damit verbundene Verbrauchererwartung finden sich im Deutschen Lebensmittelbuch, in den Richtlinien und Begriffsbestimmungen der Interessenverbände (z. B. Bund für Lebensmittelrecht und Lebensmittelkunde, BLL) und behördlichen Verlautbarungen (Arbeitskreis lebensmittelchemischer Sachverständiger der Länder und des Bundesgesundheitsamtes ALS und Arbeitskreis der leitenden Veterinärbeamten der Länder ARGEVET. Auch Gerichtsentscheidungen der Obergerichte (Landgericht, Oberlandesgericht, Kammergericht, Bundesgerichtshof) sowie Erlasse der Ministerien dienen zur Festschreibung der Verbrauchererwartung.

Festlegungen im Deutschen Lebensmittelbuch sind in der Regel absolute **Mindestanforderungen**. Sie haben keinen Gesetzes- bzw. Verordnungscharakter, werden aber von der Lebensmittelüberwachung und den Gerichten als eine Art „Obergutachten" zur Beurteilung stets herangezogen. Deshalb sollten die zum Teil sehr ins einzelne gehenden Beschreibungen der Lebensmittel jedem Verantwortlichen im Gastronomiebereich bekannt sein. Aus der Vielzahl der Gesetze, Verordnungen, Leitsätze und Begriffsbestimmungen nachfolgend Beispiele, die für den Gastronomiebereich besonders wichtig sind.

Milch und Milcherzeugnisse

Allgemeines

Milch und Milcherzeugnisse zählen zu den leicht verderblichen Lebensmitteln. Die Abgabe und Verarbeitung dieser Produkte

ist immer mit einem gewissen Risiko verbunden. Peinliche Sauberkeit aller Gefäße und ununterbrochene Kühlkette sind unabdingbare Voraussetzungen für einwandfreie Qualität.
Butter und Käse (Käseerzeugnisse) sind keine Milcherzeugnisse im Sinne des Gesetzes. Es handelt sich zwar um Produkte aus Milch, jedoch stellen sie eigene Produktgruppen dar.

Merke:
Neben Sauberkeit und Kühlung ist auf eine eventuelle nachteilige Beeinflussung durch Eigengerüche anderer Lebensmittel zu achten.

Welche Sorten der Milch werden angeboten?

1. Vorzugsmilch
2. Pasteurisierte Konsummilch
3. Ultrahocherhitzte Konsummilch
4. Sterilisierte Konsummilch

in unterschiedlichen Fettgehalten

Was ist Vorzugsmilch?
Vorzugsmilch ist unbehandelte Rohmilch. Sie stammt aus besonders kontrollierten Beständen und muß gegenüber üblicher Rohmilch höhere Anforderungen als sonstige Milch erfüllen.
Wichtig: Aus Gründen des vorbeugenden Gesundheitsschutzes darf in **Einrichtungen zur Gemeinschaftsverpflegung nur noch wärmebehandelte Milch abgegeben** werden!
Begründung: Trotz intensiver hygienischer Maßnahmen wurden in Rohmilch in einer Anzahl von Proben EHEC-Bakterien – eine besonders für Kleinkinder gefährliche Coli-Art – gefunden.

Merke:
Rohmilch (Vorzugsmilch) vor Abgabe im Rahmen der Gemeinschaftsverpflegung stets erhitzen!

Was heißt Pasteurisierung?
Es gibt 3 grundlegende Pasteurisierungsarten

a) Dauererhitzung auf + 62 °C bis + 65 °C über 30 bis 32 Minuten
b) Kurzzeiterhitzung – im kontinuierlichen Durchfluß – auf + 72 °C bis + 75 °C über 15 bis 30 Sekunden
c) Hocherhitzung auf + 85 °C bis + 127 °C im kontinuierlichen Durchfluß

Ergebnis: In der pasteurisierten Milch sind **alle pathogenen Keime** (Krankheitserreger) **abgetötet**. Bei anderen Keimen wird weitgehende Abtötung erreicht, aber **keine Keimfreiheit**! Die Erzeugnisse sind deshalb nur **beschränkt haltbar** (s. auch S. 71).

Was heißt Ultrahocherhitzung (Uperisation, UHT)?
Nach Vorerhitzung Erhitzung über + 135 °C – in kontinuierlichem Durchfluß – und aseptische Abfüllung in sterile, mit Lichtschutz versehene Packungen.

Ergebnis: H-Milch ist praktisch keimfrei. Eine Haltbarkeitsgarantie von 6 Wochen ist üblich.

Merke!
Bei der Abgabe von **loser** Milch (Becher, Gläser) im Gastronomiebereich und in der Gemeinschaftsverpflegung wird vom Verbraucher pasteurisierte Vollmilch mit mindestens 3,5 % Fett erwartet. Alle anderen Sorten entsprechend kennzeichnen (z. B. fettarme H-Milch, 1,5 % Fett)!

Was heißt Sterilisierung?
Erhitzung in luftdicht verschlossenen Behältnissen bei mindestens + 110 °C, wobei der Verschluß unbeschädigt sein muß.
Ergebnis: Sterilmilch mit sehr langer Haltbarkeit.

Was heißt Homogenisierung?
Die Fettkügelchen sind durch mechanische Zerkleinerung so fein zerteilt worden, daß sich nach 24 Stunden noch kein Rahm absetzt.

Was versteht man unter Milcherzeugnissen?

1. Sauermilcherzeugnisse
2. Joghurterzeugnisse
3. Kefirerzeugnisse
4. Buttermilcherzeugnisse
5. Sahneerzeugnisse
6. ungezuckerte Kondensmilcherzeugnisse
7. gezuckerte Kondensmilcherzeugnisse
8. Trockenmilcherzeugnisse
9. Molkenerzeugnisse
10. Milchzuckererzeugnisse
11. Milcheiweißerzeugnisse
12. Milchmischerzeugnisse
13. Molkenmischerzeugnisse
14. Milchfetterzeugnisse

Merke!
Auf das Mindesthaltbarkeitsdatum der Packungen achten! Bei Konsummilch beträgt die Lagertemperatur 10 °C. Die Mindesthaltbarkeit von Milcherzeugnissen geht in der Regel von niedrigeren Temperaturen aus. **Deshalb: Temperatur der Kühlschränke kontrollieren.**

Zu 1.: Zu den Sauermilcherzeugnissen gehören:

a) Sauermilch (Trinksauermilch), mindestens 3,5 % Fett
b) Sauermilch dickgelegt (Dickmilch oder Setzmilch), mindestens 3,5 % Fett
c) fettarme Sauermilch (fettarme Trinksauermilch), mindestens 1,5 %, höchstens 1,8 % Fett
d) fettarme Dickmilch (fettarme Sauermilch, dickgelegt; fettarme Setzmilch), mindestens 1,5 %, höchstens 1,8 % Fett
e) Sauermilch, entrahmt (Trinksauermilch entrahmt; Magermilch, sauer), höchstens 0,3 % Fett
f) Sauermilch, entrahmt, dickgelegt (Dickmilch, entrahmt, Dickmagermilch, Setzmilch, entrahmt, Setzmagermilch), höchstens 0,3 % Fett
g) Sahnesauermilch (Rahmsauermilch, saure Sahne, Sauerrahm), mindestens 10 % Fett

h) Sahnedickmilch (Sahnesetzmilch, Rahmdickmilch, Rahmsetzmilch), mindestens 10 % Fett
i) Crème fraîche (Küchensahne, Küchenrahm), mindestens 30 % Fett, bis zu 15 % Zucker (Saccharose) zulässig
Ohne Wärmebehandlung, innerhalb von 24 Stunden nach Herstellung, am Ort der Herstellung verpackt.

Zu 2.: Zu den Joghurterzeugnissen zählen:
a) Joghurt, mindestens 3,5 % Fett
b) fettarmer Joghurt, mindestens 1,5 %, höchstens 1,8 % Fett
c) Joghurt aus entrahmter Milch (Magermilchjoghurt), höchstens 0,3 % Fett
d) Sahnejoghurt (Rahmjoghurt), mindestens 10 % Fett
e) Joghurt, mild, mindestens 3,5 % Fett
f) fettarmer Joghurt, mild, mindestens 1,5 %, höchstens 1,8 % Fett
g) Joghurt, mild, aus entrahmter Milch (Joghurt, mild, aus Magermilch), höchstens 0,3 % Fett
h) Sahnejoghurt, mild (Rahmjoghurt, mild), mindestens 10 % Fett

Merke!
Bioghurt ist ein Spezialjoghurt aus besonderen Bakterienarten.

Zu 3.: Zu den Kefirerzeugnissen gehören:
a) Kefir, mindestens 3,5 % Fett, charakteristische Mikroorganismen des Kefirknöllchens müssen enthalten sein, mindestens 0,05 Gew. % Alkohol.
b) fettarmer Kefir, mindestens 1,5 %, höchstens 1,8 % Fett
c) Kefir, aus entrahmter Milch (Magermilchkefir), höchstens 0,3 % Fett
d) Sahnekefir (Rahmkefir), mindestens 10 % Fett
e) Kefir, mild, mindestens 3,5 % Fett
f) fettarmer Kefir, mild, mindestens 1,5 %, höchstens 1,8 % Fett
g) Kefir, mild, aus entrahmter Milch (Kefir, mild, aus Magermilch), höchstens 0,3 % Fett
h) Sahnekefir, mild (Rahmkefir, mild), mindestens 10 % Fett

Merke!
Gelegentlich Bombagen durch Bakterientätigkeit. Prüfen!

Zu 4.: Zu den Buttermilcherzeugnissen gehören:
a) Buttermilch, höchstens 1 % Fett
b) reine Buttermilch, höchstens 1 % Fett

Merke!
Buttermilch kann bis zu 10 % Wasser bzw. 15 % Magermilch zugesetzt werden. Dieser Zusatz ist bei reiner Buttermilch verboten.

Zu 5.: Zu den Sahneerzeugnissen gehören:
a) Kaffeesahne (Kaffeerahm, Trinksahne, Sahne, Rahm), mindestens 10 % Fett
b) Schlagsahne (Schlagrahm), mindestens 30 % Fett

Zu 6.: Zu den ungezuckerten Kondensmilcherzeugnissen gehören:

a) Kondensmilch mit hohem Fettgehalt (ungezuckerte Kondensmilch mit hohem Fettgehalt, kondensierte Kaffeesahne), mindestens 15 % Fett, Milchtrockenmasse mindestens 26,5 %
b) Kondensmilch (kondensierte Vollmilch, ungezuckerte Kondensmilch), mindestens 7,5 % Fett, Milchtrockenmasse mindestens 25 %
c) teilentrahmte Kondensmilch, weniger als 7,5 % Fett, mehr als 1 % Fett, Milchtrockenmasse mindestens 20 %
d) Kondensmagermilch, höchstens 1 % Fett, Milchtrockenmasse mindestens 20 %

Zu 7.: Zu den gezuckerten Kondensmilcherzeugnissen gehören:

a) gezuckerte Kondensmilch, mindestens 8 % Fett, Milchtrokkenmasse mindestens 28 %
b) gezuckerte, teilentrahmte Kondensmilch, mehr als 1 % Fett, weniger als 8 % Fett, Milchtrockenmasse mindestens 24 %
c) gezuckerte Kondensmagermilch, höchstens 1 % Fett, Milchtrockenmasse mindestens 24 %

Merke!

Beim Einsatz von Kondensmilcherzeugnissen (Nr. 6) und Trockenmilcherzeugnissen (Nr. 8) Fettgehalt beachten, damit die Endprodukte den erforderlichen Milchfettgehalt aufweisen (z. B. Sahnetunke, Milchspeiseeis).

Zu 8.: Zu den Trockenmilcherzeugnissen (höchstens 5 % Wasser) gehören:

a) Milchpulver mit hohem Fettgehalt (Sahne-, Rahmpulver), Joghurtpulver mit hohem Fettgehalt (Sahnejoghurtpulver), Kefirpulver mit hohem Fettgehalt (Sahnekefir-, Rahmkefirpulver), mindestens 42 % Fett
b) Milchpulver (Vollmilchpulver), Joghurt-, Kefirpulver, mindestens 26 % Fett
c) teilentrahmtes Milch-, Joghurt-, Kefirpulver, mehr als 1,5 % Fett, weniger als 26 % Fett
d) Magermilchpulver, -joghurtpulver, -kefirpulver, höchstens 1,0 % Fett
e) Buttermilchpulver, höchstens 15 % Fett und 7 % Wasser

Zu 9.: Zu den Molkenerzeugnissen gehören:

a) Süßmolke
b) Sauermolke
c) Molkensahne (Molkenrahm), mindestens 10 % Fett
d) Süßmolkenpulver, mindestens 70 % Milchzucker, höchstens 5 % Wasser

e) Süßmolkenpulver, teilentzuckert, unter 70 % Milchzucker
f) Sauermolkenpulver, mindestens 60 % Milchzucker, höchstens 6 % Wasser
g) Sauermolkenpulver, teilentzuckert, unter 70 % Milchzucker
h) entsalztes Molkenpulver, höchstens 6 % Wasser, höchstens 2,5 % Asche
i) eiweißangereichertes Molkenpulver, mindestens 22 % Eiweiß, höchstens 8 % Wasser

Merke: Milcheiweiß wird heute in vielfacher Form als Zusatz zu Lebensmitteln angeboten (Saucen, Dressings, Fleischzubereitung usw.). Kenntlichmachung auf dem Speisenplan oder der Speisekarte nur bei Fleischerzeugnissen erforderlich.

Zu 10.: Zu den Milchzuckererzeugnissen gehören:
a) Milchzucker DAB (Arzneibuchqualität)
b) Milchzucker (Nährmittelqualität), mindestens 97 % Laktosemonohydrat

Zu 11.: Zu den Milcheiweißerzeugnissen gehören:
a) Milcheiweiß, höchstens 1,5 % Fett, höchstens 6 % Wasser, höchstens 7 % Asche, mindestens 70 % Eiweiß, mindestens 15 % Milchzucker
b) wasserlösliches Milcheiweiß, Gehalte: wie a)
c) Molkeneiweiß, höchstens 15 % Milchzucker, höchstens 7 % Wasser, höchstens 8 % Asche, mindestens 70 % Eiweiß
d) ferner sind Säure-Nährkasein (Nährkasein, Säurekasein), Labnährkasein, Labkasein und Nährkaseinat (aufgeschlossenes Milcheiweiß, Kaseinat) im Handel. Für die einzelnen Produkte sind Qualitätskriterien festgeschrieben.

Zu 12.: Zu den Milchmischerzeugnissen gehören:
a) Milchmischgetränke aus Vollmilch, teilentrahmter (fettarmer) Milch oder entrahmter Milch (Magermilch) enthalten bis zu 30 % beigegebene Lebensmittel, die in die Verkehrsbezeichnung eingehen, z. B. „Erdbeermilch".
b) Milchmischerzeugnisse können aus allen Produkten der Gruppen 1–5 hergestellt werden.

Welche Lebensmittel dürfen Milchmischerzeugnissen nicht zugesetzt werden?
Speiseeis, Puddings, Cremes, Suppen, Saucen, Milchreis und Speiseeishalberzeugnisse dürfen Milchmischerzeugnissen nicht zugesetzt werden.

Merke: Den Milchmischerzeugnissen dürfen höchstens 30 % andere Lebensmittel zugesetzt werden. Typische Milchmischerzeugnisse sind z. B. Joghurt mit gezuckerten Früchten, Dickmilch mit Früchten.

Zu 13.: Zu den Molkenmischerzeugnissen gehören:
a) Molke, in Verbindung mit beigegebenen Lebensmitteln
b) Molkensahne (Molkenrahm), in Verbindung mit beigegebenen Lebensmitteln

Merke:
„Kaffeeweißer" sind **keine** Milcherzeugnisse. Sie werden auf pflanzlicher Basis (Soja) hergestellt. **Vorsicht! Imitate** (Kenntlichmachung) beachten.

Zu 14.: Zu den Milchfetterzeugnissen gehören:

a) Butterreinfett (wasserfreies Butterfett, wasserfreies Milchfett, Butterschmalz), mindestens 99,8 % Fett, höchstens 0,1 % Wasser
b) Butterfett (Butteröl), mindestens 96 % Fett, höchstens 0,2 % Wasser
c) Butterfett, fraktioniert, mindestens 99,8 % Fett, höchstens 0,1 % Wasser

Anmerkung:
Die Leitsätze Feine Backwaren des Deutschen Lebensmittelbuches machen zwischen Milchfetterzeugnissen und Butter keinen Unterschied (10 kg Butter entsprechen 8,2 kg Butterreinfett oder 8,2 kg Butterfett fraktioniert oder 8,6 kg Butterfett).

Merke:
Butterreinfett enthält häufig Farbstoff.
Tritt bei Verwendung im damit hergestellten Lebensmittel Farbänderung ein, ist Kenntlichmachung erforderlich.

Nach einem Urteil des OLG Hamburg darf bei **Buttergebäck kein Butterschmalz** (Butterreinfett) eingesetzt werden. Irreführung!

Auch fraktioniertes Butterfett wird von verschiedenen Seiten nicht als Butterfett angesehen. Erzeugnisse, bei denen **fraktioniertes Butterfett** eingesetzt wurde, dürfen deshalb **keinen Hinweis** auf **Butter** enthalten.

Welche Kennzeichnungen des Herstellers sind von besonderer Bedeutung?

a) Mindesthaltbarkeitsdatum (angegebene Lagertemperatur) beachten!
b) Art des Milcherzeugnisses (siehe Nr. 1–15)
c) Fettgehalte der Milcherzeugnisse mit dem Hinweis „... % Fett"
d) Bei Milcherzeugnissen, die aus Magermilch hergestellt wurden, der Hinweis „aus entrahmter Milch" oder „aus Magermilch"
e) Bei Milchmischerzeugnissen die Art der zugesetzten Lebensmittel in % (z. B. „mit ... % gezuckerten Kirschen")

Merke:
Großgebinde, von der Molkerei zur Weiterverarbeitung an die Gastronomie oder Einrichtungen zur Gemeinschaftsverpflegung geliefert, unterliegen nicht den Kennzeichnungsvorschriften.

Gelten die Kennzeichnungsvorschriften für alle Milchmischerzeugnisse?
Die besonderen Kennzeichnungsvorschriften sind dann zu beachten, wenn Milcherzeugnisse in Packungen in den Verkehr gebracht werden. Sie gelten nicht für Weiterverarbeiter und/oder Erzeugnisse, die unverpackt in Gaststätten oder im GV-Bereich abgegeben werden.

Wann dürfen Milcherzeugnisse als „leicht, light, lite" bezeichnet werden?

1. Sauermilch-, Joghurt- und Kefirerzeugnisse mit einem Fettgehalt von höchstens 1,8 %
2. Ungezuckerte Kondensmilcherzeugnisse mit einem Fettgehalt von höchstens 4,5 %
3. Milchmischerzeugnisse mit einem Fettgehalt von höchstens 1,8 % und einem Energiegehalt der insgesamt beigegebenen Lebensmittel von höchstens 126 kJ/100 g (entspr. ~ 30 kcal) Endprodukt
4. Milchmischgetränke, hergestellt aus Milch mit einem Fettgehalt von höchstens 1,8 % und einem Energiegehalt der insgesamt beigegebenen Lebensmittel von höchstens 126 kJ/100 g (entspr. ~ 30 kcal) Endprodukt.

Aufgrund einer EG-Verordnung unterliegen Milch und Milcherzeugnisse einem besonderen **Bezeichnungsschutz**. Nachfolgende Bezeichnungen dürfen – auch in Wortzusammensetzungen – nur verwandt werden, wenn es sich ausschließlich um Milch oder Milcherzeugnisse handelt. Das gilt auch für Bezeichnungen bei zusammengesetzten Produkten, deren charakteristischer und wesentlicher Bestandteil Milch ist.

- Milch, Rahm, Butter
- Buttermilch, Butteröl
- Kasein, Käse, Kefir
- Kumys, Joghurt, wasserfreies Milchfett

Traditionelle Bezeichnungen, in denen diese Worte in Wortzusammensetzungen seit Jahren gebräuchlich sind (z. B. Kokos**milch**, Fisch**milch**, **Butter**birne, **Milch**ner, Erdnuß**butter**, Liebfrauen**milch**, Leber**käse**, **Butter**salat etc.) wurden in einer weiteren Verordnung aufgelistet und dürfen auch zukünftig benutzt werden (Ausnahmen!).

Wie soll sich der Verantwortliche im gastronomischen Bereich, der Milchmischerzeugnisse (z. B. als Dessert) selbst herstellen will, verhalten?

Um irreführende Angaben auf Speisekarten zu vermeiden, sollte der Verantwortliche im Gastronomiebereich auf dem Lieferschein oder den Begleitpapieren exakte Angaben über die Zusammensetzung verlangen.

Beispiel: Bezogen wird Dickmilch. Es soll ein Dessert unter Zusatz von Früchten hergestellt werden. Um auf der Speisekarte

Angaben machen zu können, ob es sich um ein Erzeugnis aus Dickmilch (3,5 % Fett), fettarmer Dickmilch (1,5 % Fett) oder um Dickmilch aus Magermilch handelt, muß der Verantwortliche diese Angaben vom Vorlieferanten haben.

Was sind probiotische Milcherzeugnisse?
Probiotische Joghurts, Trinkjoghurts, Milchdrinks und Quarkvarianten, eine probiotische Wurst und bald vielleicht probiotische Bonbons. Sie haben leicht futuristische Namen wie Actimel, LCI, ProBiotic oder ProCult und gehören zu der neuen Generation von Lebensmitteln, die nicht nur schmecken und satt machen, sondern vor allem gesundheitsfördernd sein sollen. Zu diesem Zweck setzt man Lebensmitteln lebende Mikroorganismen zu, die sich im Darm ansiedeln. Dabei handelt es sich um verschiedene Stämme von Milchsäurebakterien.

Was sollen probiotische Milcherzeugnisse bewirken?
Glaubt man den Werbeaussagen der Hersteller, sind probiotische Lebensmittel ein „täglicher Beitrag zu Ihrer Gesundheit", bewirken sie eine „positive Beeinflussung der Darmflora" oder eine „Anregung der Stoffwechselfunktionen". Ob die Zusatzportion Bakterien tatsächlich eine wirksame Waffe gegen allerlei Zivilisationskrankheiten ist, ist noch nicht endgültig geklärt. Hinweise gibt es jedoch auf folgende Effekte: Probiotika sollen bestimmte Allergieformen lindern, den Cholesterinspiegel senken, Pilzinfektionen der Scheide vorbeugen und behandeln, Verstopfung beheben, Dickdarmkrebs vorbeugen, das Immunsystem stärken und das Wachstum unerwünschter Mikroorganismen im Darm hemmen. All diese Wirkungen sind wissenschaftlich allerdings bislang nicht bewiesen.

Welche Wirkungen probiotischer Produkte sind wissenschaftlich abgesichert?
Gesichert sind nur vier Effekte:
1. Probiotika fördern die Verwertung des Milchzuckers bei Laktoseintoleranz. Bei diesem Stoffwechseldefekt ist die Aktivität der Laktase unzureichend, das heißt, der Milchzucker (Laktose) kann nicht in seine Bestandteile zerlegt werden; er gelangt in tiefere Darmabschnitte, wird dort bakteriell abgebaut und verursacht Blähungen, Durchfall, Schmerzen und Krämpfe. 15 bis 20 % der erwachsenen Deutschen haben diesen Enzymdefekt; sie verzichten auf Milch und Milchprodukte. Allein fermentierte Milchprodukte vertragen diese Menschen gut, denn die in diesen Er-

zeugnissen lebenden Bakterien enthalten das Enzym Laktase und können bei der Verdauung des Milchzuckers einspringen.

2. Bei Durchfall haben Probiotika sowohl vorbeugend als auch therapeutischen Einfluß. Dies haben mehrere Studien ergeben. Bestimmte Stämme von Milchsäurebakterien wirken sowohl bei bakteriell als auch viral verursachtem Durchfall sowie bei Durchfall, der durch Antibiotika oder Strahlentherapie ausgelöst wurde.
3. Probiotika reduzieren krebsfördernde Bakterien im Dickdarm. Diese Bakterien besitzen Enzyme, die Bestandteile des Darminhaltes in Karzinogene umwandeln können. Studien zeigten, daß diese Bakterien nach Gabe bestimmter Milchsäurebakterien deutlich reduziert waren. Ob dieser Effekt jedoch Dickdarmkrebs vorbeugen kann, ist nicht sicher.
4. Probiotische Keime können das Immunsystem stimulieren.

Viele dieser Effekte konnten in geringerem Maße auch bei den herkömmlichen Joghurtkulturen festgestellt werden; sie sind demnach nicht eindeutig nur Vorteil der probiotischen Bakterien.

Wichtige Regeln für die Behandlung von Milcherzeugnissen:

1. Milcherzeugnisse (ausgenommen sterilisierte und ultrahocherhitzte Produkte) stets kühl lagern.
2. Lagerungstemperatur bei Hinweis „gekühlt" nicht über 10 °C; ansonsten angegebener Temperaturbereich.
3. Kühlkette nicht unterbrechen.
4. Kondensmilcherzeugnisse nach dem Öffnen in Porzellan- oder Glasgefäße umfüllen (Verzinnung der Dosen wird angegriffen), entfällt bei lackierten oder beschichteten Dosen.
5. Milcherzeugnisse nicht in der Nähe von stark riechenden Lebensmitteln (geräucherte Fleischerzeugnisse, Käse, Fisch und Fischerzeugnisse, Gurken, Senf usw.) aufbewahren.
6. Auf Haltbarkeitsdaten achten.
7. Milcherzeugnisse (Anbrüche von Packungen) nur in sauberen, unbeschädigten Gefäßen mit Deckel aufbewahren.
8. Gefäße nach jeder Verwendung gründlich reinigen.
9. Milcherzeugnisse lichtgeschützt aufbewahren (Geschmacksabweichungen durch Lichteinfluß).
10. Lebensmittel mit Zusatz von Milch oder Milcherzeugnissen wie o. a. behandeln.

11. Beschädigte Packungen sofort von intakten Gebinden trennen.
12. Angeschimmelte Erzeugnisse (auch bei geringfügiger Schimmelbildung) sofort vernichten (Gefahr der negativen Beeinflussung anderer Erzeugnisse).

Käse, Schmelzkäse und -Zubereitungen

Merke!

Käsezubereitungen und Schmelzkäsezubereitungen können bis zu 15 % andere Lebensmittel zugegeben werden (z. B. Pfeffer, Schinken, Champignons, Kräuter, Nüsse etc.).

Käsezubereitungen aus Frischkäse dürfen bis zu 30 % Früchte, Fruchterzeugnisse, Gemüse oder Gemüseerzeugnisse enthalten. Öl, Fett und Eiweiß, die nicht der Milch entstammen, sind verboten.

Allgemeines

Käse, Schmelzkäse und Zubereitungen daraus werden aus Milch gewonnen und gelten im allgemeinen Sprachgebrauch als Milchprodukte. Im Sinne der gesetzlichen Bestimmungen handelt es sich aber **nicht** um **Milcherzeugnisse**. Diese Lebensmittel stellen eine eigene Erzeugnisgruppe dar, die gesetzlichen Sonderregelungen unterliegt.

Definitionen

Käse sind frische oder in verschiedenen Reifegraden befindliche Erzeugnisse, die aus dickgelegter Käsereimilch hergestellt sind. Dazu zählen auch Erzeugnisse aus Süßmolke oder Sauermolke durch Entzug von Wasser, unter Zusatz von Milch, Sahne (Rahm), Molkensahne, Butter, Butterschmalz, Schaf-, Ziegen- oder Büffelmilch. Dabei handelt es sich um **Molkenkäse**. **Sauermilchkäse** wird aus Sauermilchquark hergestellt.

Erzeugnisse aus Käse (Käseerzeugnisse) sind

- Erzeugnisse, die aus Käse durch Schmelzen (Erhitzen und i. d. R. Verwendung von Schmelzsalzen) hergestellt sind (**Schmelzkäse**);
- Erzeugnisse, die aus Käse unter Zusatz anderer Milcherzeugnisse (ausgenommen Schmelzkäse, Schmelzkäsezubereitungen, Kasein und Kaseinat) oder beigegebener Lebensmittel ohne Schmelzen hergestellt sind (**Käsezubereitungen**);
- Erzeugnisse, die aus Käse, aus Schmelzkäse oder aus Käse und Schmelzkäse unter Zusatz anderer Milcherzeugnisse oder beigegebener Lebensmittel durch Schmelzen (s. o.) hergestellt sind (**Schmelzkäsezubereitungen**);
- Erzeugnisse, die aus zwei oder mehr Sorten von Käse, Schmelzkäse, Käsezubereitungen oder Schmelzkäsezubereitungen zusammengesetzt sind (**Käsekompositionen**).

Welche Fettgehaltsstufen sind bei Käse und Erzeugnissen aus Käse zulässig?

Fettgehaltsstufe	Fettgehalt in der Trockenmasse
Doppelrahmstufe	höchstens 87 %, mindestens 60 %
Rahmstufe	mindestens 50 %
Vollfettstufe	mindestens 45 %
Fettstufe	mindestens 40 %
Dreiviertelfettstufe	mindestens 30 %
Halbfettstufe	mindestens 20 %
Viertelfettstufe	mindestens 10 %
Magerstufe	weniger als 10 %

Merke: !

Angabe „Fett i.Tr." = Fettgehalt in der Trockenmasse ist nicht identisch mit dem absoluten Fettgehalt, z. B.: Edamer, 50 % Fett i.Tr. besitzt einen Fettgehalt von ca. 16,2 % (Schwankung zwischen 14,7 % und 18,7 % je nach Wassergehalt).

Speisequark, 40 % Fett i.Tr. weist einen Fettgehalt von ca. 11,4 % (10,3 % bis 12,5 %) auf.

Welche Käsegruppen werden gehandelt?

Die Einteilung der Käsegruppen (Standardsorten) erfolgt nach dem Wassergehalt in der fettfreien Käsemasse.

Käsegruppe	Wassergehalt in der fettfreien Käsemasse
Hartkäse	56 % oder weniger
Schnittkäse	mehr als 54 % – 63 %
halbfester Schnittkäse	mehr als 61 % – 69 %
Sauermilchkäse	mehr als 60 % – 73 %
Weichkäse	mehr als 67 %
Frischkäse	mehr als 73 %

Welche Käsesorten fallen unter die aufgeführten Käsegruppen?

Zum Beispiel:

1. **Hartkäse**: Bergkäse, Chester, Emmentaler
2. **Schnittkäse**: Edamer, Gouda, Tilsiter
3. **Halbfeste Schnittkäse**: Steinbuscher Käse, Wilstermarschkäse, Edelpilzkäse (z. B. Gorgonzola), Butterkäse
4. **Sauermilchkäse**: Harzer, Mainzer, Handkäse, Korbkäse, Stangenkäse, Spitzkäse, Olmützer Quargel, Bauernhandkäse
5. **Weichkäse**: Brie, Camembert, Romadur, Limburger, Münsterkäse, Weißlacker
6. **Frischkäse**: Doppelrahmfrischkäse, Speisequark, Schichtkäse, Rahmfrischkäse

Neben den Fettgehaltsstufen, den dazugehörigen Mindestgehalten an Trockenmasse bzw. Eiweißgehalten bei Speisequark wurden bei Hartkäsen, Schnittkäsen sowie Steinbuscher und Edelpilzkäsen Mindestalter festgeschrieben.
Alternativ zu den Standardsorten können bei Allgäuer Emmentaler, Allgäuer Bergkäse, Altenburger Ziegenkäse, Odenwälder Frühstückskäse, Sonneborner Weichkäse, Tiefländer und Tollenser geographische Herkunftsbezeichnungen angewandt werden, wenn die Produkte in dem gesetzlich festgeschriebenen Herstellungsgebiet erzeugt wurden und die Anforderungen an die ebenfalls festgelegten Arten der Herstellung, Mindestalter, Zusammensetzung und sonstige Eigenschaften erfüllen.

Merke!
Mindesthaltbarkeitsdatum vom Hersteller auf der Grundlage einer Lagerungstemperatur von 10 °C berechnet.

Welche Kennzeichnungen müssen bei Käse und Erzeugnissen aus Käse angebracht werden (Fertigpackungen)?

1. Verkehrsbezeichnung
   a) Standardsorte (z. B. Emmentaler) oder sonstige Bezeichnung (z. B. Molkenkäse)
   b) Schmelzkäse oder
   c) Schmelzkäsezubereitung
2. Fettgehaltsstufe oder der Fettgehalt in der Trockenmasse (z. B. 45 % Fett i.Tr. oder Vollfettstufe)
3. Name und Anschrift des Herstellers oder Verpackers
4. Herstellungsland (bei inländischem Käse das engere Erzeugungsgebiet)
5. Nettogewicht
6. Bei Verwendung von Schafs-, Ziegen- oder Büffelmilch ein Hinweis darauf
7. Verzeichnis der Zutaten (außer Milchinhaltsstoffen, Enzymen, Mikroorganismen), z. B. Schmelzsalz oder Verdikkungsmittel
8. Bei Frisch- und Schmelzkäse sowie deren Zubereitungen und Käsekompositionen das Mindesthaltbarkeitsdatum mit dem Hinweis „gekühlt aufbewahren".

Weitere Sonderregelungen:
Beim Inverkehrbringen von **geriebenem Käse** ist der Hinweis „geriebener Käse" erforderlich, wenn nur eine Sorte benutzt wurde. Werden mehrere Sorten benutzt, lautet die Bezeichnung „hergestellt aus ..." mit gleichzeitiger Angabe des Mischungsverhältnisses und Angabe des Fettgehaltes in der Trokkenmasse des Gesamterzeugnisses.

Beispiel: „Geriebener Käse, hergestellt aus Emmentaler und Gouda 1:1, 45 % Fett i.Tr."

Feta-Käse ist ursprünglich ein Käse aus Schafs- bzw. Ziegenmilch, der heute vielfach aus Kuhmilch hergestellt wird. Kenntlichmachung „Feta-Käse aus Kuhmilch" erforderlich.

Nicht erhitzter Käse darf nicht mehr als „Naturkäse" bezeichnet werden.

Käse mit einem Fettgehalt in der Trockenmasse (i.Tr.) von höchstens 32,5 % dürfen als **„leicht, light, lite"** bezeichnet werden. Gleiches gilt für Speisequark und Schichtkäse, wenn der Fettgehalt i.Tr. nicht mehr als 12,5 % beträgt.

Erzeugnisse aus Käse dürfen als **„leicht, light, lite"** bezeichnet werden, wenn der Fettgehalt i.Tr. nicht mehr als 32,5 % und der Energiegehalt der beigegebenen Lebensmittel insgesamt nicht mehr als 126 kJ/100 g (entspr. ~ 30 kcal) Endprodukt beträgt. Gleiches gilt für Erzeugnisse aus Speisequark und Schichtkäse, wenn der Fettgehalt i.Tr. 12,5 % und der Energiegehalt der beigegebenen Lebensmittel 126 kJ/100 g (entspr. ~ 30 kcal) Endprodukt nicht übersteigt.

Welche Trockenmassen sind bei Schmelzkäse und Schmelzkäsezubereitungen erforderlich?

Fettgehaltsstufe	streichfähiger Schmelzkäse und Schmelzkäsezuber. % i.Tr.	schnittfähiger Schmelzkäse % i.Tr.
Doppelrahmstufe	47	52
Rahmstufe	45	50
Vollfettstufe	43	48
Fettstufe	41	46
Dreiviertelfettstufe	35	42
Halbfettstufe	33	38
Viertelfettstufe	31	36
Magerstufe	29	34

Ausnahmen:

Schmelzkäse und Schmelzkäsezubereitungen aus Frischkäse müssen die Trockenmassegehalte der jeweils verwendeten Frischkäse aufweisen. Die Trockenmassegehalte bei Schmelzkäse aus Hartkäse liegen deutlich über und die Mindesttrokkenmassegehalte bei Kochkäse deutlich unter den vorgenannten Werten.

Sind weitere Kennzeichnungsvorschriften im Gastronomiebereich zu beachten?

1. Hartkäse, Schnittkäse und halbfester Schnittkäse sind häufig mit einem Kunststoffüberzug beschichtet. Eine Kenntlichmachung des Kunststoffüberzuges ist nach Änderung des Zusatzstoffrechts nicht mehr erforderlich.
2. Diese Käse können an der Oberfläche mit Natamycin (E 235) – einem Antibiotikum – behandelt sein. Deklaration auf Speisekarte, Wochenplänen etc. unter der Angabe „mit Konservierungsstoff" oder „konserviert" erforderlich.
3. Gereifter Käse und Schmelzkäse kann Nisin (E 234) – ein antibiotisch wirksamer Stoff – enthalten. Die Kenntlichmachung der Konservierung ist (wie vor) erforderlich.
4. Abgepackter und geschnittener Käse, nicht reifender Käse, Schmelzkäse, Schichtkäse und Käse mit beigegebenen Lebensmitteln dürfen mit Sorbinsäure konserviert werden. Die Kenntlichmachung der Konservierung ist (wie vor) erforderlich.
5. Die Käsesorte „Provolone" (italienische Spezialität) darf mit Hexamethylentetramin (E 239) konserviert werden. Es ist (wie vor) Kenntlichmachung der Konservierung erforderlich.

   Hinweis:

   Die Art der Konservierungsmittel muß nicht kenntlich gemacht werden, sondern nur die Tatsache, daß konserviert wurde.
6. Bei reifenden, orangefarbenen, gelben und perlweißen Käsen sowie aromatisierten und nichtaromatisierten Schmelzkäsen sind einige Farbstoffe zugelassen. Kenntlichmachung „mit Farbstoff" erforderlich.
7. Die Farbstoffe in eingefärbten Käserinden, die üblicherweise nicht verzehrt werden, müssen nicht kenntlich gemacht werden.

Merke!

Beim Einkauf beachten, ob diese Zusatzstoffe eingesetzt wurden; Kenntlichmachung auf Speisekarten, Wochenplänen etc. erforderlich.

Hinweis:

Bei Hartkäse wurde häufiger ein Befall durch Milben festgestellt. Die Tiere befanden sich zum Teil unter dem Kunststoffüberzug. Durch solche vermilbten Käse können das Lager und die Nebenräume in relativ kurzer Zeit verseucht werden. Milben können bei Betrachtung der Oberfläche mit einer Lupe (7–10 fach) erkannt werden. Bei starkem Befall ist die Anwesenheit von Milben durch einen bräunlichen, mehligen Belag (Milbenkot) auf der Oberfläche erkennbar.

Speiseeis

Allgemeines

Speiseeis ist ein sehr leicht verderbliches Lebensmittel, da es einen idealen Nährboden für Bakterien darstellt. Es müssen bei der Herstellung und Abgabe von Speiseeis deshalb hohe hygienische Anforderungen eingehalten werden. Neben den Forderungen des Gesetzgebers zum Schutze der Gesundheit müssen die Anforderungen an die Zusammensetzung und Kennzeichnung beachtet werden, damit eine Täuschung und Irreführung des Verbrauchers vermieden wird.

Welche Speiseeis-Sorten sind im Handel?

1. Cremeeis (Eiercremeeis)
2. Fruchteis
3. Rahmeis (Sahneeis, Fürst Pückler Eis)
4. Milcheis
5. Eiscreme, Eiskrem
6. Fruchteiscreme, Fruchteiskrem
7. Einfacheiscreme, Einfacheiskrem
8. Eis mit Pflanzenfett
9. Sorbet
10. Kunstspeiseeis

Merke:
Die Speiseeis-Sorte muß auf der Speisekarte oder einem Aushang deutlich sichtbar kenntlich gemacht werden.

Welche allgemeinen Kennzeichnungsvorschriften sind zu beachten?

Speiseeis darf **lose** nur in den Verkehr gebracht werden, wenn die Verkehrsbezeichnung **(Speiseeis-Sorte)** auf einem **Schild** neben der Ware oder in einem **Aushang** deutlich lesbar und unverwischbar angegeben ist. Ist das Speiseeis zum Verzehr in der Verkaufsstätte bestimmt, ist die Verkehrsbezeichnung zusätzlich auf der **Speisekarte** anzugeben.

Merke:
Eigewicht prüfen! Gewicht der Schale abziehen. Bei Verwendung von eingedickter Milch oder Milchpulver Rezeptur überprüfen, damit der entsprechende Milchfettgehalt garantiert werden kann.

Welche Mindestanforderungen werden an die einzelnen Speiseeis-Sorten gestellt?

Zu 1.: Cremeeis (Eiercremeeis)

Gehalt mindestens 50 % Milch und auf einen Liter Milch mindestens 270 g Vollei oder 90 g Eigelb. Kein zusätzliches Wasser.
Beispiele: Vanille-, Schokolade-, Mokka-, Nußeis.

Zu 2.: Fruchteis

Gehalt mindestens 20 % frisches Obstfruchtfleisch, Obstmark,

Obstsaft oder entsprechende Konzentrate. Bei Fruchteis aus Zitrusfrüchten beträgt der Fruchtanteil mindestens 10 %. **Beispiele:** Erdbeer-, Himbeer-, Ananas-, Zitroneneis.

Merke!
Nur Rahmeis als Fürst-Pückler-Eis bezeichnen, da die Verwendung von Schlagsahne für diese Eissorte typisch ist.

Zu 3.: Rahmeis, Sahneeis, Fürst-Pückler-Eis
Gehalt mindestens 18 % Milchfett aus der bei der Herstellung verwendeten Sahne (Rahm).

Zu 4.: Milchspeiseeis (Milcheis)
Der Mindestgehalt an Milch (3,5 % Fett) im Fertigprodukt beträgt 70 %. Die Geschmacksrichtung muß angegeben werden.

Hinweis:
Softeis weist eine typische Konsistenz auf, ist aber keine eigene Speiseeis-Sorte. In den meisten Fällen handelt es sich um Milchspeiseeis. Entsprechende Kennzeichnung „Milchspeiseeis mit ...Geschmack" ist erforderlich (Rezeptur überprüfen).

Merke!
Eiscreme und Einfacheiscreme wie Tiefkühlkost behandeln, Lagertemperatur auf –20 °C (!) absenken, da sonst Qualitätseinbußen bei längerer Lagerung.

Auch **Stracciatella** ist ein Milchspeiseeis, das Schokolade (Schokosplitter, -raspeln) enthalten muß. Häufig wird **Fettglasur** eingesetzt! Dann: Kenntlichmachung **„mit kakaohaltiger Fettglasur"** erforderlich.

Zu 5.: Eiscreme
In der Regel nur fabrikmäßig durch Pasteurisieren, Homogenisieren und „Reifen" hergestellt. Eiscreme enthält mindestens 10 % Milchfett.

Zu 6.: Fruchteiscreme
Mindestgehalt an Milchfett 8 % mit deutlich wahrnehmbarem Fruchtgeschmack.

Zu 7.: Einfacheiscreme
Einfacheiscreme enthält mindestens 3 % Milchfett.

Zu 8.: Eis mit Pflanzenfett
Gehalt mindestens 3 % Pflanzenfett und gegebenenfalls ein deutlich wahrnehmbarer Fruchtgeschmack.

Zu 9.: Sorbet (Frucht-Sorbet)
Fruchtanteil mindestens 25 %, bei Sorbets aus Zitrusfrüchten oder anderen sauren Früchten mindestens 15 %. Keine Milch oder Milchbestandteile.

Zu 10.: Kunstspeiseeis
Es werden neben künstlichen oder naturidentischen Aromastoffen auch Farbstoffe verarbeitet.

> **Merke:**
> Bei Kunstspeiseeis auf Kenntlichmachung der Zusatzstoffe achten (künstliche Geruchs- und Geschmacksstoffe und/oder Farbstoffe)!

Regelungen zur Verwendung von Farbstoffen
Im Rahmen der Harmonisierung des Zusatzstoffrechts wurden für Speiseeis eine ganze Anzahl von **Farbstoffen zugelassen**. Es dürfen jetzt alle Speiseeis-Sorten mit Farbstoffen versetzt werden. Es sind dabei die vorgeschriebenen Höchstmengen zu beachten (Überfärbung). Selbstverständlich muß an jeder gefärbten Speiseeis-Sorte der Hinweis **„mit Farbstoff"** angebracht sein.

Darf Speiseeis Süßungsmittel enthalten?
Speiseeis darf sowohl mit Zuckeraustauschstoffen als auch mit Süßstoffen hergestellt werden. Dabei muß der Hinweis **„mit Süßungsmittel"** angebracht sein. Ggf. sind auch die weiteren Deklarationsvorschriften beim Vorliegen von Süßungsmitteln zu beachten.

Weitere Regelungen, die zu beachten sind:
1. Zur Speiseeisherstellung darf nur Wasser von Trinkwasserqualität benutzt werden.
2. Die eingesetzte Milch oder die Erzeugnisse aus Milch müssen pasteurisiert, sterilisiert oder abgekocht sein.
3. Das zum Gefrieren der Speiseeismasse benutzte Eis darf nicht mit dem Speiseeis direkt in Berührung kommen.
4. Geschmolzenes (aufgetautes) Speiseeis darf nicht zur erneuten Herstellung von Speiseeis benutzt werden.

Ist eine Deklaration bei eventueller Verwendung von geschwefelten Grund- und/oder Zusatzstoffen erforderlich?
Geschwefelte, kandierte Früchte, Belegfrüchte, Citronat, Orangeat, flüssiges Pektin, Obstmark, Citrussäfte und konzentrierte Citrussäfte dürfen eingesetzt werden. Eine Kenntlichmachung kann dann entfallen, wenn der Gehalt an Schwefeldioxid unter 10 mg/kg im Fertigerzeugnis liegt.

Darf Speiseeis mit chemischen Konservierungsstoffen versetzt werden?
Der Zusatz von chemischen Konservierungsstoffen ist verboten. Die Verwendung von chemisch konserviertem Obst, Obstmark und Früchten, Fruchtsäften und konzentrierten Fruchtsäften ist zulässig. Kenntlichmachung mit dem Hinweis „mit

Konservierungsstoff" erforderlich. Eine Kenntlichmachung der Konservierungsstoffe kann nur dann unterbleiben, wenn die eingebrachte Menge der Konservierungsstoffe keine technologische Wirkung mehr ausübt.

Welche Anforderungen werden an speiseeishaltige Zubereitungen gestellt, die mit einem Phantasienamen bezeichnet sind?
Speiseeishaltige Zubereitungen wie Eisbecher (mit Sahne), Eisbecher nach Art des Hauses, Toblerone, Malaga, Fruchteis-Becher, Spezialbecher usw. müssen aus den Speiseeis-Sorten Cremeeis (Eiercremeeis), Fruchteis oder Rahmeis hergestellt sein. Werden andere Speiseeis-Sorten verwandt, muß dies aus der Bezeichnung hervorgehen.

Welche hygienischen Anforderungen werden bei der Herstellung, Behandlung, Beförderung und Abgabe von Speiseeis gestellt?
Für die hygienischen Anforderungen in räumlicher, gerätemäßiger und personeller Hinsicht ist die **LMHV** – insbesondere deren Anlagen – heranzuziehen. Die **bisher geltenden landesrechtlichen Bestimmungen** für Speiseeis sind seit dem 8. 2. 1998 **außer Kraft**.

Hinweis:
Die „Fachsparte Eiscreme" im Bundesverband der Deutschen Süßwarenindustrie e. V., Schumannstraße 4–6, 53113 Bonn, hat Merkblätter für die Behandlung von Speiseeis und die Pflege von Tiefkühlgeräten, für die Behandlung und das Ausportionieren von losem Speiseeis und für die Reinigung und Desinfektion von Softeis-Automaten herausgegeben. Sie sind dort zu beziehen.

Butter und Fette

Butter zählt zu den leichtverderblichen Lebensmitteln. Gesalzene Butter hat in der Regel eine geringere Haltbarkeit.
Butter sollte nie in der Nähe von Lebensmitteln mit Eigengeruch aufbewahrt werden (Käse, geräucherte Wurstwaren, Fisch und Fischerzeugnisse usw.), da solche Geruchskomponenten sehr leicht auf die Butter übergehen.

Buttersorten

a) Sauerrahmbutter
Butter, die aus mikrobiell gesäuerter Milch, Sahne (Rahm) oder Molkensahne (Molkenrahm) hergestellt ist und deren pH-Wert im Serum 5,1 nicht überschreitet.

b) Süßrahmbutter
Butter, die aus nicht gesäuerter Milch, Sahne (Rahm) oder Molkensahne (Molkenrahm) hergestellt ist, der auch nach der Butterung keine Milchsäurebakterienkulturen zugesetzt wurden und deren pH-Wert im Serum 6,4 nicht unterschreitet.

c) Mild gesäuerte Butter
Butter, die weder der Definition für Sauerrahmbutter noch für Süßrahmbutter entspricht und einen pH-Wert im Serum von nicht mehr als 6,4 aufweist.

Handelsklassen:
In inländischen Molkereien hergestellte Butter wird angeboten als:
1. Deutsche Markenbutter
2. Deutsche Molkereibutter

Berechtigung zum Führen der Handelsklasse besteht nur, wenn die Mindestanforderungen (Wertmale) an folgende Eigenschaften erfüllt sind:
1. Sensorik (Aussehen, Geruch, Geschmack, Textur)
2. Wasserverteilung
3. Streichfähigkeit
4. pH-Wert

In landwirtschaftlichen Milcherzeugerbetrieben (nicht Molkereien!) hergestellte Butter wird angeboten als:
- Deutsche Landbutter

Keine Vorschriften über Mindestanforderungen (Wertmale).

Kennzeichnung:
Bei ausgeformter Butter (Fertigpackungen) sind folgende Angaben erforderlich:
1. die Verkehrsbezeichnung (Markenbutter, Molkereibutter oder Landbutter)
2. die Buttersorte
3. Name, Firma und Anschrift des Herstellers

4. Verzeichnis der Zutaten (ausgenommen Milchinhaltsstoffe und Milchsäurebakterienkulturen)
5. das Mindesthaltbarkeitsdatum – wird der Hinweis „gekühlt mindestens haltbar bis ..." gegeben, so ist das Mindesthaltbarkeitsdatum auf der Grundlage von 10 °C zu berechnen
6. bei Verwendung des Gütezeichens (Adler mit Umschrift: „In Deutschland geprüfte Markenware") die Worte „Amtliche Qualitätskontrolle des Landes ... Überwachungsstelle ..."
7. das Gewicht in Gramm

Was sind Milchfette?

Neben der deutschen Butter-VO ist vor allen Dingen die VO (EG) mit Normen für Streichfette maßgebend. Hier finden sich folgende gesetzlichen Vorgaben für **Milchfettarten:**

1. **Butter**
   Milchfettgehalt mindestens 80 % und weniger als 90 %; Wasser höchstens 16 %; Gehalt an fettfreier Milchtrockenmasse maximal 2 %.
2. **Dreiviertelfettbutter**
   Milchfettgehalt mindestens 60 % und höchstens 62 %. Diese Butter darf als „fettreduziert" oder auch als **„fettreduzierte Butter"** bezeichnet werden.
3. **Halbfettbutter**
   Milchfettgehalt mindestens 39 % und höchstens 41 %. Diese Butter darf als „light", „fettarm" oder „leicht", aber auch als **„fettarme** bzw. leichte oder **Light-Butter**" bezeichnet werden.
4. **Milchstreichfett ..x.. v. H.**
   Es kann sich dabei um Erzeugnisse mit folgenden Milchfettgehalten handeln:
   - weniger als 39 %;
   - mehr als 41 % und weniger als 60 %;
   - mehr als 62 % und weniger als 80 %.

Die Milchfette sind definiert als: „aus Milch und/oder bestimmten Milcherzeugnissen mit Fett als wesentlichem Bestandteil; allerdings dürfen auch andere zu ihrer Herstellung notwendigen Stoffe zugesetzt werden, sofern diese Stoffe nicht dazu bestimmt sind, einen Milchbestandteil ganz oder teilweise zu ersetzen".

Hier liegt die Erlaubnis, daß Mischungen aus Milchfett und anderen Fetten gehandelt werden dürfen.

Einsatz von Butter bei verschiedenen Gerichten (z. B. Butterreis, Butternudeln, Kartoffeln in Butter geschwenkt):

Gesetzliche Grundlagen, Leitsätze oder Richtlinien über die einzusetzenden Buttermengen existieren nicht. Wird jedoch in der Bezeichnung des Gerichts auf die Verwendung von Butter hingewiesen, so muß der Buttergeschmack noch deutlich feststellbar sein. Es wurde festgestellt, daß bei Butterreis mit einem Gehalt an Butter unter 3,5 % der Buttergeschmack kaum noch zum Tragen kommt.

Merke:
Bei Gerichten mit Butter nur Butter einsetzen (kein Butterreinfett, Butterfett, fraktioniertes Butterfett oder Milchstreichfett).

Sahne-, Rahm-, Buttersoßen (-tunken): Sie sollen ausreichenden Geschmack nach Butter aufweisen. Das ist nur zu erreichen, wenn mindestens 30 % Sahne mit einem Fettgehalt von mindestens 10 % – entsprechend einem Milchfettgehalt von 3 % im Gesamterzeugnis – eingesetzt werden.

Rahmgemüse: Derartige Erzeugnisse (Rahm-Porree, -Kohlrabi, -Spinat) werden häufig als Tiefkühlkost angeboten. Es werden von der Überwachung mindestens 1,5 % Milchfett gefordert. Einige Hersteller möchten weniger einsetzen. Die Diskussion ist noch nicht abgeschlossen.

Butterzubereitungen:
Es handelt sich hier nicht um Butter im Sinne der gesetzlichen Bestimmungen (Butterverordnung).

Merke:
Die namengebenden Zusätze müssen geruchlich und geschmacklich deutlich hervortreten. Verfälschende Zusätze wie Fremdfett, Wasser und Bindemittel sind verboten.

Beispiele:
Kräuterbutter: Erzeugnisse aus Butter, würzenden Kräutern und würzenden Stoffen. Butteranteil sollte mindestens 70 % betragen (keine Fremdfette, wie z. B. Margarine).

Krebsbutter: Erzeugnis aus Krebsextrakt mit mindestens 70 % Butter.

Sardellenbutter: Erzeugnis aus Sardellenpaste oder Salzsardellen und Butter.

Schinkenbutter: Butter unter Zusatz von Schinken. Eine Mindestmengenvorgabe an Butter existiert ebenso wie bei Sardellenbutter nicht.

Wichtiger Hinweis:
Als Aufstrichfett erwartet der Verbraucher Butter. Der Einsatz anderer Fette (z. B. Margarine, Halbfettbutter) muß deutlich gekennzeichnet werden.

Butter stets kühl lagern (10 °C). Bei **belegten Brötchen** sonstiger Belag (z. B. Wurst, Käse, Fisch) mindestens 30 %.

Fette, Fettersatzstoffe

Allgemeines
Neben Butter und Margarine werden Speisefette aus Pflanzen (z. B. Kokosfett, Olivenöl, Sojaöl), Schlachttieren (z. B. Schweineschmalz, Rindertalg), Schlachtgeflügel (z. B. Gänseschmalz) oder Seetieren (Fischöl) eingesetzt. Sie werden durch Ausschmelzen, Pressen, Zentrifugieren oder Extraktion hergestellt.
Native (nicht raffinierte) Speisefette und -öle: Sie werden durch Ausschmelzen, Pressen oder Zentrifugieren gewonnen, gewaschen und/oder mit Wasserdampf behandelt, getrocknet und filtriert, aber nicht entsäuert, gebleicht oder desodoriert.
Raffinierte Speisefette und -öle: Sie werden entschleimt, entsäuert, gebleicht und desodoriert.
Raffinierte, gehärtete Speisefette: Durch Anlagerung von Wasserstoff an die Fettsäureanteile der Speisefette oder -öle oder Mischungen daraus ändern sich die Eigenschaften der Fette (z. B. Schmelzverhalten), gleichzeitig wird die Haltbarkeit verlängert.
Bei weiteren Verfahren werden die Fette umgeestert und/oder fraktioniert. (Es werden höher und niedriger schmelzende Anteile getrennt.)

Merke!
Antioxidationsmittel sind deklarationspflichtig. Zutatenliste beim Einkauf beachten.

Hinweis:
Bei Fetten und Ölen für die gewerbliche Herstellung von hitzebehandelten Lebensmitteln, Bratöl oder -fett, Schmalz, Fischöl, Rinder-, Geflügel- und Schaffett sind **Antioxidationsmittel** zur Verhinderung des Ranzigwerdens erlaubt. Es besteht **Deklarationspflicht**. Die Angabe muß lauten „mit Antioxidationsmittel".

Wichtige Fette und Speiseöle
Pflanzliche Speisefette

1. **Kokosfett:** Hergestellt aus dem Samen der Kokospalme. Das Rohprodukt (Kopra) ist das Kernfleisch der Kokosnuß. Kokosfett wird unter anderem bei der Margarineherstellung und in der Zuckerwaren-Industrie (Eis-Konfekt, „kühlender Geschmack") verwendet.
2. **Palmkernöl (Palmkernfett):** Hergestellt aus dem Samenkern der Ölpalme. Verwendung wie Kokosfett.

3. **Palmöl (Palmfett):** Hergestellt aus dem Fruchtfleisch der Ölpalme. Das raffinierte Palmöl dient als Siede- und Backfett und zur Margarineherstellung.

Pflanzliche Speiseöle

1. **Baumwollsaatöl (Cottonöl):** Hergestellt aus Baumwollsaat. Verwendung: auch gehärtet als Speisefett und zur Margarineherstellung.
2. **Erdnußöl (Arachisöl):** Hergestellt aus Erdnüssen. Verwendung unter anderem auch als Speisefett und zur Margarineherstellung.
3. **Leinöl:** Hergestellt aus dem Samen des Leins (Flachs). Verwendung: als Speisefett, hoher Anteil an ungesättigten Fettsäuren.
4. **Maiskeimöl:** Hergestellt aus den Keimen vom Mais. Hoher Linolsäureanteil.
5. **Olivenöl:** Hergestellt aus den Früchten des Ölbaums. Verschiedene Güteklassen:
   - Natives Olivenöl
   - Natives Olivenöl, extra
   - Natives Olivenöl, fein
   - Natives Olivenöl, mittelfein
   - Raffiniertes Olivenöl
   - Olivenöl oder reines Olivenöl: Mischungen von nativem Olivenöl und raffiniertem Olivenöl.
6. **Rapsöl:** Hergestellt aus Raps und verwandten Arten. Verwendung als Speiseöl und gehärtet als Speisefett zur Margarineherstellung. Der Gehalt an Erukasäure darf 5 % des Gesamtgehalts an Fettsäuren nicht übersteigen.
7. **Safloröl (Distelöl):** Hergestellt aus Früchten der Färberdistel. Verwendung zur Herstellung von Margarinen mit besonders hohen Anteilen an mehrfach ungesättigten Fettsäuren.
8. **Sojaöl:** Hergestellt aus dem Samen von Soja. Verwendung als Speiseöl und gehärtet als Speisefett und zur Margarineherstellung.
9. **Sonnenblumenöl:** Hergestellt aus dem Samen der Sonnenblume. Verwendung als Speiseöl und gehärtet als Speisefett und zur Margarineherstellung.

Speisefette von Schlachttieren

1. **Rindertalg (Rinderfett):** Hergestellt aus dem Fettgewebe des Rindes. Verwendung: Back- und Kochfett und zur Margarineherstellung.

2. **Schweineschmalz:** Hergestellt aus dem Fettgewebe des Schweines. Verwendung: Koch- und Backfett.
   Griebenschmalz ist eine Schmalzzubereitung mit Grieben aus frischem Rückenspeck oder Flomen (mit oder ohne Gewürz).

Hinweis:
Die als Vorspeise angebotenen Schmalzzubereitungen (Schmalztöpfchen mit Grieben, Zwiebeln, Lauch, Knoblauch) dürfen nicht aufgefüllt (nachgefüllt) werden. Nicht verzehrte Reste müssen als „nicht zum Verzehr geeignet" angesehen werden.

3. **Gänseschmalz:** Es besteht aus dem Fettgewebe der Gans. Zur Verbesserung der Konsistenz wird es häufig mit Schweineschmalz gemischt. Der Anteil an Schweineschmalz muß angegeben werden.

Speisefette und Speiseöle von Seetieren
Fischöl (Tran): Hergestellt aus Heringen, Sardinen usw. Verwendung nach Raffination und Härtung zur Margarineherstellung.

Hinweis: Eine Reihe von Fischölen (Lachsölen) enthalten hochungesättigte Fettsäuren. Ihnen werden positive gesundheitliche Wirkungen nachgesagt.

Hinweise auf besondere Zusammensetzung: Wird bei Speiseölen und Speisefetten auf hohe Anteile an mehrfach ungesättigten Fettsäuren hingewiesen, muß der Linolsäureanteil der Fettsäuren mehr als 50 % betragen. Speiseöle, die als **kalt geschlagen** bezeichnet werden, sind nichtraffinierte Öle, die ohne äußere Hitzezufuhr gepreßt wurden.

Merke!
Native Speisefette und Speiseöle enthalten keine Zusätze.

Zusätze
Als Zusätze werden verwendet
a) Beta-Carotin und Palmöl (zur Färbung)
b) Tocopherole, Palmitinsäureester der Ascorbinsäure, Zitronensäure (als Antioxidationsmittel; verhindern das Ranzigwerden)
c) Mono- und Diglyceride von Speisefettsäuren, Lecithine.

Was sind Mischfette?
Durch die Einführung der Normen für Streichfette wurden auch Mischfette in Deutschland zugelassen. Sie bestehen aus

pflanzlichen und/oder tierischen Fetten und weisen Milchfettgehalte von 10 % bis 80 % des Gesamtfettgehaltes auf.
Mischfett: Fettgehalt mind. 80 % und weniger als 90 %
Dreiviertelfett: Fettgehalt mind. 60 % und max. 62 %
Halbmischfett: Fettgehalt mind. 39 % und max. 41 %
Mischstreichfett ... v. H.: Erzeugnisse mit folgenden Fettgehalten: weniger als 39 %, mehr als 41 % und weniger als 60 %, mehr als 62 % und weniger als 80 %.
Dreiviertelmischfett darf als „fettreduziert" und Halbmischfett als „fettarm", „light" oder „leicht" bezeichnet werden.

Margarine

Allgemeines

Margarine enthält Speisefette und Speiseöle, Trinkwasser und Emulgatoren (Lecithine, Eigelb und/oder Mono- und Diglyderide von Speisefettsäuren). Es können ferner darin enthalten sein: Geschmacksstoffe, Salz, Magermilch, Zitronensäure oder andere Genußsäuren, Vitamine, Konservierungsstoffe und Farbstoffe. Im allgemeinen ist Margarine mit Carotin oder carotinhaltigen Ölen gefärbt.
Die Herstellung erfolgt durch Emulgierung des Fettes und Wassers mit weiteren Bestandteilen unter Kühlung.

Pflanzenmargarine: Der Fettanteil besteht zu mindestens 97 % aus pflanzlichen Fetten. Stammt er nur von einer Pflanze, so kann der Name bei der Bezeichnung des Erzeugnisses mitverwendet werden (Sonnenblumenöl). Mindestens 15 % der Fettsäuren müssen als Linolsäure vorliegen. Liegt der Anteil bei 30 % und mehr, darf eine derartige Pflanzenmargarine als „linolsäurereich" bezeichnet werden. Mehr als die Hälfte der vorhandenen Fettsäuren muß bei Pflanzenmargarine in unveränderter Form vorliegen. Sie ist in der Regel vitaminiert.

Margarineschmalz (Schmelzmargarine): aus pflanzlichen oder tierischen Fetten, keine Emulsion, aromatisiert, in der Regel kräftig gelb, Fettgehalt mind. 99 %.

Mischfettschmalz (Schmelzmischfett): aus pflanzlichen oder tierischen Fetten, keine Emulsion, Fettgehalt mind. 99 %, Milchfettanteil am Gesamtfett 10 % bis 80 %.

Hinweise auf besondere Zusammensetzung: Bei einem Hinweis auf hohe Anteile an Glyceriden mittelkettiger Fettsäuren muß der Anteil an $C_8 - C_{10}$-Fettsäuren (die Indexzahlen geben die Anzahl der C-Atome im Molekül wieder) im Gesamtsäurefettanteil mehr als 90 % betragen.

Hinweise auf besonders hohe Anteile an mehrfach ungesättigten Fettsäuren setzen Linolsäureanteile von mehr als 50 % voraus. Margarine, die als „streng natriumarm" („streng kochsalzarm") bezeichnet wird, enthält maximal 40 mg Natrium/100 g Margarine. Bei der Bezeichnung „natriumarm" („kochsalzarm") dürfen nicht mehr als 120 mg Natrium/100 mg Margarine vorhanden sein.

Auch bei **Margarine** ergaben sich durch die Normen für Streichfette Neuregelungen. Sie besteht aus pflanzlichen oder tierischen Fetten, wobei der **Milchfettgehalt max. 3 %** des Fettgehaltes beträgt.

Margarine: Fettgehalt mind. 80 % und weniger als 90 %

Dreiviertelfettmargarine: Fettgehalt mind. 60 % und max. 62 %

Halbfettmargarine: Fettgehalt mind. 39 % und max. 41 %

Streichfett ... v. H.: Erzeugnisse mit folgenden Fettgehalten: weniger als 39 %, mehr als 41 % und weniger als 60 %, mehr als 62 % und weniger als 80 %

Dreiviertelfettmargarine darf als „fettreduziert" und Halbfettmargarine als „fettarm", „light" oder „leicht" bezeichnet werden.

Merke:
Verkehrsbezeichnung (Kennzeichnung, Zutatenliste und weitere Hinweise) beim Einkauf beachten.

Fettersatzstoffe

Der Universalfettersatzstoff wurde bisher noch nicht gefunden.

Es gibt drei Gruppen:

1. Hydrolyseprodukte auf Kohlenhydratbasis (durch Enzyme oder Säure werden Stärken gespalten), z. B. „Maltrin" aus Maisstärke, „Pasilli SA2" aus Kartoffelstärke, „Nutrifat C" aus Weizenstärke. Verwendung in Milchprodukten, Brotaufstrichen, Süßspeisen in vielen Mitgliedsstaaten der EG zugelassen.
2. Mikropartikuläre Proteine, hergestellt durch Veränderung der Teilchengröße von Eiweißen, z. B. Mikrofiltration ähnlich der Homogenisierung aus Hühnereiweiß, Magermilch oder Molkenprotein unter Zusatz von Wasser, Zucker, Genußsäuren und pflanzlichen Bindemitteln.
   Verwendung wie bei 1., z. B. „Simplesse", „Nutrasweet", „Nutrifat", „PC".
3. Saccharose-Polyester (SPE). Mischung von Saccharose-Estern und Fettsäuren aus Soja-, Mais- und Baumwollsaatöl,

z. B. „Onestra", „Prolestra" und „TACTA". Zulassung steht noch aus.

Verwendung als Speisefett und -öl, Brat- und Fritierfett.

Friteusen und Fritierfette

Was sagt der Gesetzgeber?

Friteusen sind Bedarfsgegenstände im Sinne des Lebensmittelgesetzes. Von diesen Bedarfsgegenständen dürfen keine Stoffe auf Lebensmittel oder deren Oberfläche übergehen, es sei denn, sie sind gesundheitlich völlig unbedenklich, geruchlich und geschmacklich nicht feststellbar und technisch unvermeidbar.

Merke!
Kontrolle der Friteusen und Fritierfette muß Bestandteil des Eigenkontrollsystems sein.

Mindestanforderungen, die an Fritiergeräte zu stellen sind:

1. Das Gerät soll aus nichtrostendem Stahl,
2. mit Temperaturregler (Thermostat) ausgestattet sein und
3. über einen bequem zu bedienenden Auslaufhahn verfügen.

Zu 1.: Durch das Fritiergut wird Wasser in das Gerät eingetragen. Beim Fritieren kommt es häufig zum Spritzen, schnelle Verrostung wäre die Folge, wenn das Gerät nicht aus rostfreiem Stahl wäre.

Zu 2.: Beim Kauf sollte man unbedingt darauf achten, daß der Thermostat leicht erreichbar und einzustellen ist. Die Temperatur des Fettes (Brattemperatur) muß ohne Schwierigkeiten ablesbar sein. Kontrolle in regelmäßigen Abständen, ob der Thermostat voll funktionsfähig ist.

Zu 3.: Das Fett muß häufig erneuert werden. Damit es bequem abgelassen und der entstandene Bodensatz ohne Schwierigkeiten entfernt werden kann, soll der Ablaßhahn gut zu erreichen sein.

Merke!
Heizschlangen stets sauber halten, Verkrustungen entfernen, regelmäßige „Generalreinigung" erforderlich.

Welche Bedeutung haben die Erhitzungstemperaturen?

Für das Fritieren benötigt man auf keinen Fall mehr als 180 °C. Da die Zersetzung des Fettes (siehe unten) auch von der Temperatur abhängig ist, bedeutet eine weitere Erhöhung der Temperatur eine erhebliche Verkürzung der Gebrauchszeit des Fettes.

Die beste Fritiertemperatur liegt um 165 °C. Sinkt die Temperatur unterhalb 140 °C, werden längere Garzeiten benötigt und die entsprechende Bräune bleibt aus.

Merke!
Je höher die Temperatur, desto schnellere Zersetzung des Fettes. Je niedriger die Temperatur (unter 165 °C), desto längere Backzeiten, häufig verbunden mit erhöhter Fettaufnahme im Fritiergut.

Fritierfette

Was sagt der Gesetzgeber?
Fritierfette sind Lebensmittel. Nach dem Lebensmittelgesetz ist es verboten, zum Verzehr nicht geeignete Lebensmittel oder solche, die hinsichtlich ihrer Beschaffenheit von der Verkehrsauffassung (Normalware) abweichen und dadurch in ihrem Wert, insbesondere in ihrem Nähr- oder Genußwert oder in ihrer Brauchbarkeit nicht unerheblich gemindert sind, in den Verkehr zu bringen.

Verändern sich die Fette beim Gebrauch?
Nach einiger Zeit der Hitzeeinwirkung beginnt die „Spaltung" der Fette, der Fachausdruck lautet: thermische Zersetzung.

Merke!
Fleisch, Fisch, Zwiebeln (Schaschlik) und Lebensmittel mit höherem eigenen Fettgehalt belasten das Fritierfett meistens stärker als Pommes frites. Tierische Fette wie z. B. Schmalz und Nierenfett werden relativ schnell „gespalten".
Nie verschiedene Lebensmittel im gleichen Fett braten, getrennte Friteusen benutzen.

Wovon hängt die thermische Zersetzung der Fette ab?
1. Von der Erhitzungstemperatur (Gebrauchstemperatur),
2. der Fettart,
3. Einwirkung von Licht, Luft und Wasser (aus dem Fritiergut),
4. im Fett verbliebenen Fritiergut-Resten (zum Beispiel abgefallene Panade),
5. vom Fritiergut und der Fritiermenge.

Welche Anforderungen sind an Fritierfette zu stellen?
1. Geruchs- und Geschmacksneutralität,
2. hohe Hitze- und Oxidationsstabilität,
3. möglichst stabiler Rauchpunkt (über 220 °C),
4. geringes Schäumen,
5. leichte Dosierbarkeit (Handhabung).

Wie lange ist ein Fett haltbar?
Die Haltbarkeit ist von den oben angeführten Einflüssen abhängig. Eine exakte Grenzzeit, wann das Fett erneuert werden muß, läßt sich nicht festlegen. Sie schwankt zwischen ca. 10 und 35 Stunden Betriebsdauer.

Wie kann man erkennen, ob ein Fett verdorben ist?
Jeder Laie kann den beginnenden Verderb, d. h. die thermische Zersetzung, ohne Schwierigkeiten feststellen durch:
1. Geruch und Geschmack (Sinnenbefund),
2. Rauchentwicklung,
3. Verfärbung,
4. Veränderung der Konsistenz.

Zu 1.: Die Verkostung muß im angewärmten Zustand (ca. 35 °C) durchgeführt werden. In diesem Temperaturbereich sind die Geschmacksabweichungen am ehesten feststellbar. Einwandfreie Fette sind geruchs- und geschmacksneutral. Laugig, fischig, tranig, bitter oder kratzend sind eindeutige Merkmale für zersetzte Fette.

Zu 2.: Zeigt ein Fett bei Temperaturen über 170 °C bis 180 °C (ohne Backgut!) deutliche Rauchentwicklung, liegt ein weiterer Beweis für die thermische Zersetzung vor. Es dampfen dann Spaltstücke des Fettes ab. Zur besseren Erkennung sollte die Absaugvorrichtung zwischenzeitlich immer einmal kurz ausgeschaltet werden.

Zu 3.: Eine Verfärbung **kann** ein wichtiger Hinweis für die thermische Zersetzung sein. Die Verfärbung, insbesondere Bräunung der Fette kann aber auch durch Zwiebeln oder Paniermehl hervorgerufen sein, ohne daß Zersetzung des Fettes vorliegt. Ein Fett kann auch ohne starke Farbänderung zersetzt werden.

Zu 4.: Bei der thermischen Zersetzung des Fettes tritt häufig eine Zunahme der Zähigkeit auf (Fadenziehen beim Abtropfen). Auch starkes Schäumen des Fettes, nach Verdunsten des Wassers des eingebrachten Gefriergutes, kann ein entscheidender Hinweis auf zersetztes Fett sein.

Hinweis:
Es werden verschiedene Testgeräte und Testflüssigkeiten zur Ermittlung des Verdorbenheitsgrades der Fette angeboten. Sie stellen gute Hilfsmittel dar, ob ein Fett noch verwandt werden darf. Ausschlaggebend ist stets die Geschmacksprüfung! In Zweifelsfällen das Fett erneuern!

Achtet die Lebensmittelüberwachung besonders auf Fritierfette?
Die Kontrolleure der Lebensmittelüberwachung entnehmen regelmäßig Proben der in Gebrauch befindlichen Fette, insbesondere dann, wenn diese deutliche Rauchentwicklung zeigen oder tranigen, ranzigen, fischigen Geruch aufweisen.

Lebensmittel, die in einem thermisch zersetzten Fett, d. h. zum Verzehr nicht geeigneten bzw. verdorbenen Fett, fritiert werden, sind ebenfalls verdorben! Das Argument, die fritierte Ware (z. B. Pommes frites) habe einwandfrei geschmeckt, ist

Merke!

Die Friteuse – insbesondere die Heizschlangen – stets vor der Neubeschickung intensiv reinigen. **Immer das Fett insgesamt austauschen bzw. erneuern.**
Reste bzw. Restmengen von bereits thermisch zersetztem Fett beschleunigen (katalysieren) die thermische Spaltung des eingefüllten Fettes. Das heißt, durch die vorhandene Restmenge des alten Fettes wird das neu eingefüllte Fett **sehr schnell** zersetzt.

nicht stichhaltig. Entscheidend ist die Geschmacksprüfung (Sinnenbefund!) des Fettes. Die Fritierfette am zweiten Erhitzungstag vor jeder neuen Erhitzung überprüfen!
Damit sichergestellt ist, daß die Fette auch in Abwesenheit des Hauptverantwortlichen überprüft werden, sollten die Mitarbeiter an der Überprüfung (Verkostung) beteiligt werden.

Fleisch und Fleischerzeugnisse

Für Fleischzuschnitte, Fleischerzeugnisse und Zubereitungen mit Fleisch liegen in den Leitsätzen des Deutschen Lebensmittelbuches umfangreiche Begriffsbestimmungen vor.
Mindestanteile an bindegewebseiweißfreiem Fleischeiweiß (BEFFE) und Gehalte an bindegewebseiweißfreiem Fleischeiweiß im gesamten Fleischeiweiß (BEFFE/FE; entspricht dem Bindegewebsanteil) sind festgelegt.
Durch die Festlegung der Mindestgehalte für BEFFE ist zwar die Summe der Fett- und Wassergehalte bereits limitiert. Jedoch gehen auch bei ausreichendem Anteil an BEFFE sowohl das Fett/Fleischeiweiß- als auch das Wasser/Fleischeiweiß-Verhältnis nicht über das herkömmliche Maß hinaus.
Der Hersteller kann die Mindestwerte dann in jedem Fall einhalten, wenn er bei der Herstellung dem redlichen Gewerbebrauch entsprechend hinreichende Sicherheitsspannen berücksichtigt.

Merke!
Verwendung von Fremdeiweiß und Stärke ist i. d. R. deklarationspflichtig (siehe Kapitel Zusatzstoffe, spezielle Zutaten, Verwendung und Kennzeichnung).

Es existieren Beurteilungsmerkmale für

1. Schnittfeste Rohwürste
   17 Gruppen – 40 Bezeichnungen
2. Streichfähige Rohwürste
   5 Gruppen – 20 Bezeichnungen
3. Brühwürstchen
   12 Gruppen – 63 Bezeichnungen
4. Brühwürste, fein zerkleinert
   7 Gruppen – 32 Bezeichnungen
5. Grobe Brühwürste
   7 Gruppen – 37 Bezeichnungen
6. Brühwürste mit Einlagen
   7 Gruppen – 16 Bezeichnungen
7. Kochstreichwürste
   a) Pasteten
      5 Gruppen – 9 Bezeichnungen
   b) Leberwürste
      12 Gruppen – 74 Bezeichnungen

c) Kochmettwürste
14 Gruppen – 36 Bezeichnungen

8. Blutwürste
13 Gruppen – 70 Bezeichnungen
9. Sülzwürste
13 Gruppen – 61 Bezeichnungen
10. Corned meat
4 Gruppen – 7 Bezeichnungen
11. Preßwürste
5 Gruppen – 55 Bezeichnungen

Die Vielfalt der Bezeichnungen stammt aus den verschiedenen Regionen, in denen die Produkte hergestellt werden.

Da in der Regel in der Gastronomie und im GV-Bereich außer Bratwürsten keine Würste produziert werden, wird auf die Angabe weiterer Einzelheiten über die Zusammensetzung verzichtet und auf den Text der Leitsätze verwiesen (siehe Deutsches Lebensmittelbuch, Leitsätze für Fleisch und Fleischerzeugnisse, Verlag: Bundesanzeiger, Postfach 10 80 06, 50667 Köln).

Grobe Bratwurst (Schweinsbratwürstchen, Schweinswürstchen, Fränkische Bratwurst, Hessische Bratwurst, Pfälzer Bratwurst, Rostbratwurst, Nürnberger Rostbratwurst, Treuchtlinger, Rheinische Bratwurst grob, Thüringer Bratwurst) ist nicht umgerötet, bis erbsengroße Körnung, keine Wasserschüttung!

BEFFE	nicht unter 8,5 %
BEFFE/FE	nicht unter 75 % (chemisch)
	nicht unter 65 Vol. % (histometrisch)

Bratwurst (Rheinische Bratwurst, Rostbratwurst, fein zerkleinert, Schlesische Bratwurst, Ziesen) ist nicht umgerötet, fein zerkleinert, bis maximal 8 % (in einigen Regionen bis 10 %) Fremdwasser.

BEFFE	nicht unter 8,0 %
BEFFE/FE	nicht unter 75 % (chemisch)
	nicht unter 65 Vol. % (histometrisch)

Das **bisherige Verbot der Verwendung von Nitritpökelsalz** in:

- Brühwursterzeugnissen, aus deren Bezeichnung hervorgeht, daß es sich um Bratwürste, Rostbratwürste oder Grillwürste handelt,

- Weißwürsten sowie anderen Brühwursterzeugnissen, aus deren Bezeichnung hervorgeht, daß es sich um weiße Ware handelt,
- Wollwurst, Geschwollener, Treuchtlinger, Schweinswürstchen, Kochwurst, Zungenwurst, Gelbwurst, Hirnwurst, Milzwurst und Kalbskäse sowie
- Fleischklößen, Fleischklopsen, Frikadellen, Bouletten, Fleischfüllungen und ähnlichen Erzeugnissen aus zerkleinertem Fleisch

ist im Rahmen der Harmonisierung des Zusatzstoffrechts (Änderung der Fleisch-VO) **aufgehoben!**
Bei den Erzeugnissen, bei denen in den Leitsätzen (Handelsbrauch!) ausdrücklich darauf hingewiesen wird, daß sie nicht umgerötet sind, müßte zumindest mit einem Hinweis wie „umgerötet" oder „gepökelt" darauf hingewiesen werden.
Es erscheint angezeigt, Rücksprache mit dem Lieferanten zu nehmen, ob es sinnvoll ist, Nitritpökelsalz bei diesen Produkten einzusetzen (Vermeidung zusätzlicher Hinweise!). Zukünftig muß auch auf den Speisekarten, Wochenplänen etc. ein Hinweis auf das Vorhandensein des Konservierungsstoffes (Natriumnitrit, E 250) erfolgen.

Merke:
Bei Fleischerzeugnissen auf das Vorhandensein von **Geschmacksverstärkern und Antioxidationsmitteln** achten (Zutatenverzeichnis), da Deklarationspflicht besteht.

In sehr vielen Fleischerzeugnissen sind **Geschmacksverstärker,** insbesondere Glutaminsäure (E 620) und 5 Salze dieser Aminosäure, enthalten. Diese Zusatzstoffe waren bis vor einiger Zeit auf den Speisekarten und Wochenplänen etc. nicht deklarationspflichtig. Sie müssen jetzt mit dem Hinweis „mit Geschmacksverstärker" kenntlich gemacht werden.
Gleiches gilt für das **Antioxidationsmittel** Isoascorbinsäure (E 315) bzw. dessen Natriumsalz (E 316). Es ist, wie oben angeführt, der Hinweis „mit Antioxidationsmittel" erforderlich.

Um **Irreführungen** aufgrund **unzutreffender Angaben auf Speisekarten und Wochenplänen** zu vermeiden, sind die nachfolgenden Definitionen des Deutschen Lebensmittelbuches von erheblicher Bedeutung.

Schnitzel ist eine zum Kurzbraten oder Grillen geeignete Scheibe von in natürlichem Zusammenhang belassenem sehnen- und fettgewebsarmen Fleisch warmblütiger Tiere. Scheiben aus dem Schweinenacken werden auch als **Nackenschnitzel** bezeichnet.

Sofern die Tierart nicht angegeben oder auf andere Weise erkennbar ist, handelt es sich um Schweinefleischscheiben. Schnitzel von anderen Tieren werden entsprechend gekennzeichnet, z. B. **Kalbsschnitzel, Rinderschnitzel (Rindsschnitzel), Rehschnitzel, Putenschnitzel.**

Wiener Schnitzel ist paniertes Kalbsschnitzel.

Schnitzel à la Holstein ist ein unpaniertes Kalbsschnitzel mit Garnierung (Sardellen usw.) und Spiegeleiauflage.

Rahmschnitzel stammt ebenfalls vom Kalb.

Cordon bleu besteht aus zwei gleich großen Schnitzeln (evtl. in Form einer Tasche), dazwischen Schinken und Käse, meistens paniert. Ohne Angabe der Tierart handelt es sich um Kalbsschnitzel. Panadeanteil: siehe Merksatz.

Medaillons sind kleine, aus sehnenarmem Fleisch quer zu den Fasern geschnittene, zum Kurzbraten geeignete Scheiben; die Tierart wird angegeben, z. B. **Kalbsmedaillons (Kalbsnüßchen), Rindermedaillons (Rindsmedaillons), Putenmedaillons, Schweinemedaillons.**

Geschnetzeltes (Schnetzel, Schnitzelchen, Geschnitzeltes) sind ohne Angabe der Tierart kleine dünne, quer zu den Fasern geschnittene Scheiben oder Streifen aus sehnen- und fettgewebsarmem Kalbfleisch, d. h. der Anteil an Fettgewebe und Sehnen darf nicht mehr als 5 % betragen.
Ähnliche, verwechselbare Erzeugnisse müssen ausreichend kenntlich gemacht werden, z. B. **„Schweinegeschnetzeltes nach Gyros-Art gewürzt".**

Gyros besteht aus Fleischscheiben, die auf einem senkrechten Drehspieß geschichtet und gebraten wurden.
In rohem Zustand unterliegen die Erzeugnisse der Hackfleisch-VO. Lagertemperaturen (max. 4 °C) und Verbrauchsfristen (nur am Tag der Herstellung) beachten.

Rouladen (Fleischröllchen, Fleischvögel) sind dünne zusammenhängende, unter Einschluß von Füllung gerollte, zum Braten geeignete Scheiben aus sehnen- und fettgewebsarmem Fleisch. Sofern die Tierart nicht angegeben ist, handelt es sich um Rindfleisch.

Merke!

Bei etwaigem Panieren werden höchstens **25 % Panade,** bezogen auf das Gesamtgewicht, aufgetragen. Im erhitzten Fertigerzeugnis sind dies nicht mehr als **35 % Panade.**

Merke!

Burgunderbraten und Burgunder Rollbraten sind in Rotwein gegart und ungepökelt. Eine Pökelung und/oder die Verwendung von Schweinefleisch muß deklariert werden.

Die Füllung besteht in der Regel aus Speckstreifen, Gurkenstreifen, Zwiebeln, Pilzen, Schinkenstreifen oder anderen geschmackgebenden Zutaten, z. T. wird zum Füllen auch Brät oder gewolftes Fleisch verwendet, das in der Qualität der Grundlage für Hacksteak entspricht. Die Brätfüllung unterliegt im rohen Zustand der Hackfleisch-VO. Lagertemperaturen (max. 4 °C) und Verbrauchsfristen (nur am Tag der Herstellung) beachten.

Kalbsrouladen (Kalbsvögel) werden nicht nur aus Kalbfleisch hergestellt, sondern auch vorwiegend mit Kalbsbrät und gekochtem Ei gefüllt.

Braten sind zum Braten geeignete, in natürlichem Zusammenhang belassene, bratfertig zugeschnittene Fleischteile, auch in gebratenem oder gegrilltem Zustand. Die Verwendung von fettgewebereichem Schweinefleisch wird entsprechend kenntlich gemacht (z. B. **Gebratener Schweinebauch**).

Ohne Angabe der Tierart wird bei **Sauerbraten, Schmorbraten, Rostbraten, Burgunderbraten** und **Zwiebelbraten** Rindfleisch, bei **Rahmbraten** Kalbfleisch, bei **Szegediner Braten** Schweinefleisch erwartet. In den übrigen Fällen wird die Tierart angegeben, z. B. **Schweinebraten (Schweinsbraten), Rinderbraten (Rindsbraten), Hasenbraten, Rahmbraten (Schwein), Burgunderbraten (Schwein).**

Pökelbraten ist gepökelter Schweinebraten.

Zigeunerbraten ist speziell gewürzter, auch gepökelter Schweine- oder Rinderbraten.

Rollbraten ist im Zusammenhang belassenes, gerolltes oder von einem Netz umgebenes Fleisch; die Tierart wird angegeben (z. B. **Schweinerollbraten**).

Schweinenierenbraten (Schweinsnierenbraten) ist entschwarteter, gerollter Schweinebauch mit Schweineniere.

Nierenbraten (Kalbsnierenbraten) ist gerolltes Kalbfleisch ohne grobe Sehnen und ohne gelbe Bauchhaut mit Kalbsnieren.

Putenrollbraten ist gerolltes, gewachsenes Putenbrustfleisch mit nicht mehr als 10 % anhaftender Haut und nicht mehr als 40 % Einlagen von gewachsener Brust- und/oder Oberschenkelmuskulatur ohne Haut.

Putenoberkeulenrollbraten ist gewickeltes, im natürlichen Zusammenhang belassenes Putenoberkeulenfleisch, dem maximal 15 % Haut anhaften.

Bei folgenden Bratenstücken wird nicht ausdrücklich auf das Vorhandensein von Knochen und/oder Knorpeln hingewiesen: Kotelettstrang, Brust oder Bauch, **Schäuferl (Schäuferle), Nuß** sowie **Haxe (Hesse)** am Stück (bei Kalb und Schwein), oder in Scheiben beim Rind **Beinfleisch** oder **Beinscheibe**, beim Kalb **Ossobuco**. Das gleiche gilt für Geflügel (z. B. **Gänsebraten, Gansbraten**). In den übrigen Fällen wird auf den Anteil an Knochen hingewiesen, z. B. „mit Knochen", „mit Bein", sofern die Knochen in das Gewicht einbezogen sind.

Kleinfleisch sind neben **Spitzbein, Schnauze (Rüssel)** und **Ohren** fleischtragende Brustknochen und Rippen (**Schälrippchen, Bratenrippchen, Spare-Ribs, Brustspitz**) sowie Wirbelknochen des Schweines einschließlich Schwanz. Beim Rind werden fleischtragende Knochen als **Fleischknochen**, beim Kalb auch als **Kalbskleinfleisch** bezeichnet.

Tenderons sind um einen Rippenknochen gelegte Fleischstreifen aus Kalbsbrust oder Schweinebauch (mit oder ohne Schwarte). Die Tierart wird angegeben (z. B. **Schweinetenderons**).
Bei Braten aus Schweinehaxen, Schweinebrust und Schweinebauch sowie Schlegel- und Schulterteilen sind Schwarten ohne besonderen Hinweis einbezogen.

Gefüllte Kalbsbrust ist von Rippen und Brustbein, gelegentlich auch von Brustknorpeln befreite, taschenartig präparierte Kalbsbrust, die als Küchengericht vorwiegend mit einer Masse aus Weißbrot (Semmelknödelteig) oder aus zerkleinertem, grob entsehntem Fleisch und Weißbrot, mit Lyonerbrät oder Jagdwurstbrät gefüllt ist. Für **Gefüllte Schweinebrust (Gefüllte Schweinsbrust, Gefüllten Schweinebauch)** gilt Vorstehendes entsprechend. Besteht die Füllung aus gewürztem Brät, unterliegt das Produkt im rohen Zustand der Hackfleisch-VO. Lagertemperaturen (max. 4 °C) und Verbrauchsfristen (nur am Tag der Herstellung) beachten.

Für **Erzeugnisse aus zerkleinertem Fleisch** wird die Bezeichnung „Braten" nur dann in Wortverbindung gebracht, wenn sich aus der Bezeichnung zweifelsfrei ergibt, daß kein in natürlichem Zusammenhang belassenes Fleisch vorliegt (z. B. bei Erzeugnissen am Stück wie **Hackbraten,** auch **Falscher Hase** (Zusammensetzung: siehe Frikadellen), bei bestimmten Groben Brühwürsten, sofern der Charakter des Erzeugnisses erkennbar ist, oder **Römerbraten, Wienerbraten**).

Filet (Lende, Lungenbraten, Schlachtbraten, beim Schwein auch **Lummel, Lummer)** ist bei warmblütigen Tieren mit Ausnahme des Geflügels die von Lendenwirbeln und Beckenknochen abgetrennte und von größeren Fettgewebsauflagerungen befreite innere Lendenmuskulatur (innere Hüftmuskulatur, Psoasmuskulatur, Rückenbeugemuskulatur; M. iliopsoas und M. psoas minor). – Beim **Geflügel** ist „-filet" von Haut befreite („filetierte") Brustmuskulatur (z. B. **Truthahnfilet).**

Sofern die Tierart nicht angegeben ist, handelt es sich um Filet eines Rindes. Filet vom Kalb sowie von anderen Tierarten wird entsprechend gekennzeichnet (z. B. **Kalbsfilet, Schweinefilet, Schweinsfilet, Hirschfilet, Putenfilet).**

Filetkopf ist der beckenseitige, stumpfe Teil eines Filets.
Filetspitze ist der brustseitige, spitze Teil eines Filets.
Filets mignons sind Scheiben aus der Filetspitze.
Filets medaillons sind Scheiben Kalbsfilet.

Chateaubriand (Doppeltes Filetstück, Doppeltes Lendenstück) ist eine etwas 5 cm dicke Scheibe aus dem Kopf oder dem Mittelstück eines Rinderfilets.

Filetsteak (Tournedos, Tenderloin-Steak) ist eine Scheibe Filet.

Filet Stroganoff besteht ebenso wie **Filetgulasch Stroganoff** aus Rindfiletstücken. Für **Boeuf Stroganoff** wird zartes, sehnenarmes Rindfleisch verwendet.

Falsches Filet (Bugfilet, Schulterfilet) ist der kopfwärts auf der äußeren Seite des Schulterblattes befindliche Muskel (M. supra spinatus) des Rindes.

Roastbeef (flaches Roastbeef, Lende, Rostbraten, Contre-Filet) ist die von den Lendenwirbeln und den letzten vier Brustwirbeln gelöste, äußere Lendenmuskulatur (hintere Rückenstreckmuskulatur, in erster Linie M. longissimus dorsi) des Rindes.

Rundes Roastbeef ist beim Rind der im Bereich der Hochrippe liegende Teil des langen Rückenstreckers (M. longissimus dorsi) und der kappenartig aufsitzende Dornmuskel (M. spinalis et semispinalis), die zusammen als das „Auge" einer Hochrippe **(Rib-Eye, Hochrippen-Medaillon)** angesprochen werden.

Rib-Eye-Steak (Delmonico-Steak) ist eine Scheibe rundes Roastbeef.

Lendenschnitte (Lendensteak) ist eine Scheibe flaches oder rundes Roastbeef oder Rinderfilet (Rindsfilet).

Entrecôte umfaßt Hochrippe und flaches Roastbeef. Auch eine Scheibe aus dem Entrecôte wird als Entrecôte bezeichnet.

Rumpsteak (Sirloin-Steak) ist eine Scheibe aus einem Roastbeef oder dem unmittelbar anschließenden Teil einer Hüfte.

Club-Steak ist eine Scheibe aus dem vorderen Teil eines Roastbeefs oder dem hinteren Teil einer Hochrippe.

Unter **Steaklett** wird ein „kleines Steak" (Fleischscheibe) verstanden. Es ist kein Hinweis auf die Zubereitungsform.

Große Lende (Schoß, Nierenstück) ist die gesamte Lende (innere und äußere Lendenmuskulatur des Rindes – Filet und Roastbeef – mit Knochen).

T-Bone-Steak und **Porterhouse-Steak** sind knochenhaltige Scheiben einer Großen Lende (stets Filet einschließend).

Kotelett ist eine knochenhaltige Scheibe aus der rückenseitigen Stamm-Muskulatur, dem Kotelettstrang (beim Rind aus dem hinteren Brustwirbelbereich, der **Hochrippe** (6.–10. Rippe), bei Kalb, Schaf und Schwein aus dem Lenden- und aus dem Brustwirbelbereich, beim Schwein auch aus dem Halsbereich). Bei nur als „Kotelett" bezeichnetem Fleisch herrscht der lange Rückenstrecker (M. longissimus dorsi), das „Auge" des Koteletts vor; Scheiben, in denen mehrere Muskeln das Bild beherrschen, werden beim Schwein (Hals- und vorderer

Merke!

Zum Kotelett zählen beim Schwein nicht: Fettgewebsauflagerungen über 1,0 cm und Schwarten sowie Rippen, Fleisch- und Fettgewebsanteile, die das Kotelett-Auge um mehr als 5 cm überragen. Bei etwaigem **Panieren werden höchstens 25 % Panade, bezogen auf das Gesamtgewicht, aufgetragen. Im erhitzten Fertigerzeugnis sind das nicht mehr als 35 % Panade.**

Brustwirbelbereich bis zur 3. Rippe) als **Kammkotelett (Nakkenkotelett, Hals(grat)kotelett)**, bei Kalb und Schaf (vorderer Brustwirbelbereich) unter gleichzeitiger Angabe der Tierart als **Halskotelett** bezeichnet. Als **Herz-, Rippen-, Mittel-** und **Stielkotelett** werden Scheiben aus dem Kotelettstrang des Brustbereiches ab 3. Rippe **(Karree, Karbonade)** bezeichnet, als **Filet-, Lummer-** oder **Lendenkotelett** – soweit Filet eingeschlossen ist – Scheiben aus dem Lendenbereich des Kotelettstrangs.

Holzfällersteak ist ein Nacken- bzw. Kammkotelett oder auch eine Scheibe aus der Schweineschulter mit oder ohne Knochen.

Sofern die Tierart nicht angegeben ist, handelt es sich um Schweinekotelett (Schweinskotelett). Koteletts von anderen Tieren werden entsprechend gekennzeichnet, z. B. **Kalbskotelett, Rinderkotelett (Rindskotelett, Rib-Steak), Lammkotelett, Halskotelett vom Hammel, Hirschkotelett.** Panadenanteil siehe Merksatz.

Merke!

Fleischzuschnitte wie Steaks, Filets, Schnitzel, die mit dem Mürbeschneider (Steaker) oder Geräten mit ähnlicher Wirkung behandelt worden sind, unterliegen der Hackfleisch-VO. Lagertemperatur 4 °C und Verbrauchsfristen beachten.

Côte de boeuf (Rib of Beef) am Stück ist die „Hochrippe" mit Rippen, jedoch ohne Wirbelkörper und Dornfortsätze.

Lamb Chops sind sehnenarme Lammfleischscheiben (z. B. Keule).

Falsches Kotelett ist eine Scheibe Schweinebauch. Panadeanteil siehe Merksatz.

Hüfte (Huft, Spitze, kurzes Schweifstück, Rosenspitz, Mürbeschoß, Mürbebraten) ist die bei Rindern an das Roastbeef anschließende, an der Außenfläche des Beckenknochens liegende und zum Kreuzbein reichende äußere Hüftmuskulatur. Die Spitze der in die Hüfte reichenden Unterschale (proximaler Teil des M. glutaeobiceps) wird als **Tafelspitz** bezeichnet.

Hüftsteak (Huftsteak, Point-Steak) ist eine Scheibe aus einer Hüfte.

Kluftsteak ist eine Scheibe aus sehnenarmer, zum Kurzbraten geeigneter Muskulatur der Keule.

Steak ist eine zum Kurzbraten oder Grillen geeignete (mürbe), nicht zu dünne, in der Regel quer zu den Fasern geschnittene

Scheibe aus in natürlichem Zusammenhang belassenem, sehnenarmem Fleisch, meist mit anhaftendem Fettgewebe, ohne Knochen, ausgenommen Porterhouse-Steak und T-Bone-Steak, z. T. auch Rib-Eye-Steak, Club-Steak und Sirloin-Steak.

Sofern die Tierart nicht angegeben ist, handelt es sich wie bei **Beefsteak, Rinderstück (Rindsstück)** und **Rindersteak (Rindssteak)** um Steaks eines Rindes. Steaks von anderen Tieren werden in jedem Fall entsprechend gekennzeichnet (z. B. **Hirschsteak, Kalbssteak, Schweinesteak (Schweinssteak), Hammelsteak, Putensteak).** Dies gilt auch bei Hinweisen auf Zubereitung und Würzung sowie bei Phantasiebezeichnungen (z. B. **Paprikasteak** (Kalb), **Jägersteak** (Schwein)).

Bezeichnungen wie **Filetsteak, Rumpsteak, Lendensteak, Rükkensteak, Rib-Eye-Steak, Hüftsteak** und **Kluftsteak** weisen auf die Verwendung bestimmter Fleischteile hin.

Schweinenackensteak (Schweinsnackensteak) ist eine Scheibe aus dem Schweinenacken.

Formfleischerzeugnisse werden aus Fleischstücken nach mechanischer Vorbehandlung zur Freisetzung von Muskeleiweiß an den Oberflächen unter gleichzeitiger Auflockerung der Struktur (z. B. Poltern oder Tumbeln) auch unter Verwendung von Kochsalz oder Nitritpökelsalz hergestellt. Sie werden zu einer größeren Einheit (Stückware) zusammengefügt; sie behalten durch Hitze oder Gefrierbehandlung ihre neue Form. Der Gewebeverband der verwendeten Fleischstücke bleibt im wesentlichen erhalten. Formfleischerzeugnisse weisen unbeschadet des bei der Herstellung eventuell erforderlichen Salzgehaltes die gleiche Zusammensetzung auf wie Erzeugnisse aus gewachsenem Fleisch, denen sie nachgebildet sind. Der bei der Herstellung auftretende Muskelabrieb (aus freigesetztem Muskeleiweiß entstehende brätähnliche Substanz) übersteigt, soweit in den Leitsätzen nichts anderes angegeben wird, nicht den Wert von 5 Vol. % (bei Geflügelfleischerzeugnissen von 10 Vol. %) im verzehrfertigen zusammengefügten Fleischanteil. Bei der Herstellung wird kein gewolftes, gekuttertes oder in ähnlicher Weise zerkleinertes Fleisch verwendet.

> **Merke!**
>
> **Formfleischerzeugnisse** müssen auf Speisekarten, Preisverzeichnissen und Wochenplänen besonders kenntlich gemacht werden. Die Kenntlichmachung muß in gleicher Schriftgröße und in unmittelbarem Zusammenhang mit der Verkehrsbezeichnung des Produktes erfolgen, dem immer das Wort „Formfleisch" vorangestellt wird.

Zur Vermeidung einer Verwechslung von Formfleischerzeugnissen mit vergleichbaren Erzeugnissen aus gewachsenem

Fleisch wird in der Verkehrsbezeichnung das Wort „Formfleisch" vorangestellt und außerdem in unmittelbarer Verbindung mit der Verkehrsbezeichnung und in gleicher Schriftgröße darauf hingewiesen, daß die Fleischstücke zusammengesetzt sind (z. B. **Formfleisch-Schinken, aus Schinkenstücken zusammengesetzt, Formfleisch-Gulasch, aus Fleischteilen zusammengefügt**).

Merke:
Die Mitverwendung von Geflügelhaut ist nicht üblich.

Erzeugnisse aus gestückeltem Fleisch:
Frikassee enthält Stücke von gegartem Skelettmuskelfleisch von Kalb und/oder Geflügel und evtl. auch Kalbsbries sowie weitere stückige Zutaten wie Spargel und Champignons in einer hellen, mild gewürzten Soße. Sofern nicht sehnenarmes Formfleisch verwendet wird, können zur Sicherung der Saftigkeit Fleischeinlagen bei Kenntlichmachung bis zu einem Viertel aus einer sehnenarmen Farce (z. B. in Form von Klößchen) bestehen. Wird auf eine Tierart hingewiesen (z. B. Hühnerfrikassee), so ist nur Fleisch dieser Tierart verwendet worden.

Frikassee-Fertigerzeugnisse enthalten gegarte Fleischeinlagen in folgenden Mengen:

a) Bei „Frikassee" ohne Hinweis auf Gemüseeinlagen in der Bezeichnung
mindestens 30 %
b) Bei „Frikassee" mit einem Hinweis auf Gemüseeinlagen in der Bezeichnung
mindestens 25 %
(z. B. **Hühnerfrikassee mit Spargel** oder **Kalbsfrikassee mit Gemüseeinlagen)**

Bei Verwendung von Formfleisch oder Mitverwendung von Farce ist jeweils der Mindestwert um 5 % absolut höher.

Ragout (...pfeffer) besteht aus gebratenen Fleischstücken in einer gewürzten Soße und weiteren Zutaten wie Gemüse oder Pilzen. Wird auf eine Tierart hingewiesen (z. B. **Schweinsragout, Kalbsragout, Hasenpfeffer)**, so ist nur das Fleisch dieser Tierart verwendet worden. Auf die Verwendung von Innereien wird hingewiesen (z. B. **Zungenragout, Nierenragout).**

Ragout fin ist ein Ragout aus Kalbfleisch mit einem Zusatz von Geflügelfleisch (Brust, Keule ohne Haut), teilweise auch Kalbsbries und Kalbszunge. Sofern kein Formfleisch verwendet wird, kann der Fleischanteil bis zu 40 % aus einer sehnenarmen

Farce bestehen, die unter Verwendung von Sahne und Hühnerei bzw. -eigelb aus Kalbfleisch und Geflügelfleisch (auch mit anteilmäßiger Haut) hergestellt wird. Als Zutaten werden Champignons verwendet. Bei „Ragout fin", bei dem in der Bezeichnung auf die Verwendung von Geflügelfleisch hingewiesen wird, überwiegt der Geflügelfleischanteil. Der Fleischanteil beträgt im Fertigerzeugnis 35 %. Eine Verwendung von Formfleisch oder von Farce wird nicht kenntlich gemacht.

Würzfleisch ist ein Ragout-fin-artiges Erzeugnis aus grob entfettetem Schweinefleisch oder aus Geflügelfleisch (Brust und Keule ohne Haut!). Der Fleischanteil kann bis zu 40 % aus einer sehnenarmen Farce bestehen. Als Zutaten werden Champignons verwendet. Der **Fleischanteil** im Fertigerzeugnis beträgt **35 %**.

Fleischspieße (Zigeunerspieße, Dragonerspieße, Jägerspieße) enthalten Stücke grob entsehnten Rindfleisches und grob entfetteten Schweinefleisches sowie würzende Beigaben (z. B. Zwiebeln, Paprikaschoten, Gurken). Für den Fleischanteil von **Filetspießchen** werden nur Teile aus dem Filet verwendet. In rohem Zustand bestehen die Spieße mindestens aus 2/3 Fleisch und höchstens 1/3 würzenden Beigaben.

Geflügelfleisch- und Wildfleischspieße bestehen in rohem Zustand durchschnittlich zu 65 % aus Geflügel- bzw. Wildfleisch, zu 15 % aus Speck und zu 20 % aus würzenden Beigaben.

Schaschlik enthält neben Stücken grob entsehnten Rindfleisches und grob entfetteten Schweinefleisches auch fettgewebereiches Schweinefleisch oder Speck, würzende Beigaben, z. T. auch Leber und Nieren. In rohem Zustand kann Schaschlik bis zu 20 % Leber und/oder Nieren sowie bis zu 30 % würzende Beigaben enthalten.

Füllungen von Kohlrouladen und Paprikaschoten enthalten in der frischen Füllmasse mindestens 70 % Rohfleisch.

Frikadellen, Bratklopse, Bouletten siehe unter Hackfleischerzeugnisse.

Füllungen von Paprikaschoten mit weiteren Zusätzen (z. B. Reis-Fleischfüllungen) enthalten mindestens 40 % Rohfleisch in der frischen Füllmasse.

Merke!

Fleischspieße, Schaschlik und ähnliche Erzeugnisse unterliegen im rohen Zustand der Hackfleisch-VO. Lagertemperatur 4 °C und Verbrauchsfristen beachten.
Anteile an Magerfleisch, Speck und Innereien regional stark schwankend! **Ortsüblichkeiten und Verkehrsauffassungen beachten.**

Merke!

Der Begriff **„fein"** bedeutet bei Fleischerzeugnissen stets Spitzenqualität. Der Zerkleinerungsgrad muß mit Hinweisen wie „feinzerkleinert", „feingewiegt" etc. angegeben werden.

„Würstchen im Schlafrock" enthalten eine Bratwurst im Teigmantel (Blätterteig).

Fleischsalat enthält mindestens 25 % Fleischbrät. Bei Hinweisen wie „feinst", „prima", „Delikateß-" o. ä. muß der Fleischbrätanteil mindestens 33 % betragen.

Welche Fleischerzeugnisse dürfen mit Konservierungsstoffen behandelt werden?

1. Burger meat mit einem Gemüseanteil von mindestens 40 %, Breakfast sausages und Longaniza fresca sowie Butifarra fresca (Rohwürste) dürfen geschwefelt werden.
2. Zur Oberflächenbehandlung von getrockneten Fleischerzeugnissen dürfen Sorbinsäure, Benzoesäure und PHB-Ester einzeln oder in Kombination verwendet werden.
3. Bei Gelatineüberzügen von getrockneten, gekochten oder gepökelten Fleischerzeugnissen und Pasteten dürfen Sorbinsäure und PHB-Ester einzeln oder in Kombination verwandt werden.
4. Bei getrockneten, gepökelten Würsten darf die Oberfläche mit Natamycin behandelt werden.
5. Füllungen von Ravioli und ähnlichen Erzeugnissen dürfen Sorbinsäure enthalten.

Merke!
Bei Feinkostsalaten, Senf und Würzmitteln auf evtl. Vorhandensein von Konservierungsstoffen achten! Deklarationspflicht!

Hinweis:
In allen Fällen müssen die Konservierungsstoffe deklariert (Speisekarte, Wochenpläne etc.) werden.

Sind Farbstoffe bei Fleisch und Fleischerzeugnissen erlaubt?
Fleisch darf grundsätzlich nicht gefärbt werden!
Im Zuge der Harmonisierung des Zusatzstoffrechts sind bei **Wurst, Pâté** und **Schüsselpasteten** die **Farbstoffe** Kurkumin (E 100), Echtes Karmin (E 120), Zuckerkulöre (E 150 a, b, c, d), Carotine (E 160 a), Paprikaextrakt (Capsanthin, Capsorubin E 160 c) und Beetenrot (E 162) **zugelassen.**

Luncheon Meat darf mit Allurarot AC (E 129) gefärbt werden.

In allen Fällen ist Kenntlichmachung „mit Farbstoff" (Speisekarte, Wochenpläne etc.) erforderlich.

Hackfleisch und Hackfleischerzeugnisse

Allgemeines

Durch das Zerkleinern des Fleisches entsteht eine große Oberfläche, die den Mikroorganismen sehr gute Angriffsmöglichkeiten bietet. Das Material ist für Kleinlebewesen ein ideales Nährmedium. Es tritt deshalb schon nach kurzer Zeit Verderb ein. Wegen der teilweisen Giftigkeit der Stoffwechselprodukte kann der Verzehr verdorbenen Fleisches zu Gesundheitsschädigungen führen.

Es war deshalb erforderlich, für die Behandlung dieser leicht verderblichen Lebensmittel eine Sonderregelung zu schaffen (Hackfleischverordnung).

> **Merke:**
> Die Bestimmungen der Hackfleischverordnung gelten nur für Erzeugnisse, die sich ganz oder teilweise in rohem Zustand befinden.

Welche Produkte unterliegen dieser Regelung?

1. Zerkleinertes Fleisch wie Hackfleisch, Schabefleisch, Gehacktes, zubereitetes Mett, Geschnetzeltes, Kebab, Gyros.
2. Erzeugnisse aus zerkleinertem Fleisch wie Fleischfüllungen, Frikadellen, Fleischklöße, Fleischklopse, Cevapcici.
3. Bratwürste, Fleischbrät, Brühwurst- und Rohwurst-Halbfabrikate, die zur Abgabe an Verbraucher bestimmt sind.
4. Zerkleinerte Innereien wie Leberhack oder Erzeugnisse mit einem Anteil davon.
5. Fleischzuschnitte wie Steaks, Filets, Schnitzel, die mit Mürbeschneidern (Steakern) behandelt worden sind.
6. Schaschlik und ähnliche Produkte (gestückeltes Fleisch oder gestückelte Innereien auf Spießen).
7. Gewürfeltes oder gestückeltes Fleisch zur Herstellung von Hackfleisch, Schabefleisch oder zubereitetem Mett.
8. Zerkleinertes Fleisch zur Herstellung von Fleischfüllungen, Fleischklopsen, Frikadellen, Fleischklößen und ähnlichen Erzeugnissen.
9. Zerkleinertes Fleisch zur Herstellung von Bratwürsten.

Anmerkung:

Zu den vorgenannten Erzeugnissen (ausgenommen Brühwursthalbfabrikate) ist der Zusatz von Nitritpökelsalz gemäß Hackfleisch-VO verboten. Diese einschränkende Bestimmung steht nicht im Einklang mit dem EG-Recht. Eine Anpassung der nationalen Vorschriften an das EG-Recht ist bisher versäumt worden.

Merke:
Herstellungstag = Datum! Nicht identisch mit Zeitraum von 24 Stunden.
Beispiel: Hackfleisch, hergestellt am 1.3. gegen 17.00 Uhr, darf nur am 1.3. bis Geschäftsschluß verkauft werden. Bratwurst oder Schaschlik, hergestellt am 1.3., dürfte noch am 2.3. verkauft bzw. müßte am 2.3. bis Geschäftsschluß verarbeitet werden.

Wie lange dürfen die oben angeführten Erzeugnisse vorrätig gehalten werden?
Alle unter den Ziffern 1, 2, 4 und 5 aufgeführten Produkte dürfen nur am Tag der Herstellung in den Verkehr gebracht werden. Die unter den Ziffern 3, 6, 7, 8 und 9 aufgeführten Produkte dürfen auch noch am Tag, der auf die Herstellung folgt, in den Verkehr gebracht bzw. müssen spätestens dann verarbeitet werden.

Sonderregelungen für tiefgefrorene Erzeugnisse
Die Frist („verbrauchen bis ...") für das Inverkehrbringen dieser Produkte darf sechs Monate vom Tag der Herstellung an nicht überschreiten.
Hackfleisch, auch zubereitet, das aus ganz oder teilweise aufgetautem Fleisch hergestellt worden ist, darf tiefgefroren nicht in den Verkehr gebracht werden.

Was muß mit den Erzeugnissen nach Ablauf der Fristen geschehen?
Die Erzeugnisse müssen unverzüglich entweder zum Genuß für den Menschen unbrauchbar gemacht oder einer Behandlung unterworfen werden, daß sie sich nicht mehr im rohen Zustand befinden.

Welches Fleisch ist nicht mehr roh?
a) Erhitztes (gebratenes, gebrühtes, gekochtes) Fleisch oder Fleischerzeugnisse (vollständige Durcherhitzung – Eiweißkoagulierung – erforderlich).
b) Gepökeltes und umgerötetes Fleisch (Vorgänge müssen abgeschlossen sein), auch in Verbindung mit Trocknung und Räucherung, bei Rohwursterzeugnissen mit Reifung.
c) Getrocknetes oder geräuchertes Fleisch, dessen Wasseraktivität (a_W-Wert) 0,90 nicht überschreitet.
d) Zerkleinertes Fleisch, das zur Verlängerung der Haltbarkeit in saure, gewürzhaltige Beizen (Aufgüsse) eingelegt wurde.

Merke:
Hackfleisch und Erzeugnisse daraus nicht selbst einfrieren! (Bedingungen sind i. d. R. nicht einzuhalten.)

Achtung!
Beizen müssen einen pH-Wert unter 5 besitzen, da sie sonst nicht die erforderliche Wirksamkeit gegen Bakterien aufweisen.

Lagerungsbedingungen und Temperaturanforderungen
Die in den Ziffern 1 bis 9 aufgeführten Produkte dürfen bei Beförderung und Lagerung + 4 °C nicht überschreiten. Ist die

Ware zum alsbaldigen Verzehr für den Verbraucher bestimmt (Angebot in gekühlter Schautheke), dürfen die Temperaturen kurzfristig maximal bis + 7 °C ansteigen.

Bei tiefgefrorenen Erzeugnissen darf die Temperatur –18 °C nicht überschreiten. Eine kurzfristige Erhöhung beim Be- und Entladen von Transportmitteln und Angebot zum Direktverkauf bis auf –15 °C ist zulässig.

Merke:
Verbrauchsdaten und Temperaturen bei Anlieferung prüfen. Hackfleischerzeugnisse und Erzeugnisse, die Hackfleisch enthalten, **stets frisch zubereiten, stets gut kühlen.** Auf die Aufbewahrungsfristen achten. Bei diesen Erzeugnissen ist exakte Planung und Vorbereitung erforderlich.

Sonderregelungen
Neben den unter den Ziffern 1 bis 9 aufgeführten Produkten sind noch **Erzeugnisse**, die **aus besonders dafür zugelassenen Betrieben** stammen, im Handel. Diese Betriebe müssen besondere Hygieneanforderungen, die in der Fleischhygiene-VO festgelegt sind, erfüllen.
So muß Hackfleisch, das in Fertigpackungen abgegeben werden soll, innerhalb von einer Stunde eine **Innentemperatur von höchstens + 2** °C erreicht haben. Zur Beschleunigung der Kühlung darf eine geringe Menge tiefgefrorenes Fleisch bei der Herstellung eingesetzt werden. Die Ware muß bei **+ 2** °C gelagert und befördert werden. Außerdem muß ein derartiges Hackfleisch bestimmte, **sehr strenge mikrobiologische Kriterien erfüllen.**
Das unter diesen besonderen Bedingungen hergestellte, gelagerte und beförderte Hackfleisch muß mit einem **Verbrauchsdatum** versehen sein (im Gegensatz zu üblichem Hackfleisch ist das länger als der Tag der Herstellung!).
Auch der Abnehmer muß die Ware – max. bis Ende Verbrauchsdatum – bei + 2 °C lagern.
Nach dem Öffnen der Packung gelten die für Hackfleisch üblichen Bedingungen und Fristen, d. h. Verbrauch bzw. Verarbeitung muß am gleichen Tag der Öffnung der Packung erfolgen.

Besondere Anforderungen an Geräte
Die Geräte zur Zerkleinerung von Frischfleisch müssen täglich mindestens mittags und abends gründlich gereinigt werden, d. h. Auseinandernehmen der Geräte und reinigen.

Merke:
Falls desinfiziert wurde: Intensives Nachspülen mit Trinkwasser nicht vergessen!

Unterliegt die Herstellung und Abgabe von Hackfleisch und ähnlichen Erzeugnissen durch Gaststätten und Einrichtungen zur Gemeinschaftsverpflegung Beschränkungen?
Die Erzeugnisse aus zerkleinertem Fleisch (Ziffern 1 bis 9) dürfen <u>nur</u> zum Zwecke der Abgabe als <u>„verzehrsfertig hergerichtete Speisen"</u> hergestellt und behandelt werden.

Merke:
Voraussetzung für die Herstellung ist ein Gastraum und eine räumlich abgetrennte Küche, die den Bestimmungen der LMHV entspricht. Die Küche soll dem Publikumsverkehr nicht zugänglich sein, und die Einrichtung muß eine sachgerechte Behandlung der Erzeugnisse gewährleisten. Eine nachteilige Beeinflussung der Produkte muß auf jeden Fall vermieden werden.

Ausnahmen bei Betrieben, die den nebenstehenden Anforderungen (Gastraum und abgetrennte Küche) nicht genügen:
Es dürfen nur Fleischklopse, Bouletten, Frikadellen, Bratwürste, Schaschlik (Fleischspieße, gestückelte Innereien) auf Spießen, Steaks, Filets und Schnitzel, die mit Mürbeschneidern behandelt wurden, be- und verarbeitet werden. Sie müssen vor Abgabe zum Verzehr durcherhitzt (gebraten, gekocht, gebrüht) worden sein. Die Erzeugnisse, für die diese Ausnahme gilt, müssen von einem Betrieb bezogen werden, der zur Herstellung von Hackfleischerzeugnissen berechtigt ist.

Voraussetzung für die Ausnahme ist ferner, daß der Betrieb über entsprechende Einrichtungen verfügt, die eine sachgemäße Behandlung der Erzeugnisse (Vermeiden nachteiliger Beeinflussung) gewährleisten.

Auf die Einhaltung der Temperaturen und der Fristen für das Bearbeiten und Inverkehrbringen wird besonders hingewiesen.

Welche Regelung besteht bei Abgabe im Rahmen der Selbstbedienung?
Verzehrfertig hergerichtete Erzeugnisse (z. B. Brötchen mit Thüringer Mett oder zubereitetem Schabefleisch, Tatar) dürfen in Selbstbedienung abgegeben werden, wenn sie so verpackt sind, daß eine nachteilige Beeinflussung ausgeschlossen werden kann. (Temperaturen beachten!)

Merke:
Automatenverkauf von Erzeugnissen, die der Hackfleischverordnung unterliegen, ist verboten!
Es sei nochmals betont, daß der Hackfleischverordnung nur solche Erzeugnisse aus zerkleinertem Fleisch unterliegen, die sich ganz oder teilweise in rohem Zustand befinden.

Welche Anforderungen bestehen für die Herstellung und die Zusammensetzung solcher Erzeugnisse?
Die Bestimmungen der Hackfleisch-VO über die Zusammensetzung der Hackfleischerzeugnisse wurden aufgehoben. Da die Zusammensetzung eines Großteils der Produkte aber in den Leitsätzen für Fleisch und Fleischerzeugnisse des Deutschen Lebensmittelbuches festgelegt wurde und sich für die anderen Erzeugnisse aufgrund der jahrelang geltenden Bestimmungen ein reeller Handelsbrauch und eine gefestigte Verbrauchererwartung gebildet hat, ändert die Aufhebung dieser Bestimmungen für den Praktiker nichts.

Kopffleisch, Beinfleisch, Fleisch der Schnittstellen zwischen Kopf und Hals sowie der Stichstelle, Zwerchfellmuskulatur, Bauchmuskulatur, Knochenputz oder mittels Seperatoren abgetrenntes Fleisch dürfen zur Herstellung von Hackfleisch und Schabefleisch, auch zubereitet, oder geschnetzeltem

Fleisch nicht verwendet werden. Knochenputz oder Separatorenfleisch darf auch bei den anderen Hackfleischerzeugnissen (s. vor: Ziffern 2–9) nicht verarbeitet werden.

Bei den nachfolgenden Angaben bedeutet
BEFFE: bindegewebseiweißfreies Fleischeiweiß
BEFFE/FE: bindegewebseiweißfreies Fleischeiweiß im Fleischeiweiß (chemisch ermittelt)

1. Hacksteak
BEFFE: nicht unter 11,5 % (in zubereitetem, rohem Zustand).
BEFFE/FE: nicht unter 80 %.
Der Fleischanteil in der fertig gewürzten und gegebenenfalls mit Zwiebeln versetzten Rohmasse beträgt mindestens 80 %. Binde- und Auflockerungsmittel sind nach den Leitsätzen des Deutschen Lebensmittelbuches zulässig.

Anmerkung:
Es ist durchaus umstritten, ob die Leitsätze in diesem Fall die Verkehrsauffassung bzw. Verbrauchererwartung wiedergeben, da die Verwendung von Binde- und Auflockerungsmitteln bei Hacksteak eindeutig im Widerspruch zu einer Entscheidung des Oberlandesgerichtes Koblenz steht. Würde man den Leitsätzen folgen, bestände praktisch kein Unterschied zwischen Frikadelle und Hacksteak.

2. Deutsches Hackbeefsteak
BEFFE: nicht unter 14 %.
BEFFE/FE: nicht unter 85 %.
Mindestens 80 % Fleischanteil in der fertig gewürzten und gegebenenfalls mit Zwiebeln versetzten Rohmasse.
Binde- und Auflockerungsmittel.

3. Hamburger, Beefburger
BEFFE: nicht unter 13,5 %.
BEFFE/FE: nicht unter 75 %.
Keine Bindemittel!

4. Schabefleisch, Beefsteakhack, Tatar
BEFFE: nicht unter 18 %.
BEFFE/FE: nicht unter 90 %.
Fettgehalt: maximal 6 %.

5. Rinderhackfleisch, Rindergehacktes, Rindergewiegtes
BEFFE: nicht unter 13,5 %.
BEFFE/FE: nicht unter 75 %.
Fettgehalt: maximal 20 %.

6. Schweinehackfleisch, Schweinemett, Schweinegehacktes, Schweinegewiegtes
BEFFE: nicht unter 11 %.
BEFFE/FE: nicht unter 75 %.
Fettgehalt: maximal 35 %.

Merke!
Bei Verwendung von Paniermehl entsprechend weniger Bindemittel einsetzen.

7. Gemischtes Hackfleisch, Halb und Halb
BEFFE: nicht unter 12 %.
BEFFE/FE: nicht unter 75 %.
Fettgehalt: maximal 30 %.

Anmerkung zu den Ziffern 4 bis 7:
Die Grenzwerte beziehen sich auf das Ausgangsmaterial. Bei zubereiteten Erzeugnissen (zum Rohverzehr bestimmt) dürfen nur Salz, Zwiebeln und Gewürze – bei Tatar auch Eigelb – verwendet werden. Zubereitetes Schweinehackfleisch wird auch unter der Bezeichnung Hackepeter und Thüringer Mett vertrieben.

Wichtig: Schabefleisch, Rinderhackfleisch, Rindergehacktes, Rindergewiegtes, Schweinehackfleisch, Schweinemett, Schweinegehacktes, Schweinegewiegtes, Gemischtes Hackfleisch, Halb und Halb und Hamburger, Beefburger (sie enthalten Gewürze und Salz) enthalten ansonsten **keine weiteren Zutaten.**

8. Frikadelle, Boulette, Bratklops, Fleischküchle, Fleischpflanze(r)l, Hackbraten (Falscher Hase), Fleischkloß, Fleischklößchen, Fleischklops, Fleischknödel, Fleischbällchen
sind Synonyma. Die Produkte werden aus grob entfettetem Schweinefleisch und grob entsehntem Rindfleisch unter Verwendung von Binde-, Auflockerungsmitteln, Gewürzen und ggf. Zwiebeln hergestellt. Sie sind **nicht umgerötet** und zum Verzehr im gegarten Zustand bestimmt.
BEFFE (im rohen Fleischanteil): nicht unter 11,5 %.
BEFFE/FE (im rohen Fleischanteil): nicht unter 75 %.
Stärke i.Tr. (im Fertigerzeugnis): nicht über 25 %.

Bei Erzeugnissen aus **geworftem** oder **ähnlich zerkleinertem Fleisch** ist ein **Zusatz von Brät nicht üblich.** Der bei der Herstellung ggf. entstehende **Muskelabrieb** (aus freigesetztem Muskeleiweiß entstehende brätähnliche Substanz) wird **kenntlich gemacht** – ausgenommen Geflügelfleisch –, wenn er **20 Vol. %** überschreitet.

9. Fleischspieße, Zigeunerspieße, Jägerspieße
siehe unter Fleischerzeugnisse

10. Geflügelfleisch- und Wildfleisch-Spieße
siehe unter Fleischerzeugnisse

11. Schaschlik, schaschlikähnliche Erzeugnisse
siehe unter Fleischerzeugnisse

12. Frische, grobe (rohe) Bratwurst, Schweinsbratwürstchen, Schweinewürstchen, fränkische Bratwurst, Pfälzer Bratwurst, Hessische Bratwurst, Thüringer Bratwurst, Nürnberger Rostbratwurst, Treuchtlinger Bratwurst, Rheinische Bratwurst grob
siehe unter Fleischerzeugnisse

13. Fein zerkleinerte, frische Bratwurst, Rheinische Bratwurst, Schlesische Bratwurst, Rostbratwurst
siehe unter Fleischerzeugnisse

14. Mett im Blätterteig
Besteht aus zubereitetem Hackfleisch (Thüringer Mett) ohne stärkehaltige Bindemittel und/oder sonstige Zusatzstoffe in Blätterteig eingebacken.

15. Döner Kebab (Kebap)
Hergestellt aus dünnen Fleischscheiben grob entsehnten Schaf- und/oder Rindfleisches, auf Drehspieß aufgesteckt. Ein mitverarbeiteter **Hackfleischanteil** aus grob entsehntem Schaf- und/oder Rindfleisch beträgt **höchstens 60 %.**
Außer Salz, Gewürzen sowie ggf. Eiern, Zwiebeln, Öl, Milch und Joghurt enthält das Produkt keine weiteren Zusätze.
BEFFE (im rohen Fleischanteil): nicht unter 14 %.
BEFFE/FE (im rohen Fleischanteil): nicht unter 75 %.

Fische und Fischerzeugnisse

Merke!
Frischfisch stets bei 0 °C (auf Eis!) lagern.

Allgemeines
Für diese Produktgruppe bestehen neben den Mindestanforderungen, die in den Leitsätzen des Deutschen Lebensmittelbuches festgelegt wurden, Richtlinien der Herstellerverbände, die von den Verantwortlichen im GV- und Gastronomiebereich beachtet werden müssen. In der Anlage zu den „Leitsätzen für Fische, Krusten-, Schalen- und Weichtiere und Erzeugnisse daraus" findet sich ein vollständiges Verzeichnis der Fische (wissenschaftlicher Name, Verkehrsbezeichnung, internationale Handelsbezeichnung und Hauptvorkommen).

Frischfisch: Auf Nematoden achten! Besonders im Bauchbereich bei Heringen, Sprotten, Bücklingen und Makrelen wurden Nematoden gefunden. Teile, die Nematoden enthalten, sofort entfernen. Vorsicht! Von einwandfreier Ware getrennt halten.

Merke!
Bei Frisch- und Räucherfisch auf Nematoden achten!

Bei den **Zutaten** für Fischerzeugnisse bestehen folgende Mindestanforderungen:

Cremes sind Saucen mit mindestens 20 % Fett.

Tomatensaucen und -cremes enthalten mindestens 20 % Tomatenmark mit einem Gehalt von 36 % kochsalzfreier Trockensubstanz.

Sahnesaucen und -cremes (Rahmsaucen) müssen mindestens 20 % Sahne (Rahm) enthalten, berechnet auf 10 % Milchfett. Das heißt, im Fertigprodukt müssen mindestens 2 % Milchfett nachweisbar sein.

Buttersaucen und -cremes sollen mindestens 5 % Butterfett enthalten.

Weinsaucen und -cremes müssen mit mindestens 20 % Wein hergestellt sein.

Saucen und Cremes mit Mayonnaise oder mayonnaiseähnlichen Erzeugnissen enthalten mindestens 50 % dieser Erzeugnisse. Dabei ist zu beachten: **Mayonnaise** enthält mindestens 80 % Öl, keine Verdickungsmittel und 7,5 % Eigelb, bezogen auf den Fettgehalt.

Salatmayonnaise enthält mindestens 50 % Öl, Verdickungsmittel sind zulässig.

Surimi: zerkleinertes, mit Wasser gewaschenes Fischmuskelfleisch ohne Faserstruktur.
Hinweis: Unter dieser Bezeichnung sind Imitate im Handel (siehe Erzeugnisse aus Surimi)!

Remoulade: wie Mayonnaise, sie enthält Kräuter und/oder zerkleinerte, würzende Pflanzenteile.

> **Merke:**
> „Salatmayonnaise" darf auf Speisekarten, Preisverzeichnissen usw. nicht als „Mayonnaise" bezeichnet werden.

Marinaden

Rollmops, Bratrollmops, Rollmops in Gelee, Räucherrollmops: Die Würzbeigaben dürfen 20 % des Rollmopsgewichts nicht übersteigen.

Heringsfilets in Sahnesoße: Tunke enthält mindestens 2 % Milchfett.

Sahne-Hering, Sahne-Heringsfilets: Wird das Wort „Sahne" vor die Verkehrsbezeichnung gestellt, enthält die Soße mindestens 4 % Milchfett (aus der Verwendung von Sahne oder Rahm).

Heringsstip enthält mindestens 50 % Heringsfleisch, höchstens 10 % Zwiebeln, Gurken und/oder Sellerie.

> **Merke:**
> Wird in der Bezeichnung auf die Verarbeitung von Mayonnaisen hingewiesen, z. B. „Heringssalat mit Mayonnaise", muß die Mayonnaise den Begriffsbestimmungen entsprechen.

Heringssalat: mindestens 20 % Heringsfleisch.
Heringssalat „1 a", „fein", „prima", „Delikateß-" usw.: mindestens 25 % Heringsfleisch.

Marinaden in Aufgüssen, Saucen und Mayonnaisen: mindestens 50 % Fischanteil.

Fischzubereitungen aus Marinaden mit einem Anteil an stükkigen Beilagen anderer Lebensmittel: mindestens 35 % Fischanteil (z. B. Heringstopf mit Gurken).

Bratfisch (Backfisch): Panadeanteil nicht festgelegt: 30 bis 35 % handelsüblich.

Kochfisch in Gelee oder Aspik: mindestens 50 % Fischanteil.

Fischsülze: mindestens 60 % Fischanteil.

Bei unverpackten **Kochfischwaren in Gelee oder Aspik in Halbkugelportionsform:** Fischanteil mindestens 30 %.

Fischklöße, Fischklops, Fischbällchen, Fischfrikadellen: mindestens 50 % Fischanteil.

Andere Fischerzeugnisse (außer Kochfisch) in Gelee: Fischanteil mindestens 50 %.

Vorgerichte oder **Hors d'œuvre:** mindestens 35 % Fischanteil.

Fischdauerkonserven (mindestens 1 Jahr haltbar)

Fischerzeugnisse in Öl und eigenem Saft: Die Fischeinwaage beträgt mindestens 75 %.

Merke:
Seelachs, -scheiben, -schnitzel, -paste **(Lachsersatz) muß als Ersatzprodukt gekennzeichnet sein.**

Fischerzeugnisse in Soßen, Tunken und Cremes: Die Fischeinwaage beträgt mindestens 60 %.

Echter Caviar (Kaviar) aus verschiedenen Störarten gewonnen.
Malossol, weniger als 6 % Salz,
Beluga – Korngröße 1–2 mm, Glasware, blauer Deckel üblich
Osietra – Korngröße um 1 mm, Glasware, gelber Deckel üblich.
Sevruga – Korngröße unter 1 mm, Glasware, roter oder orangefarbener Deckel üblich
Lachscaviar, Ketacaviar aus Lachsarten gewonnen.
Forellencaviar aus Forellenarten gewonnen.
„Deutscher Caviar" aus .... Rogen in Verbindung mit der Verkehrsbezeichnung der Fischart, Salz weniger als 8,5 %, Zutaten zum Binden und Würzen, auch gefärbt.
Ausländische Erzeugnisse dieser Art werden unter Angabe der Rogenart in Verbindung mit dem Namen Caviar, z. B. **Seehasencaviar**, bezeichnet.

Fischerzeugnisse mit einem Anteil wertbestimmender stückiger Beilagen anderer Lebensmittel, die zusammen mit dem Fisch 65 % nicht unterschreiten: Die Fischeinwaage beträgt mindestens 50 %.

Heringe, Kleinheringe (Sild), Sprotten, Sardinen, Makrelen in Öl: Fischanteil mindestens 70 %.

- **im eigenen Saft und Öl, im eigenen Saft und Aufguß:** Fischanteil mindestens 65 %,
- **in Saucen, Tunken, Cremes:** Fischanteil mindestens 50 %.

Gebratene Heringe in Aufguß: Fischanteil mindestens 60 %.

Hartgesalzene Fische (z. B. Sardellen): Salzgehalt über 20 g/ 100 g Fischgewebswasser.

Tiefgefrorene Fischerzeugnisse

Panierte, vorgebratene Fischstäbchen: Fischanteil 65 % (Gewicht des einzelnen panierten Stäbchens 30 g).

Erzeugnisse aus Surimi:
Surimi wird aus Fischmuskelfleisch unter Zusatz von Bindemitteln, Zucker, Aromastoffen, anderen Zutaten, Zusatzstoffen und Färbung der Oberfläche nach Formung hergestellt. Es handelt sich vorwiegend um Imitate aus Krebstier- oder Weichtiererzeugnissen.
Verkehrsbezeichnung bei Surimiprodukten:
„Surimi, . . .**-Imitat aus Fischmuskelfleisch geformt.**" Es wird jeweils das imitierte Produkt eingesetzt, z. B. Krebsfleisch-, Crabmeat-, Tintenfisch-Imitat.

Merke!
Imitate stets exakt auf Speisekarten und Wochenplänen kenntlich machen!

Dürfen Fischerzeugnisse gefärbt werden?
Aufgrund der Neuregelung des Zusatzstoffrechts wurden für Räucherfisch, Fischpasten und -rogen und Surimi eine Anzahl von Farbstoffen zugelassen, deren Vorhandensein den Hinweis „mit Farbstoff" erfordert.

Auf welche weiteren Zusatzstoffe ist bei Fischerzeugnissen zu achten?

1. Viele Fischerzeugnisse, einschließlich Fischrogenerzeugnisse, insbesondere Marinaden, Feinkostsalate und deren Tunken enthalten **Konservierungsstoffe.**
2. Bei eingelegten Heringen und Sprotten sind zudem Kalium- und Natriumnitrat (E 251, 252) zur Konservierung zugelassen.
3. Bei haltbar gemachten oder teilweise haltbar gemachten Fischerzeugnissen sowie bei Fischen mit roter Haut (gefroren oder tiefgefroren) muß mit dem Vorhandensein von **Isoascorbinsäure** und/oder deren Natriumsalz als **Antioxidationsmittel** (Deklarationspflicht!) gerechnet werden.

4. In Tunken, Cremes und Soßen werden häufig **Geschmacksverstärker und** auch **Antioxidationsmittel** eingesetzt. Für beide Zusatzstoffgruppen besteht Deklarationspflicht in der bekannten Weise mit dem Hinweis „mit Geschmacksverstärker" bzw. „mit Antioxidationsmittel".
5. Zur Konservierung von **Kaviar** (Störrogen) sind **Borsäure** und Borax erlaubt. Wie bei allen anderen Konservierungsstoffen muß auch hier nicht die Art des Zusatzstoffes (Borsäure), sondern auf der Speisekarte der übliche Hinweis **„mit Konservierungsstoff"** angebracht werden.

Merke:!
Produkte mit der Bezeichnung „... in Mayonnaise" (z. B. Krabben in Mayonnaise) oder „... in Sauce" (z. B. in Dillsauce) müssen mindestens 50 % Krabbenfleisch enthalten.

Krebs-, Weichtiere und Erzeugnisse daraus

In der Anlage zu den „Leitsätzen für Fische, Krusten-, Schalen- und Weichtiere und Erzeugnissen daraus" findet sich ein vollständiges Verzeichnis der Krebstiere (wissenschaftlicher Name, Verkehrsbezeichnung, internationale Handelsbezeichnung und Hauptvorkommen).

Krabben (bzw. handelsübliche Bezeichnung der Krebstierart) **in Mayonnaise, mayonnaiseähnlichen Erzeugnissen oder Soßen:** mindestens 50 % Krabbenfleisch.

Krabbensalat: mindestens 40 % Krabbenfleisch.

Krabben in Gelee: mindestens 35 % Krabbenfleisch.
Die Mengenangaben gelten nicht für andere Krebstierarten.

Krebsbutter: aus Auszügen von gekochten Süß- oder Salzwasserkrebsen, ihren Teilen oder Krebsmehl, gelöst in mindestens 70 % reinem Butterfett, unter Zusatz von Pflanzenfett und Gewürzen, Wassergehalt max. 2 %.

Hinweis:
Imitate (Ersatz-, Substitutionsprodukte) im Handel! Z. B. „Ocean-Sticks", „Surimi" hergestellt aus Pollock-(Seelachs-)Paste, Stärke, Phosphat, Sorbit, Mehl, Geschmacksstoffen, Farbstoff. **Kenntlichmachung** auf der Speisekarte erforderlich.

Lebende Miesmuscheln in Schale: Sauber gewaschen und geschlossen. Evtl. geöffnete Schalen müssen sich auf Schlag weitgehend schließen.
Kochfertig gesäuberte Muscheln: einzeln getrennt, weitge-

hend frei von Bewuchs und Beschädigungen. Größe der Miesmuscheln mindestens 40 mm. Fleischanteil mindestens 18 %.
Miesmuscheln-, Austern-, Kammuschel-, Schnecken-, Tintenfisch-Fleisch in Gelee: Anteil an Weichtierfleisch mindestens 35 %.

Weichtierfleisch in Mayonnaise, Tunken, Soßen, Cremes: Weichtierfleischanteil mindestens 50 %.

Hinweis:
Krebs- und Weichtierfleisch muß praktisch frei von Sand sein, das heißt die salzsäureunlösliche Asche liegt unter 100 mg/kg.

Merke!
Krebs- und Weichtierfleisch stets sehr gut kühlen! Empfindliches Lebensmittel!

Suppen und Soßen

Allgemeines
Hier liegen Richtlinien des Verbandes der Suppenindustrie und der EG-Vereinigung der Suppenindustrie-Verbände vor. Die darin vertretene Verkehrsauffassung der Lebensmittelwirtschaft stellt das Mindestmaß dessen dar, was der Verbraucher erwarten darf. Aus den angeführten Beispielen und Beurteilungsmerkmalen läßt sich erkennen, daß die in diesen Richtlinien vertretenen Auffassungen mit den tatsächlichen Herstellungsbräuchen im GV- und Gastronomiebereich häufig nicht übereinstimmen.

Wichtig: Im Zuge der Neuregelung des Zusatzstoffrechts wurde auch für Geschmacksverstärker und Antioxidationsmittel die Kenntlichmachungspflicht auf Speisekarten und Wochenplänen etc. vorgeschrieben.
In vielen **Trockensuppen und -brühen, Saucen und Würzmitteln** sind diese **Zusatzstoffe vorhanden.**
Geschmacksverstärker werden bei der Zubereitung der Speisen, einschließlich Suppen und Soßen, auch im Gastronomiebereich selbst zugesetzt.

Merke!
Auf Kenntlichmachung von Geschmacksverstärkern und Antioxidationsmitteln achten!

Suppen und Saucen mit besonderem Hinweis auf die Einlage von Rindfleisch: mindestens 20 g/l Fleisch, bezogen auf Frischfleisch.

Die Europäischen Beurteilungsmerkmale kommen mit noch geringeren Mengen aus:
Fleischbrühe, -bouillon: mindestens 10 g Frischfleisch/l oder mindestens 0,67 g Fleischextrakt/l, höchstens 12,5 g Kochsalz/l.

Fleischconsommé: mindestens 15 g/l Frischfleisch oder mindestens 1 g/l Fleischextrakt, höchstens 12,5 g/l Kochsalz.

Merke:
Fleischklöße – nicht unbedingt ausschließlich als Suppeneinlage bestimmt – werden wie Fleischklopse und Frikadellen mit mindestens 70 % Fleisch wie gewachsen hergestellt. Es besteht kein Grund, kleine Fleischklößchen (als Suppeneinlage) anders herzustellen als Fleischklöße.

Hinweise auf erhöhte Anteile („mehr Fleisch", „viel Fleisch"): mindestens 80 g/l Fleisch, bezogen auf Frischfleisch.
Gleiche Mindestmengen müssen bei Hinweisen auf Einlagen von Geflügelfleisch eingesetzt werden.

Hinweis auf Speck, Bauchspeck oder Schinken: mindestens 4 g/l dieser Erzeugnisse in geräucherter Form.

Hinweise auf erhöhte Anteile („viel Speck"): mindestens 16 g/l in geräucherter Form.

Klößchen als Einlage bei Suppen sollen folgende Mindestanforderungen erfüllen:

Fleischklößchen: mehr als 50 % Fleisch, bezogen auf Frischfleisch.

Geflügelfleischklößchen: mehr als 50 % Fleisch, bezogen auf Frischfleisch.

Leberklößchen: mehr als 15 % Leber.

Markklößchen: mehr als 15 % Mark.

Schinkenklößchen: mehr als 15 % geräucherter Schinken.

Speckklößchen: mehr als 15 % geräucherter Speck.

Merke:
Bei **Erzeugnissen in trokkener** oder **Pastenform** ist ein Rahm- bzw. Sahnegehalt von mindestens 20 g/l Fett üblich. Ausreichend kenntlich machen, sofern dieser nicht 30 g/l Milchfett erreicht.

Klare Mockturtlesuppe: Einlage aus Kalbskopf von mindestens 20 g/l, bezogen auf Frischfleisch.

Suppen oder Saucen, bei denen auf einen Gehalt an Rahm, Sahne oder Butter hingewiesen wird, enthalten:
Rahmsuppen: mindestens 10 g/l Milchfett.
Rahm- und Sahnesaucen: mindestens 30 g/l Milchfett.
Buttersaucen: mindestens 30 g/l Butterfett.

Holländische Sauce synonym mit **Sauce Hollandaise:** Grundlage bilden Butter und Eigelb, keine Bindemittel, andere Fette und Farbstoffe. Gleiches gilt für Sauce Béarnaise und andere aus diesen Saucen hergestellte Produkte.

Hinweis:
Werden andere Fette **(Pflanzenfette)** und/oder Dickungsmittel, Farbstoffe etc. verwendet, ist **Kenntlichmachung** auf der Speisekarte (Abweichung von der Norm) **erforderlich,** z. B. „Sauce à la Hollandaise, mit Pflanzenfett", „nach Art der Sauce Hollandaise, mit Pflanzenfett".

Merke:
Für weitere Suppen und Saucen liegen – außer der Forderung nach Mindestgehalten an Kreatinin – keine exakten Forderungen über die Zusammensetzung vor. Hervorhebende Hinweise wie „Delikateß", „extra", „1 a" usw. sind nur gerechtfertigt, wenn die wertbestimmenden, namengebenden Bestandteile erhöht sind.

Gewürze und andere würzende Mittel

Gewürze und würzende Mittel sind für die Herstellung von Speisen von entscheidender Bedeutung. Die Lebensmittelbuchkommission hat die Leitsätze für Gewürze und würzende Mittel im August 1998 neu gefaßt. Es werden folgende Gruppen unterschieden:

1. Gewürze und Kräuter
2. Gewürzmischungen
3. Gewürzzubereitungen/Gewürzpräparate
4. Gewürzsalze
5. Präparate mit würzenden Zutaten
6. Gewürzaromazubereitungen
7. Gewürzaromasalze
8. Würzen
9. Würzmischungen
10. Würzsoßen

1. Gewürze und Kräuter
Gewürze sind Blüten, Früchte, Knospen, Samen, Rinden, Wurzeln, Wurzelstöcke, Zwiebel oder Teile davon; meist in getrockneter Form.

Kräuter sind frische oder getrocknete Blätter, Blüten, Sprossen oder Teile davon. Der Begriff „Gewürze" schließt auch Pilze ein, die wegen ihrer geschmack- und/oder geruchgebenden Eigenschaften verwendet werden. Die Qualität eines Gewürzes wird in der Regel nach Geruch und Geschmack geprüft und ist für jedes Gewürz charakteristisch. Verschiedene Provenienzien des gleichen Gewürzes können in ihrer Qualität deutlich voneinander abweichen. Bei einem Gewürz in einer Fertigpackung sollte der charakteristische Würzwert bis zum Ablauf des Mindesthaltbarkeitsdatums sensorisch deutlich ausgeprägt sein.

Der Wassergehalt trockener Gewürze soll nicht mehr als 12 % betragen, um das Verderben durch Schimmelwachstum oder Vermehrung von Schädlingen zu verhindern. Gewürze enthalten keine von Insekten angefressenen Anteile, Insektenteile, fremde Pflanzenteile oder weiteren sichtbaren Verunreinigungen, die über das technisch unvermeidbare Ausmaß hinausgehen.

Der Gehalt an ätherischem Öl ist in der Regel für die Beurteilung wertbestimmend, doch können auch andere geschmackgebende Stoffe für die Qualität maßgebend sein (z. B. Capsaicin bei Paprika oder Piperin bei Pfeffer). Die Gehalte an ätherischem Öl in einem Gewürz können sich je nach den Bedingungen beim Be- und Verarbeiten, z. B. Vermahlen, Abfüllen und Lagern, ändern bzw. vermindern; gleichzeitig kann sich auch die Zusammensetzung des ätherischen Öles ändern. Man kann deshalb von einem Gewürz in einer Fertigpakkung nicht auf die ursprüngliche Qualität in der verwendeten Rohware schließen.

Der Gehalt an Salz, Säure, unlöslicher Asche gibt Hinweise darauf, ob das Gewürz durch mineralische Bestandteile wie Erde und Sand über das technisch unvermeidbare Maß hinaus verunreinigt oder verfälscht ist. In der Anlage der Leitsätze sind für 45 häufig eingesetzte Gewürze und Kräuter die säureunlöslichen Aschegehalte festgelegt worden.

Merke!
Bei Gewürzmischungen, Gewürzzubereitungen und Präparaten mit würzenden Zutaten, die als Beizen für Hackfleisch oder Hackfleischerzeugnisse dienen sollen, pH-Wert beachten! (Muß kleiner als 5,0 sein, da sonst bakteriostatisch nicht wirksam.)

Gewürze werden nach ihrer Art bezeichnet, z. B. „Paprika, edelsüß" oder „Rosenpaprika". Ist der Zerkleinerungsgrad von Bedeutung, wird dieser zusätzlich angegeben. Unter „gerebelten Gewürzen" versteht man solche, die durch Abtrennen der Blätter und/oder Blüten von den trockenen Gewürzpflanzen gewonnen wurden.

2. Gewürzmischungen
Es handelt sich um Mischungen, die ausschließlich aus Gewürzen bestehen. Sie werden nach ihrer Art, z. B. „Kräuter der Provence", oder ihrem Verwendungszweck, z. B. „Gulaschgewürz", „Suppengewürz" etc., bezeichnet.

3. Gewürzzubereitungen/Gewürzpräparate
Hier handelt es sich um Mischungen von einem oder mehreren Gewürzen mit anderen geschmackgebenden und/oder geschmackbeeinflussenden Zutaten, evtl. auch unter Zusatz

technologisch notwendiger Stoffe. Sie enthalten mindestens 60 % Gewürze. Es werden auch Gewürzaromen (s. u.) verwendet. Die Bezeichnung erfolgt entweder nach ihrer Art, z. B. „Zwiebel-Pfeffer-Gewürzzubereitung", oder nach ihrem Verwendungszweck, z. B. „Gewürzzubereitung für Brathähnchen". Als Gewürzpräparate bezeichnet man Zubereitungen, die für die Abgabe an Weiterverarbeiter bestimmt sind, z. B. „Gewürzpräparat für Fleischwurst".

4. Gewürzsalze

Bei diesen Produkten liegen Mischungen von Speisesalz mit einem oder mehreren Gewürzen und/oder Gewürzzubereitungen, auch unter Verwendung von Würze (s. u.) vor. Der Anteil an Gewürzen sollte mindestens 15 % betragen und mehr als 40 % Speisesalz. Dabei ist das Verhältnis von Speisesalz zu Gewürzen so zu bemessen, daß in der Regel weder ein Nachsalzen noch ein Nachwürzen mit den betreffenden Gewürzen erforderlich ist. Auch hier erfolgt die Bezeichnung entweder nach ihrer Art, z. B. „Selleriesalz", „Kräutersalz", oder ihrem Verwendungszweck, z. B. „Brathähnchen-Gewürzsalz".

5. Präparate mit würzenden Zutaten

Bei diesen Präparaten liegen Mischungen von technologisch wirksamen Stoffen mit einem oder mehreren Gewürzen, anderen geschmackgebenden und/oder geschmackbeeinflussenden Zutaten und/oder Gewürzzubereitungen und/oder Gewürzaromen vor. Sie enthalten ausschließlich die für den angegebenen Zweck technologisch notwendigen Stoffe und die für eine ausreichende Würzung erforderlichen Zutaten. Die Bezeichnung erfolgt auch hier nach dem Verwendungszweck, z. B. „Präparat zur Reifung und Würzung von Rohwurst".

6. Gewürzaromazubereitungen

Gewürzaromazubereitungen sind solche, bei denen die Gewürze teilweise oder vollständig durch Gewürzaromen ersetzt sind. Gewürzaromen sind Produkte, die aus Gewürzen mit geeigneten Extraktionsmitteln gewonnen werden und nur Aromaextrakte und/oder natürliche Aromastoffe enthalten (siehe Aromenverordnung).

Liegen ausschließlich Gewürzextrakte vor, können sie auch als Gewürzextraktpräparat oder Gewürzextraktzubereitung bezeichnet werden. Ansonsten weist die Verkehrsbezeichnung auf den Verwendungszweck hin, z. B. „Gewürzaromazubereitung für Brathähnchen", oder auch Gewürzaromapräparat, z. B. „Gewürzaromapräparat für Fleischwurst".

7. Gewürzaromasalze
Hier liegen Gewürzsalze vor, bei denen die Gewürze teilweise oder vollständig durch Gewürzaromen (siehe 6.) ersetzt sind. Die Bezeichnung lautet hier z. B. „Kräuteraromasalz" oder als Hinweis für den Verwendungszweck z. B. „Gewürzaromasalz für Brathähnchen".

8. Würzen
Würzen sind flüssige, pastenförmige oder trockene Erzeugnisse, die den Geschmack und/oder auch Geruch von Suppen, Fleischbrühen und anderen Lebensmitteln beeinflussen. Sie werden durch Hydrolyse von eiweißreichen Stoffen (z. B. Sojaeiweiß, Kaseinen) hergestellt. Sie werden als „Würze", „Speisewürze", „Suppenwürze", „Sojasoße" etc. bezeichnet.

9. Würzmischungen
Hier handelt es sich um feste oder flüssige Erzeugnisse, die überwiegend aus Geschmacksverstärkern, Speisesalz, verkehrsüblichen Zuckerarten oder anderen Trägerstoffen bestehen; sie können außerdem Würzen sowie Hefe, Gemüse, Pilze, Gewürze, Kräuter und/oder Extrakte daraus enthalten.

Streuwürzen sind streufähige Würzmischungen. Auch hier erfolgt die Bezeichnung entweder nach ihrer Art, z. B. „Curry-Würzer", oder ihrem Verwendungszweck, z. B. „Grillwürzer", „Würzmischung für Spaghetti".

10. Würzsoßen
Hier liegen fließfähige oder pastenförmige Zubereitungen mit ausgeprägt würzendem Geschmack aus zerkleinerten und/ oder flüssigen Zutaten vor. Typische Würzsoßen, Würztunken oder Würzpasten sind „Chutney", „Cumberland-Sauce", „Curry-Soße", „Ketchup-Soße", „Pfeffer-Soße", „Relish", „Sambal", „Worchestersauce", „Barbecuesauce", „Grillsoße", „Sparerib-Soße" usw.

Merke:
Auf Kenntlichmachung von Geschmacksverstärkern und Antioxidationsmitteln achten.

Hinweis:
In Gewürzzubereitungen, Gewürzpräparaten, Präparaten mit würzenden Stoffen, Gewürzsalzen, Gewürzaromazubereitungen, Gewürzaromapräparaten, Gewürzaromasalzen, Würzen, Würzmischungen und Würzsoßen sind in der Regel **Ge-**

schmacksverstärker und sehr häufig **Antioxidationsmittel** enthalten, die auf diesem Weg in die zubereiteten Lebensmittel gelangen. Wenn diese Zusatzstoffe in den Lebensmitteln eine technologische Wirkung haben – was bei Geschmacksverstärkern in der Regel der Fall sein soll –, besteht **Kenntlichmachungspflicht** auf Speisekarten, Wochenplänen usw.

Bestrahlte Gewürze

Die Bestrahlung von Gewürzen ist in der Bundesrepublik nach wie vor verboten. In einigen Mitgliedsstaaten der EU ist die Bestrahlung erlaubt. Im Rahmen des § 47 LMBG wurde für eine Reihe von Gewürzen französischer Herkunft im Rahmen der Allgemeinverfügung die Zulassung für die Bundesrepublik ausgesprochen. Der Einsatz bestrahlter Gewürze unterliegt der Kenntlichmachungspflicht!

Tiefgefrorene Lebensmittel

Allgemeines

Mit der Verordnung über tiefgefrorene Lebensmittel (TLMV) wurden die entsprechenden EG-Richtlinien umgesetzt. Sie entsprechen weitgehend den Leitsätzen des Deutschen Lebensmittelbuches.

Was versteht man unter tiefgefrorenen Lebensmitteln?

Unter tiefgefrorenen Lebensmitteln versteht man Produkte, die eß- oder küchenfertig zubereitet und durch sehr tiefe Temperaturen für längere Zeit haltbar gemacht worden sind. Ihre spezifischen Eigenschaften und Werte (Frische, Nährwert, Vitamine usw.) sind weitgehend erhalten geblieben. Die Nahrungsmittel werden bei – 40 °C bis – 50 °C schockartig tiefgefroren.

Übliche Tiefkühleinrichtungen (Truhen, Schränke usw.) sind in der Regel nur zur Lagerung von Tiefkühlkost ausgelegt und eignen sich nicht zum Einfrieren von Lebensmitteln, da die erforderlichen tiefen Temperaturen nicht erreicht werden. Beim langsamen Gefrieren bilden sich in den Zellen größere Eiskristalle, und das Gewebe des Materials wird teilweise zerstört. Folge: Erhebliche Saftverluste beim Auftauen.

Hackfleischerzeugnisse dürfen nur unmittelbar nach der Herstellung tiefgefroren werden, wenn beim Gefriervorgang eine mittlere Gefriergeschwindigkeit von mindestens 1 cm in

Merke:
Hackfleisch und Hackfleischerzeugnisse nicht selbst einfrieren, sondern stets sofort verbrauchen!

der Stunde auf eine Kerntemperatur von – 18 °C erreicht wird. Das entspricht einer Kühltemperatur von – 35 °C bis – 40 °C. Die Packungen müssen allseitig fest verschlossen sein, gegebenenfalls evakuiert werden. Das Verpackungsmaterial muß weitgehend wasserdampf- und luftundurchlässig sein und eine Kälteverträglichkeit bis zu – 40 °C aufweisen.
Hackfleisch und Schabefleisch – auch zubereitet –, das aus ganz oder teilweise aufgetautem Fleisch hergestellt worden ist, darf tiefgefroren nicht in den Verkehr gebracht werden.
Die Bedingungen und Forderungen des Gesetzgebers zum Tiefgefrieren von Hackfleisch und Erzeugnissen daraus können im Gaststätten- und GV-Bereich in der Regel nicht erfüllt werden.

Wie müssen tiefgefrorene Lebensmittel transportiert werden?
Beim Transport dürfen tiefgefrorene Lebensmittel an keiner Stelle die Temperatur von – 18 °C überschreiten. Da eine geringe Temperaturerhöhung des Transportgutes bei der Entnahme aus den tiefgekühlten Transporträumen oder -behältnissen häufig unvermeidlich ist, muß gewährleistet sein, daß die Temperatur in den Randschichten des Lebensmittels –15 °C nicht überschreitet. Ab 1. 1. 1998 müssen Beförderungsmittel mit einem Fassungsvermögen von mehr als 2 m³ (LKWs, Container, Anhänger) u. a. Transportmittel für TK-Waren mit geeigneten, **aufzeichnenden Lufttemperatur-Meßgeräten** während des Betriebes ausgerüstet werden. Während des Betriebes muß die Lufttemperatur, der die TK-Waren ausgesetzt sind, so **häufig und in regelmäßigen Abständen gemessen und aufgezeichnet** werden, daß das Temperaturgeschehen nachvollziehbar ist. Die Meßergebnisse müssen 1 Jahr aufbewahrt werden.

Merke:
Tiefgefrorene Ware, die nicht in entsprechend isolierten Behältern oder ausgerüsteten Fahrzeugen angeliefert wird, zurückweisen.

Lufttemperatur-Messungen mit einem **gut sichtbaren Thermometer** sind sicherzustellen bei:
a) örtlichem Vertrieb,
b) Beförderungsmitteln mit einem Fassungsvermögen von 2 m³ oder weniger,
c) TK-Einrichtungen mit einem Fassungsvermögen von weniger als 10 m³ (z. B. TK-Räume zur Lagerung der Reservevorräte im Einzelhandel),
d) TK-Verkaufsgeräten.

Bei den Punkten a) bis d) besteht keine gesetzliche Aufzeichnungspflicht über die Temperaturen.

Anmerkung:
Örtlicher Vertrieb i. S. der TLMV ist die lokale Auslieferung von tiefgefrorenen Lebensmitteln an den Einzelhandel, Hotels, Gaststätten, Einrichtungen zur Gemeinschaftsverpflegung wie Kantinen oder Krankenhäuser, sowie die Direktlieferung an Privathaushalte.
Einrichtungen zur Gemeinschaftsverpflegung stehen dem Verbraucher gleich; d. h. werden tiefgefrorene Lebensmittel an GV-Betriebe abgegeben, handelt es sich um eine Abgabe an Verbraucher. Hier endet die Tiefkühlkette und auch die TMLV mit ihren Forderungen.

Merke:
Gaststätten und Einrichtungen zur Gemeinschaftsverpflegung sind gem. § 6 LMBG den Verbrauchern gleichgestellt. Die gesetzlichen Vorgaben der TLMV gelten in diesem Bereich nicht.
Beachte aber: Tiefgekühlte Lebensmittel sind so zu lagern, daß keine nachteilige Beeinflussung eintritt (LMHV).

Es gibt bisher keine Vorschrift, die für Einrichtungen zur Gemeinschaftsverpflegung oder Hotels und Gaststätten vorschreibt, daß die Lufttemperatur mit einem gut sichtbaren Thermometer oder sogar mit aufzeichnenden Geräten gemessen werden muß. Es gibt ja auch keine Vorschrift, daß der private Verbraucher in seinem TK-Gerät solche Messungen durchführen muß.
Unabhängig davon muß der Verantwortliche im Rahmen seiner Sorgfaltspflicht sicherstellen, daß nur Lebensmittel in einwandfreiem Zustand an den Endverbraucher abgegeben werden.

Wie müssen tiefgefrorene Lebensmittel gelagert werden?
Bis zum Zeitpunkt der Verarbeitung oder Abgabe an den Verbraucher muß die Temperatur ständig bei –18 °C oder tiefer liegen. Nur so bleiben die Qualitätseigenschaften erhalten. Deshalb sind Tiefkühleinrichtungen ständig zu überprüfen (Licht-, Alarmsignale)!

Merke:
Tiefkühlgeräte regelmäßig kontrollieren!

Fortfall der Eigenschaften tiefgefrorener Lebensmittel
Steigt zu irgendeinem Zeitpunkt der Lagerung die Temperatur über –18 °C an, wirkt sich das auf die Lagerfähigkeit (Haltbarkeit und Qualität) aus. Die früher vertretene Auffassung, daß angetaute oder aufgetaute Lebensmittel generell nicht wieder eingefroren werden dürfen, ist heute überholt. Viele Lebensmittel (insbesondere Fleisch und Fleischerzeugnisse, Fisch und Fischerzeugnisse) erleiden zwar durch den Auftauprozeß und damit verbundenen Flüssigkeitsaustritt gewisse Qualitätsverluste, sind aber nicht unbedingt erheblich im Wert gemindert.

Merke:
Nach Auftauen der Ware trotzdem möglichst bald verbrauchen.

Faustregel:
Ist das Kühlmöbel etwa zur Hälfte mit Material gefüllt, reicht die Kühlkapazität bei Ausfall der Anlage für 10 bis 12 Stunden aus, ohne mit deutlicher Wertminderung der Lebensmittel rechnen zu müssen; bei modernen Geräte mit verbesserter Isolierung bis zu 36 Stunden.

Kennzeichnung
Auf den Packungen (Fertigpackungen) müssen folgende Angaben vorhanden sein:

1. In Verbindung mit der Verkehrsbezeichnung die Worte „tiefgefroren" oder „tiefgekühlt" oder „Tiefkühlkost" oder „gefrostet".
2. Der Zeitraum, während dessen das Lebensmittel beim Verbraucher gelagert werden kann.
3. Die Aufbewahrungstemperatur.
4. Der Hinweis „nach dem Auftauen nicht wieder einfrieren". (Es kann auch ein gleichsinniger Hinweis gewählt werden.)
5. Eine Angabe zur Feststellung der Partie (Los-Kennzeichnung kann durch Angabe des Mindesthaltbarkeitsdatums – Tag und Monat – erfolgen). Tiefgefrorene Lebensmittel, die zur Abgabe an den Verbraucher bestimmt sind, dürfen nur in Fertigpackungen in den Verkehr gebracht werden. Die vorgeschriebene Kennzeichnung muß auch auf Pakkungen angebracht sein, die den Einrichtungen zur Gemeinschaftsverpflegung ausgeliefert werden.

Merke:
Zum Einfrieren nur speziell für diesen Zweck hergestelltes Verpackungsmaterial benutzen.
Beim Einkauf von tiefgefrorenen Lebensmitteln auf Verpackungsschäden achten. Eventuelle Schneebildung innerhalb der Packung beweist, daß die Ware zwischenzeitlich auf- oder angetaut war. Bei Fleisch und Geflügel auf Frostbrand (strohgelbe Verfärbung des Materials) achten.

Welche Anforderungen sind an die Verpackung zu stellen?
Die Behältnisse und Umhüllungen müssen beständig gegenüber den Lebensmitteln selbst sein, damit eine Wanderung von Stoffen aus der Packung in die Lebensmittel vermieden wird. Sie müssen so beschaffen sein, daß die Lebensmittel ausreichend vor dem Eindringen von Bakterien, qualitätsminderndem Austrocknen und Übertragung von anderen Geruchs- und Geschmacksstoffen geschützt sind.

Verarbeitung tiefgefrorener Lebensmittel
Verluste an löslichen Eiweißverbindungen, Vitaminen und Mineralstoffen sind um so geringer, je langsamer der Auftauprozeß erfolgt (Kühlschrank). Er darf jedoch nicht so lange dauern, daß in den äußeren Schichten die Gefahr eines Verderbs durch Bakterien und/oder Schimmelpilze besteht:

- Portionierter, panierter, vorgebratener Fisch sollte ebenso wie tiefgefrorenes Gemüse, Kartoffelklöße, Pommes Frites unaufgetaut in Pfanne oder Kochtopf gegeben werden.
- Auch tiefgefrorenes Fleisch bis zu einer Dicke von ca. 3 cm kann unaufgetaut verarbeitet werden.
- Obst, zum Rohverzehr bestimmt, benötigt etwa eine Auftauzeit von 1 bis 3 Stunden.
- Größere Fleischportionen und ganzes Geflügel benötigen je nach Größe Auftauzeiten von 6 bis 18 Stunden. Vor dem Auftauen ist die Verpackung unbedingt zu entfernen.

Wichtig: Wegen möglicher Kontamination des Geflügels mit **Salmonellen** Geflügel stets auf Rost auftauen und **austretendes Wasser auffangen.**
Auftauwasser sofort entsorgen, Geräte und Arbeitsfläche säubern, desinfizieren (!) und mit Wasser nachspülen.

Merke!
Wegen des häufigen Auftretens von Salmonellen bei Geflügel besteht die Gefahr der Infektion der Umgebung (Tischflächen etc.).

Bier, Wein und Spirituosen

Bier

Allgemeines
Beim Verkauf von Bier in Originalgebinden ist in der Regel der Hersteller (Abfüller) für den Inhalt verantwortlich. Durch zu **kühle,** zu **warme Lagerung** oder **Überlagerung** können diese Lebensmittel verderben. Regelmäßige Kontrolle der Bestände und nochmalige stichprobenartige Überprüfung vor der Abgabe an den Endverbraucher ist erforderlich. Mindesthaltbarkeitsdatum beachten.

Unterscheidung der Biere nach der Gärung:
1. **Obergärige Biere** (Berliner Weiße, Kölsch, Weißbier, Weizen, Altbier). Die Hefe steigt während der Gärung zum großen Teil an die Oberfläche. Nach wenigen Tagen ist die Endgärung erreicht.
2. **Untergärige Biere** (Export, Dortmunder, Lager, Pilsner, Märzen- und Bock-Bier). Die Hefe bleibt in der Würze, sinkt gegen Ende der Gärung zu Boden, Hauptgärung 6–14 Tage, Nachgärung oder Lagerung 1 – 6 Monate.

Was ist Stammwürze?
Stammwürze ist der Gehalt an löslichen Stoffen in Prozent (un-

vergorene Anstellwürze). Der Stammwürzgehalt wird aus dem Restextrakt und dem Alkoholgehalt des Bieres errechnet. Stammwürzgehalt wird oft mit Alkoholgehalt verwechselt, z. B. Starkbier: Stammwürzgehalt über 16 Gew. %, Alkoholgehalt 6,7 Vol. %.

Welche Biergattungen gibt es?

1. „Bier mit niedrigem Stammwürzgehalt": Stammwürzgehalt weniger als 7 % (entspricht dem ehem. „Einfachbier").
2. „Schankbier": Stammwürzgehalt 7 % oder mehr, aber weniger als 11 %.
3. „Starkbier" (Bockbier, Märzen o. ä. Bezeichnungen, die den Eindruck erwecken, das Bier sei besonders stark eingebraut): Stammwürzgehalt mindestens 16 % oder mehr.

Ausländische Biere

Aufgrund des § 47 a LMBG dürfen auch Biere aus Mitgliedsstaaten der EU importiert werden, die nicht dem Biersteuergesetz entsprechen. Abweichungen müssen ebenso wie die verwendeten Zusatzstoffe kenntlich gemacht werden, z. B. „Mais-Bier mit Dickungsmittel Alginat".

Hinweis:

Voraussetzung für die Verkehrsfähigkeit solcher Produkte ist, daß ein derartiges Erzeugnis den gesetzlichen Bestimmungen des Exportlandes entspricht, dort auch tatsächlich in den Verkehr gebracht wurde und daß eine „Allgemeinverfügung" i. S. des § 47 a LMBG vorliegt.

Neuere Biersorten sind:

a) **Leichtbier (Light-Bier):** Brennwert (Alkohol und Kohlenhydrate) mindestens 40 % unter den Werten vergleichbarer Biere. Die Bestimmungen der Nährwertkennzeichnungs-Verordnung müssen beachtet werden.
b) **Alkoholfreies Bier:** Alkoholgehalt unter 0,5 Vol. %.
c) **Diät-Bier:** Alkoholgehalt ca. 3,9 Vol. % (wie Schankbier), Bestimmungen der Diät-Verordnung müssen beachtet werden.

Sonderregelungen für Bayern: Vollbiere mit hervorhebenden Bezeichnung wie „Gold", „Silber", „Edel", „Tafel", „Meister", „Kurfürst" müssen mindestens 12 % Stammwürze aufweisen.

Ist eine Mischung verschiedener Biergattungen miteinander erlaubt?
Generell ist eine Mischung verschiedener Biergattungen untersagt. Auf ausdrückliches Verlangen des Gastes dürfen verschiedene Biergattungen direkt vor dem Verzehr in offenen Gefäßen vermischt werden.

Getränke mit Bieranteil: Auf ausdrückliches Verlangen des Gastes darf Bier unmittelbar vor dem Verbrauch in offenen Gefäßen auch mit Limonade, Selterswasser oder bierähnlichen Getränken vermischt werden. In den Getränkekarten und Preistafeln ist bei diesen Mischgetränken darauf hinzuweisen, daß hier eine Mischung von Bier und z. B. Limonade oder Tafelwasser vorliegt (Radlermaß, Alsterwasser).

Hinweis:
Beim Ausschank von Bier ist die Verordnung über Getränkeschankanlagen zu beachten (Betriebsbuch, Reinigung, behördliche Genehmigung, siehe unter Getränkeschankanlagen). In Gläsern, die noch Bierreste enthalten, darf kein frisches Bier eingezapft werden. Tropfbier (fällt beim Zapfvorgang an) darf nicht in den Verkehr gebracht werden (verdorbenes Lebensmittel).

Darf in gekennzeichnete Gläser einer Brauerei Bier eines anderen Herstellers eingefüllt werden?
Der Inhalt eines Glases muß der Bezeichnung auf dem Glas entsprechen, da sonst Warenunterschiebung, Täuschung und/ oder Irreführung des Verbrauchers vorliegt.

Wein

Allgemeines
Das Weinrecht ist außerordentlich umfassend und erscheint dem Außenstehenden sehr kompliziert. In der Tat gibt es kaum ein Lebensmittel, für das es so viele minutiöse Regelungen gibt. Dabei darf nicht übersehen werden, daß die weinrechtlichen Vorschriften weitgehend auf Vorgaben der EG beruhen bzw. durch diese geprägt wurden.

Alkoholgehalte
Die vorgeschriebenen Alkoholgehalte sind nach Weinbauzonen gestaffelt. Die Bundesrepublik Deutschland gehört zur Weinbauzone A. Ausnahme: Baden, das zur Weinbau-

Merke!
Auch der Zusatz von Limonaden, Selterswasser, colahaltigen Getränken usw. ist auf ausdrückliches Verlangen des Gastes unmittelbar vor dem Verzehr erlaubt. Auf den Preistafeln, Getränkekarten muß darauf hingewiesen werden, daß diese Mischgetränke aus einer Mischung von Bier und z. B. Limonade bestehen.

zone B gehört. Man unterscheidet folgende großen Gruppen:

a) Tafelweine

Tafelweine werden aus zugelassenen Rebsorten hergestellt (z. B. Silvaner, Müller-Thurgau, Riesling, Portugieser).

Der vorhandene natürliche Alkoholgehalt kann durch önologische Praktiken erhöht werden. Der Mindestgehalt an natürlichem Alkohol muß bei Weinen der Weinbauzone A 5 Vol. % betragen und darf um höchstens 3,8 % erhöht werden. Bei Wein der Weinbauzone B muß der Mindestalkoholgehalt 6 Vol. % betragen, damit eine Erhöhung von 2,5 Vol. % zulässig ist. In Jahren mit außergewöhnlichen Witterungsverhältnissen können Erhöhungen des Alkoholgehaltes um 4,5 bzw. 3,5 Vol. % genehmigt werden. Die Alkoholgehalte der Tafelweine schwanken zwischen mindestens 8,5 Vol. % und höchstens 15 Vol. %.

Für Tafelweine wurden 5 Weinanbaugebiete mit 8 Untergebieten festgelegt. Die Angabe des Namens einer Rebsorte ist nur zulässig, wenn der Wein vollständig aus Trauben dieser Sorte gewonnen wurde. Von dieser Regelung darf jedoch abgewichen werden, wenn beim Verschnitt von Tafelweinen mindestens 85 % des Weines aus der namengebenden Rebsorte bestehen.

Analog ist die Regelung bei der Angabe eines Jahrganges.

b) Landwein

Für die Bezeichnung von Landwein sind im Weingesetz 17 Anbaugebiete (Namen) festgelegt. Der Wein muß ausschließlich aus Trauben stammen, die in diesem umschriebenen Gebiet geerntet wurden. Eine Konzentrierung darf nicht vorgenommen werden, Mindestalkoholgehalt und Restzuckergehalt sind regional geregelt.

c) Qualitätswein

Qualitätsweine besitzen eine amtliche Prüfnummer, an deren Vergabe bestimmte Bedingungen bzgl. der verwendeten Rebsorten, des Anbaugebietes, des natürlichen Mindestalkoholgehaltes und der sensorischen Qualität geknüpft sind. Eine Konzentrierung ist nicht zulässig. Die Landesregierungen der weinanbautragenden Länder setzen die natürlichen Alkoholgehalte für bestimmte Anbaugebiete (b. A.) fest. Dabei werden das Klima, die Sorte und der Boden berücksichtigt. Für die Weinbauzone A darf der Alkoholgehalt nicht unter 7 Vol. % und für die Weinbauzone B nicht unter 8 Vol. % liegen. Im Weinwirtschaftsgesetz wurden die durchschnittlichen Mindestalkoholgehalte von Qualitätsweinen bestimmter Anbaugebiete gegliedert nach Rebsorten und nach geographischer Herkunft aufgelistet. Die Anbaugebiete für „Qualitätsweine b. A." sind gesetzlich festgelegt.

d) Qualitätswein mit Prädikat

Die natürlichen Mindestalkoholgehalte werden wie beim Qualitätswein von den Landesregierungen (zusätzlich abgestuft nach Prädikat) festgelegt. Sie dürfen in der Weinbauzone A den Wert von 9,5 Vol. %, in der Weinbauzone B den Wert von 10 Vol. % nicht unterschreiten. Es existieren für die „Qualitätsweine b. A." folgende Prädikate:

1. **Kabinett:** Die Trauben müssen in einem einzigen Bereich geerntet werden. Der Most enthält den vorgeschriebenen Mindestalkoholgehalt. Eine Anreicherung ist nicht zulässig.
2. **Spätlese:** Anforderungen wie bei Kabinett. Die Trauben werden in einer späten Lese und in vollreifem Zustand geerntet.
3. **Auslese:** wie bei Kabinett. Es dürfen aber nur vollreife Trauben unter Aussonderung der kranken und unreifen Beeren verwendet werden.
4. **Beerenauslese:** wie bei Kabinett. Es dürfen aber nur edelfaule, zumindest überreife Beeren verarbeitet werden.
5. **Trockenbeerenauslese:** Es werden weitgehend eingeschrumpfte, edelfaule bzw. überreife Beeren verwandt.
6. **Eiswein:** Die eingesetzten Trauben müssen bei der Lese und bei Kelterung gefroren sein.

Für die Herstellung von Auslese, Beerenauslese und Trockenbeerenauslese ist die Lese von Hand vorgeschrieben.

Besondere Bezeichnungen bei Weinen

trocken (sec) Restzuckergehalt bis höchstens 4 g/l oder bis höchstens 9 g/l, wenn der Gesamtsäuregehalt (berechnet als g/l Weinsäure) höchstens um 2 g/l niedriger ist als der Restzuckergehalt;

halbtrocken (demi-sec) Restzuckergehalt über 4 g/l bis höchstens 12 g/l oder bis höchstens 18 g/l, wenn der Gesamtsäuregehalt festgesetzt ist;

lieblich (moelleux) Restzuckergehalt über 12 g/l (bzw. 18 g/l) bis höchstens 45 g/l;

süß (doux) Restzuckergehalt mindestens 45 g/l.

Weinfehler

Es können Mängel und Fehler entstehen durch

- Geringwertigkeit der Trauben eines Jahrgangs
- chemische oder physikalische Vorgänge
- Krankheiten
- Trübungen

Einige typische Weinfehler sind:

Rahnwerden (Bräunung durch Polyphenoloxidasen): Tritt auf, wenn faule Trauben eingesetzt wurden oder der Wein längere Zeit offensteht. Gegenmittel: Schwefelung.

Luftgeschmack (Sherryton): Wein wurde nach der Gärung nicht rechtzeitig geschwefelt und aufgefüllt. Luftsauerstoff sorgte für Umsetzung (Azetaldehyd), Verlust von Kohlendioxid und Bukettstoffen.

Weißer, grauer, schwarzer Bruch: Durch Umsetzung von Gerbstoffen mit Eisen bzw. Eisensalzen (Eisengeräten) entsteht der schwarze Bruch, durch Bildung von Eisenphosphat grauer und weißer Bruch. Gegenmittel und Vorbeugung: Blauschönung.

Böchser (Böckser): Hervorgerufen durch Schwefelwasserstoff infolge von Bakterieneinwirkung. Entsteht auch häufig dadurch, daß man den Wein zu lange auf der Hefe stehen läßt.

Metallgeschmack: Erhöhte Gehalte an Metallen, z. B. Aluminium, Kupfer, die aus Gefäßen stammen. Gegenmittel: Blauschönung, Kellerbehandlung.

Altersgeschmack: Entwickelt sich bei zu langer Lagerung im Faß.

Faßgeschmack (Holzgeschmack): Kann eintreten beim Einsatz neuer Fässer. Es wandern Gerbstoffe in den Wein.

Maischegeschmack (Trester- oder Rappengeschmack): Der rauhe, kratzende Geschmack entsteht durch das Auslaugen von Gerbstoffen aus den Rebenstielen (Rappen, Kämmen).

Papiergeschmack: Der Wein ist mit nicht ausreichend gewaschenen Filterschichten in Berührung gekommen.

Frostgeschmack: Grasiger Geschmack und Geruch nach Bratäpfeln, gleichzeitig Braunfärbung, entsteht, wenn Weine aus gefrorenen, ungenügend gereiften Trauben gewonnen werden.

Bitterwerden: Tritt besonders bei Rotweinen durch Bakterien und Schimmelpilze infolge der Veränderung der Gerbstoffe auf.

Essigstich: Durch Einschleppung bestimmter Bakterienarten wird der Alkohol in Essigsäure umgewandelt.

Milchsäurestich: Der Praktiker spricht auch von „Zickend werden" der Weine, ein kratzig bis süß-saurer Geschmack. Er tritt bei säurearmen Trauben auf, die bei hoher Temperatur gelesen und nicht ausreichend geschwefelt wurden.

Stopfengeschmack (Korkgeschmack): Kann durch Bakterien, Schimmelpilze oder durch minderwertige Korken verursacht werden.

Es gibt noch eine ganze Anzahl unerwünschter Aromanoten („Off-flavour"), die durch exakt definierte organische Komponenten verursacht werden, z. B. „Kartoffelkeim-, Erdbeer-, Geranien-, Mäusel-, Holz-, Kork-, Muff-, Pilz- und Foxy-Ton (Fuchsgeschmack)".

Weitere Fehler sind das Abscheiden von Weinstein (insbesondere durch Kälte begünstigt), Trübungen durch Salze der Schleimsäuren, Eiweiß- und Gerbstofftrübungen durch Bakterien und Hefen, Hefetrübungen durch Bakterien und Schleimpilze.

Was ist ein Diabetiker-Wein?

Wein zum Verzehr für Diabetiker darf höchstens 4 g unvergorenen Zucker, 40 mg freie und 150 mg gesamte schwefelige Säure pro Liter sowie höchstens 12 Vol. % Alkohol enthalten. Auf der Flasche und auf den Getränkekarten sind die Kennzeichnungen gemäß Diät-VO anzubringen.

Was ist alkoholfreier Wein?

Alkoholfreier (entalkoholisierter) Wein enthält weniger als 0,5 Vol.% Alkohol. Kenntlichmachung in Getränkekarten und Preislisten.

Was ist „Kalte Ente"?

Kalte Ente ist ein weinhaltiges Getränk, hergestellt durch Vermischen von Wein (Perlwein oder Perlwein mit zugesetzter Kohlensäure) und Schaumwein („Sekt"), unter Zusatz von natürlichen Zitronenbestandteilen (auch Auszügen), die geschmacklich deutlich wahrnehmbar sein müssen. Der Anteil an Schaumwein muß mindestens 25 % des Fertiggetränks betragen.

Was ist Sangria?

Ein weinhaltiges Getränk, aromatisiert mit Zitrusfruchtextrakten oder -essenzen und gegebenenfalls dem Saft der Früchte, gesüßt, mit Zusatz von Gewürzen und einem Alkoholgehalt von weniger als 12 Vol. %. Häufig werden auch Ananas, Bananen und -likör eingesetzt.

Was ist Schorle?
Schorle ist ein weinhaltiges Getränk; hergestellt durch Vermischen von Wein (Perlwein mit zugesetzter Kohlensäure) mit kohlensäurehaltigem Wasser. Solche **Mischgetränke** müssen auf der Getränkekarte entsprechend gekennzeichnet werden.

Was ist Glühwein?
Glühwein wird hergestellt aus Rot- oder Weißwein, Zucker und würzenden Stoffen (z. B. Nelken, Zimt, Zitronenschalen). Kein Wasserzusatz!

Was ist Maibowle?
Der Gehalt an Cumarin je Liter Maibowle (Waldmeisterbowle) darf nicht über 5 mg liegen. Es sollte deshalb nicht mehr als 3,5 g frisches Waldmeisterkraut/l eingesetzt werden.

Was ist Federweißer?
Federweißer, auch Bitzler, Sauser oder Rauscher genannt, kommt Ende September/Anfang Oktober zum Ausschank. Es handelt sich um entstehenden, jungen Wein (häufig aus Frühsorten wie Ortega, Optima oder Siegerrebe), der weißlich/milchig-trüb ist, da sich die Hefe, die den Zucker des Traubenmostes zu Alkohol und Kohlendioxid umsetzt, noch nicht vollständig abgesetzt hat.
Der Federweiße, meist leicht perlend, schmeckt anfangs noch süß und wird während des Gärens zunehmend trockener. Der Alkoholgehalt liegt bei max. 10 Vol. %. Kühle Lagerung ist erforderlich, um die Gärung zu bremsen.
Für Weinkenner zeigt der Federweiße bereits die typischen Geschmackseigenschaften des neuen Jahrgangs.

Merke!
Auf Übereinstimmung der Angaben auf den Flaschen mit den Angaben auf der Getränkekarte achten (Vorwurf der versuchten Täuschung bzw. Warenunterschiebung).
Einmal ausgegebene und zurückgenommene offene Weine (Schoppen, Kännchen) dürfen nicht wieder aufgefüllt und/oder erneut in den Verkehr gebracht werden.

Hinweis:
Um Reklamationen (auch ungerechtfertigte) bei Abgabe von Flaschenwein zu vermeiden, sollte die Flasche in Gegenwart des Gastes (am Tisch) aufgezogen werden. In Fällen von Qualitätsminderung oder sogar Verdorbenheit kann sich der Gast von der Originalität des Weines überzeugen und reagiert verständnisvoll.

Sekt

Durch Zusatz einer „Fülldosage", die aus einer Zuckerlösung und Reinzuchthefe besteht, wird der Wein bzw. die Weinmischung einer Zweitgärung unterworfen. Die Zuckermenge beträgt ca. 20 bis 25 Gramm pro Liter. Die Zweitgärung erfolgt in druckdichten Behältern, Fässern oder Flaschen (Champenoise-Verfahren).

Champagner ist die kontrollierte Herkunftsbezeichnung für Qualitätsschaumweine aus den Gebieten der Champagne. Die zweite schaumbildende Gärung muß in der Flasche erfolgen. Die „Méthode Champenoise" ist ein kostspieliges und langwieriges Verfahren zur Schaumweinherstellung durch Flaschengärung. Der Name stammt von der Champagner-Bereitung. Der gesamte Herstellungsvorgang erfolgt in der Flasche. Ab 1994 darf die Aufschrift „Méthode Champenoise" nicht mehr für Weine, die nicht in der Provinz Champagne hergestellt wurden, verwendet werden.

Besondere Bezeichnungen bei Sekten/Schaumweinen:
naturherb (brut nature): Restzuckergehalt unter 3 g/l
extraherb (extra brut): Restzuckergehalt zwischen 0 und 6 g/l
herb (brut): Restzuckergehalt unter 15 g/l
extra trocken (extra dry): Restzuckergehalt zwischen 12 und 20 g/l
trocken (sec): Restzuckergehalt zwischen 17 und 35 g/l
halbtrocken (demi-sec): Restzuckergehalt zwischen 33 und 50 g/l
mild (doux): Restzuckergehalt über 50 g/l

Anmerkung: Der Überdruck, der auf gelöstes Kohlendioxyd zurückzuführen ist, beträgt bei Sekt mindestens 3 bar.

Was bedeutet Deutscher Jahrgangssekt, Riesling?
Die Angabe eines Jahrgangs ist bei deutschem Schaumwein nur erlaubt, wenn ihm die Bezeichnung Qualitätsschaumwein, Sektqualitätsschaumwein b. A. oder Sekt b. A. zusteht und mindestens 85 % der zur Herstellung verwendeten Erzeugnisse aus Trauben dieses Jahrgangs bestehen. Entsprechendes gilt für die Angabe einer Rebsorte.

Was sind Kernobstweine?
Kernobstweine/Obstweine sind Erzeugnisse aus Kernobst, z. B. Apfelwein, Birnenwein, die auch teilvergoren (Apfel-Cidre, Birnen-Cidre) gehandelt werden. Die Alkoholgehalte müssen mindestens 5 Vol. % betragen. Bei den teilvergorenen sind 2 bis 4,5 Vol. % vorgeschrieben.

Was versteht man unter Fruchtweinen?

Fruchtweine werden aus Früchten, einschließlich bis maximal 25 % Kernobst, unter Verwendung von Zucker und Wasser hergestellt. Die Produktion von Fruchtdessertwein erfolgt ähnlich. Die Alkoholgehalte liegen bei mindestens 6 Vol. % bzw. mindestens 12 Vol. %.

Verwandte Produkte sind Obstschaumweine (Alkoholgehalt mindestens 5 Vol. %), teilvergorene Obst-Schaumweine (Alkoholgehalt mindestens 2 bis 4,5 Vol. %) und Frucht-Schaumweine (Alkoholgehalt mindestens 6 Vol. %).

Spirituosen

Durch EWG-Norm wurden folgende Mindestalkoholgehalte festgelegt:

Whisky, Pastis	40	Vol. %
Rum, Rum-Verschnitt	37,5	Vol. %
Branntwein, Tresterbrand	37,5	Vol, %
Brand aus Obsttrester, Korinthenbrand	37,5	Vol. %
Obstbrand	37,5	Vol. %
Brand aus Apfel- oder Birnenwein	37,5	Vol. %
Enzian, Gin, Aquavit	37,5	Vol. %
Wodka, Grappa, Ouzo, Kornbrand	37,5	Vol. %
Brandy/Weinbrand	36	Vol. %
Getreidespirituose, Getreidebrand	35	Vol. %
Anis	35	Vol. %
Korn	32	Vol. %
Kümmel, Spirituose mit Kümmel (ausg. Aquavit)	30	Vol %
Obstspirituosen	25	Vol. %
Spirituosen mit Anis (ausgen. Ouzo, Pastis, Anis)	15	Vol. %

Sonderregelungen der Einzelstaaten beachten!

Z. B. Frankreich: Cognac, Armagnac und weitere spezielle Trester-, Obst-, Apfel- und Birnenbrände müssen mindestens 40 Vol. % enthalten;

Deutschland: Weinbrand, Steinhäger, Fränk. Obstler, Bay. Gebirgsenzian mindestens 38 Vol. %; Schwarzwälder Kirschwasser, Himbeergeist, Mirabellenwasser, Williams Birne, Zwetschgenwasser mindestens 40 Vol. %;

Italien: Brandy, Tresterbrände (Grappa) und Obstbrände (Obstler, Williamsbirne, Kirschwasser) 38 Vol. %.

Mischungen aus Wacholderbranntwein (Gin), Whisky, Wodka, Rum, Korn, Bitteren und Likören ausschließlich mit Tafelwassern müssen einen Weingeistgehalt von 12 Vol. % bis höchstens 15 Vol. % aufweisen.

Liköre
Als Mindestalkoholgehalt wurden für Eier-, Schokoladen-, Sahne-, Milch-, Mokka-mit-Sahne-Liköre, eigelbhaltige Kaffee- und Schokoladenliköre sowie sonstige eigelbhaltige Liköre 14 Vol. %, für alle anderen Liköre 15 Vol. % festgesetzt.

Merke:!
Für die einzelnen EU-Mitgliedsstaaten bestehen Sonderregelungen für die Mindestalkoholgehalte einzelner Spirituosen.

Hinweis:
Der Alkoholgehalt von Branntwein aus Wein wird häufig in Grad ausgedrückt.
Umrechnungsfaktor: °Alkohol × 7,9 = g Alkohol/l

Die Bezeichnung „Kognak" oder „Cognac" ist geschützt. Sie darf nur für Erzeugnisse, die aus der entsprechenden Gegend stammen, benutzt werden.
Die Bezeichnung „Weinbrand" ist nicht mehr allein deutschen Erzeugnissen vorbehalten.
Hinweise auf diätetische und/oder heilende Wirkung von Spirituosen sind unzulässig.
Branntwein und branntweinhaltige Getränke oder Lebensmittel dürfen nicht in Automaten angeboten werden.

Säfte und Erfrischungsgetränke

Fruchtsaft ist stets der „reine" Saft. Angaben wie „reich an Vitamin C" und ähnliche Angaben, die auf einen besonders hohen, natürlichen Gehalt von Vitamin C hindeuten, dürfen nur gemacht werden, wenn das Produkt mindestens 300 mg/l Vitamin C aus der verwendeten Frucht enthält. Hinweise auf einen Vitamin-C-Gehalt, z. B. „Vitamin-C-haltig", dürfen dann verwendet werden, wenn der Gehalt mind. 200 mg/l Vitamin C beträgt.
Fruchtnektar muß die gesetzlich vorgeschriebenen Mindestanteile an Fruchtsaft enthalten. Diese Anteile schwanken zwischen 25 % (z. B. Schwarze Johannisbeeren, Sanddorn, Zitronen, Granatapfel, Passionsfrucht), 30 % (z. B. Stachelbeeren, Pflaumen, Schlehen), 35 % (z. B. Sauerkirschen, Mango), 40 % (z. B. Süßkirschen, Heidelbeeren, Himbeeren, Aprikosen,

Merke:
Getränke aus Automaten sind i. d. R. Fruchtsaftgetränke. Auf exakte Bezeichnung achten.

Merke:
Auf einen Gehalt an Süßungsmitteln muß in der Getränkekarte hingewiesen werden: **„mit Süßungsmittel(n)"**.

Brombeeren), 45 % (z. B. Pfirsiche) und 50 % (z. B. Äpfel, Birnen, Ananas, Zitrusfrüchte – außer Zitronen und Limetten).
Fruchtsaftgetränke werden aus Fruchtsaft, -konzentrat, -mark und -markkonzentrat hergestellt.
Der Fruchtsaftanteil muß bei Fruchtsaftgetränken aus

- Kernobst oder Trauben mind. 30 %
- Zitrusfrüchten oder Mischungen aus Zitrusfrüchten mind. 6 %
- anderen Früchten oder Fruchtmischungen mind. 10 % betragen.

Limonaden enthalten Aromaextrakte und/oder natürliche Aromastoffe, Zitronen-, Wein- Milch- und/oder Apfelsäure sowie mind. 7 % Zucker.
Brausen sind künstliche Kaltgetränke (Heißgetränke) und enthalten im Unterschied zu Fruchtsaftgetränken und Limonaden entweder naturidentische und/oder künstliche Aromastoffe und/oder Farbstoffe.

Vitaminisierte Lebensmittel

Allgemeines

Vitamine werden mit Hormonen und Enzymen häufig in einem Atemzug genannt. Zwar stehen die Vitamine in ihren Funktionen den Enzymen und Hormonen nahe, sie können aber im Gegensatz zu diesen Substanzen nicht oder nur in sehr begrenztem Umfang im menschlichen und tierischen Organismus aufgebaut werden.

Was sind Hormone?

Hormone werden in bestimmten Drüsen oder Zellen des Organismus aufgebaut und gelangen über die Blutbahn oder andere Körperflüssigkeiten in die Organe und Zellen. Dort erfüllen sie bestimmte physiologische Aufgaben, wie zum Beispiel Regelung spezifischer Abläufe im Stoffwechsel, Beeinflussung des Wachstums und der Fortpflanzung.

Was sind Enzyme?

Enzyme (Fermente) sind Biokatalysatoren, die biochemische Reaktionen ermöglichen und ihre Richtung fixieren. Auch sie werden in den Zellen des menschlichen und tierischen Organismus gebildet. Sie sind relativ gut kälte-, aber wenig hitzeverträglich, bewirken Oxidations- und Reduktionsreaktionen, Spaltung von Estern- und Eiweißgruppen, Aufbau von Molekülen usw.

Was sind Vitamine?

Die Vitamine müssen mit der Nahrung aufgenommen werden, da sie nicht oder nicht in genügendem Umfang vom menschlichen Organismus synthetisiert (aufgebaut) werden können. Sie sind für den Ablauf der Lebensfunktion notwendig und können nicht durch andere Stoffe ersetzt werden. Die benötigten Mengen sind recht gering. Vitamine nehmen nicht am Aufbau der Körpersubstanz teil. Häufig befinden sich in der Nahrung Vorstufen (Provitamine), die im Organismus in Vitamine umgewandelt werden. Unzureichende Zufuhr durch einseitige Ernährung verursacht Mangelerscheinungen (Hypovitaminosen), die bei extremem Mangel zu Avitaminosen führen können. Diese Erscheinungen sind bei uns jedoch sehr selten. Der Bedarf an Vitaminen hängt ab vom Lebensalter, dem allgemeinen Stoffwechsel, der körperlichen Belastung, der besonderen Ernährungsform, Krankheiten, Schwangerschaft, Stillzeiten usw.

Nach Änderung der Verordnung über vitaminisierte Lebensmittel ist der ehemals gesetzlich festgelegte Begriff „vitaminisierte Lebensmittel" entfallen. In der Praxis existiert er jedoch noch weiter.

Was versteht man unter vitaminisierten Lebensmitteln?

Es handelt sich dabei um Lebensmittel, deren Vitamingehalt ganz oder teilweise auf einem **Zusatz** von natürlichen oder synthetischen (naturidentischen und künstlichen) Vitaminen oder von besonders vitaminreichen Stoffen beruht.

Die nachfolgenden Zusatzstoffe sind zur Vitaminisierung von Lebensmitteln allgemein zugelassen:

	Kurzbezeichnung
Natrium-L-ascorbat Kalium-L-ascorbat Calium-L-ascorbat 6-Palmitoyl-L-ascorbinsäure	Vitamin C*
Thiamin-chlorid-hydrochlorid Thiamin-nitrat Riboflavin-5-phosphat-Natrium Pyridoxin-hydrochlorid	Vitamin B
Natrium- und Calium-D-Pantothenat	Pantothensäure
alpha- und beta-Tocopherylacetat alpha- und beta-Tocopherylsuccinat	Vitamin E
Nicotinsäure	
Nicotinsäureamid	

* Werden diese Stoffe als Antioxidationsmittel eingesetzt, muß die Kurzbezeichnung „Ascorbinsäure" lauten. Ein Hinweis auf Vitamin-Gehalt wäre irreführend. Ein Hinweis „mit Antioxidationsmittel" ist nicht erforderlich, da Ascorbinsäure – im Gegensatz zu Isoascorbinsäure – in der Zusatzstoff-Zulassungs-VO nicht als Antioxidationsmittel aufgeführt ist.

Mit Mengenbeschränkungen wurden zugelassen:
Vitamin A-acetat
Vitamin A-palmitat
Ergocalciferol
Cholecalciferol
Cholecalciferol-Cholesterin

Merke!
Die Kennzeichnung der Vitamine erfolgt im Verzeichnis der Zutaten. Vitaminisierung ist besonders bei kalorienverminderten Mahlzeiten und diätetischen Lebensmitteln notwendig.

Diese Stoffe finden sich – in begrenzter Menge – in Margarine und Margarinesorten sowie in sogenannten Nahrungsergänzungsmitteln.

Bei normaler, abwechslungsreicher Kost ist eine Zuführung von Vitaminen durch Vitaminisierung der Lebensmittel nicht erforderlich. In Zeiten besonders hohen Vitaminbedarfs (z. B. Schwangerschaft, Krankheit) ist eine Zuführung von Vitaminen erwünscht.

Voraussetzung für Werbung und Hinweise auf Vitaminisierung:

a) Allein die **Angabe** von Vitaminen (z. B. in der Zutatenliste) ist noch kein hervorhebender Hinweis. Es sollte aber gleichzeitig der Anteil der Deckung des Tagesbedarfs angegeben werden.

b) **Werbende Hinweise** (hervorhebende Hinweise) dürfen nur eingesetzt werden, wenn mindestens ein Drittel des optimalen Tagesbedarfs in der vom Hersteller empfohlenen Tagesverzehrmenge eines Lebensmittels enthalten ist.
c) Mit dem Hinweis **„Reich an Vitaminen"** o. ä. darf nur dann geworben werden, wenn mindestens die Hälfte des Tagesbedarfs in der üblicherweise im Laufe eines Tages verzehrten Menge enthalten ist.

Sportlernahrung, isotonische Getränke
Wie Untersuchungen ergeben haben, liegt bisher keine Verbrauchererwartung oder Verkehrsauffassung für diese Produkte vor. Durch Hinweise wie „Energiespender", „zusätzliches Leistungspotential", „gegen Mineralstoffverluste" werden Erwartungen geweckt, die wissenschaftlich nicht begründet sind. Eine Werbung „Ersatz für die mit dem Schweiß verlorengegangenen Mineralstoffe" wurde vom OLG Koblenz als irreführend beurteilt.

Die Zusammensetzung dieser Produkte in bezug auf die Isotonie (gleicher osmotischer Druck) stimmt weder mit Schweiß noch mit Blut überein. Es wurde deshalb empfohlen, einen evtl. höheren Bedarf mit Fruchtsaft/Mineralwasser-Gemisch zu decken.

Merke!
Da vitaminisierte Lebensmittel mit einem Hinweis auf ihren Vitamingehalt gewerbsmäßig nur in Fertigpackungen in Verkehr gebracht werden dürfen, ist es unzulässig, vitaminisierte Lebensmittel mit einem entsprechenden Hinweis auf ihren Vitamingehalt lose und im Automaten abzugeben.

Hinweis:
Um sich über die Mindest- und Höchstmengen sowie die wünschenswerte Zufuhr von Vitaminen und Mineralstoffen bei Säuglingen, Kindern, Jugendlichen, Erwachsenen, Schwangeren und Stillenden umfassend zu informieren, ist die Broschüre: „Empfehlungen für die Nährstoffzufuhr", DGE, 5. Überarbeitung 1991, ISBN 3-524-71003-4, zu empfehlen.

Feine Backwaren

Allgemeines
Für „feine Backwaren" einschließlich der Dauerbackwaren wurden Leitsätze herausgegeben. Da derartige Leitsätze das Mindestmaß dessen ausdrücken, was der Verbraucher erwarten darf, stellen sie de facto eine zu erfüllende Vorschrift dar, obwohl es sich bei den Leitsätzen nicht um eine gesetzliche Bestimmung handelt.
Da sowohl in der Betriebsgastronomie als auch in den Gaststät-

ten häufig Backwaren angeboten werden, wird hier ein Überblick über die wichtigsten Beurteilungskriterien gegeben.

Füllungen von Backwaren

Milchcremes enthalten mindestens 2,5 % und **Sahnecremes** mindestens 4 % Milchfett.

Canache ist eine Sahnecreme aus zwei Teilen Schokoladenüberzugsmasse und einem Teil Schlagsahne. Mokka, Rum, Weinbrand, Kirschwasser oder Vanille werden als geschmackgebende Stoffe zugesetzt.

Eiercreme enthält mindestens 15 % Vollei.

Schokoladencreme muß mindestens 5 % Schokolade und **Kakaocreme** mindestens 2,5 % stark entöltes Kakaopulver enthalten.

Bei **Weincreme** müssen 50 % der verwendeten Flüssigkeit aus Weinen bestehen.

Nuß- und Mandelfüllungen enthalten insgesamt mindestens 15 % Hasel-, Walnußkerne oder Mandeln bzw. die entsprechenden Anteile namengebender Ölsamen.

Marzipanfüllungen enthalten mindestens 20 % Marzipanrohmasse.

Persipanfüllungen müssen 15 % Persipanrohmasse oder die entsprechende Menge Persipan enthalten. Die Verwendung von Persipan ist kenntlich zu machen!

Mohnfüllungen müssen mindestens 20 % Mohnsamen aufweisen.

Welche Mengen an Zutaten müssen eingesetzt werden, wenn darauf hingewiesen wird?

Wird bei Backwaren in der Bezeichnung der Angabe oder der Aufmachung auf nachfolgende Zutaten besonders hingewiesen, müssen folgende Mindestmengen eingesetzt werden (jeweils bezogen auf 100 kg Getreide, Getreideerzeugnisse und/oder Stärken):

Butter: 10 kg Butter oder 8,2 kg Butterreinfett oder 8,6 kg Butterfett. Andere Fette werden nicht verwendet!

Milch: Zum Anteigen werden bei Hefeteigen mindestens 40 l, bei Nichthefeteigen mindestens 20 l standardisierte Vollmilch (3,5 % Milchfett) erwartet.

Sahne, Rahm: Zum Anteigen müssen mindestens 20 l Sahne oder 20 l Rahm (mindestens 10 % Milchfett) verwendet werden.

Eier: Es sollten mindestens 18 kg Vollei oder eine entsprechende Menge an Vollei- bzw. Eigelbprodukten verarbeitet werden.

Quark: Mindestens 10 kg Speisequark (Frischkäse) werden erwartet. Liegen Kuchenmassen in der Art von Sand- oder Rührkuchen vor, muß der Anteil mindestens 15 kg Speisequark betragen.

Gibt es weitere spezielle Beurteilungsmerkmale bei den Backwaren?

Es wurden für 21 spezielle Backwaren besondere Beurteilungsmerkmale in bezug auf Zusammensetzung festgelegt. Es würde den Rahmen dieses Buches sprengen, diese Rezepturen aufzuführen. Es sei auf die Leitsätze verwiesen (Bundesanzeiger, Jahrgang 49 (1997), Nr. 239 a vom 20. 12. 1997). Auch für Dauerbackwaren wurden besondere Beurteilungsmerkmale erarbeitet. Es existieren Vorschriften für Kekse, Cracker, Laugendauergebäcke, Lebkuchen, Backoblaten, Waffeln, Zwieback und einige spezielle Dauerbackwaren wie Baiser, Bisquit, Makronengebäcke, Florentiner und Nußknacker.

Wichtig: Die Verwendung von kakaohaltiger Fettglasur muß ausreichend kenntlich gemacht werden!

Feinbackwaren von besonderer Qualität, wie z. B. Printen, Spritzkuchen, Zimtsterne, Oblaten-Lebkuchen, Baumkuchen und Sachertorte, dürfen auch bei Kenntlichmachung nicht mit kakaohaltigen Fettglasuren überzogen werden.

Spezielle Zusatzstoffe und Zutaten – Verwendung und Kenntlichmachung

Was sind Zusatzstoffe?
Zusatzstoffe sind Stoffe, die dazu bestimmt sind, Lebensmitteln zur Beeinflussung ihrer Beschaffenheit oder zur Erzielung bestimmter Eigenschaften oder Wirkungen zugesetzt werden.

Zu den Zusatzstoffen zählen auch Mineralstoffe, Spurenelemente und deren Verbindungen, Aminosäuren (Eiweißhydrolysate), die Vitamine A und D, Zuckeraustauschstoffe und Süßstoffe.

Den Zusatzstoffen gleichgestellt sind folgende Stoffe:

E 101	Riboflavin
E 160 a	Beta-Carotin
E 260	Essigsäure
E 270	Milchsäure
E 296	Äpfelsäure
E 297	Fumarsäure
E 300	Ascorbinsäure
E 306	stark tocopherolhaltige Extrakte
E 307	Alpha-Tocopherol
E 330	Zitronensäure
E 334	L(+)-Weinsäure
E 355	Adipinsäure
E 363	Bernsteinsäure
E 570	Fettsäuren
E 574	Gluconsäure
E 1410	Monostärkephosphat
E 1412	Distärkephosphat
E 1413	phosphatiertes Distärkephosphat
sowie	Nitritpökelsalz (Mischungen von Natrium- oder Kaliumnitrit mit Kochsalz, jodiertem Kochsalz oder Kochsalzersatz)

- siehe Anlage 1 zu § 2 der Zusatzstoffverkehrs-Verordnung

Welche Stoffe fallen nicht unter den Zusatzstoffbegriff?
Neben Fruktose und Kochsalz fallen Stoffe, die natürlicher Herkunft oder den natürlichen, chemischen gleich sind und nach allgemeiner Verkehrsauffassung überwiegend wegen ih-

res Nähr-, Geruchs- und Geschmackswertes oder als Genußmittel verwendet werden, sowie Trink- und Tafelwasser nicht unter den Zusatzstoffbegriff.

Welche Vorschriften bestehen für die besondere Kenntlichmachung von Zusatzstoffen?
Einige Zusatzstoffe müssen besonders kenntlich gemacht werden, um eine Irreführung (Täuschung) des Verbrauchers auszuschließen.

1. Farbstoffe
Durch Zusatz von Farbstoffen wird den Lebensmitteln in der Regel ein besseres Aussehen verliehen. Es kann aber auch ein höherer Anteil an wertbestimmenden Zutaten vorgetäuscht werden, z. B. gefärbte Rote Grütze.

Bei Lebensmitteln mit einem Gehalt an Farbstoffen ist der **Hinweis „mit Farbstoff"** erforderlich.

2. Konservierungsstoffe
Durch Zusatz von Konservierungsstoffen wird die Haltbarkeit der Lebensmittel verlängert, und die Produkte werden vor den schädlichen Auswirkungen von Mikroorganismen geschützt. Gleichzeitig entsteht aber der Eindruck von Frische, den die Erzeugnisse in Wirklichkeit nicht besitzen.

Bei Lebensmitteln mit einem Gehalt an Zusatzstoffen, die zur Konservierung verwendet werden, ist deshalb der **Hinweis „mit Konservierungsstoff"** oder **„konserviert"** erforderlich.

Es ist nicht mehr erforderlich, die Verkehrsbezeichnung des Konservierungsstoffs anzugeben.

3. Antioxidationsmittel
Antioxidationsmittel setzt man zu, um Lebensmittel vor schädlichen Auswirkungen der Oxidation, z. B. dem Ranzigwerden von Fett, und vor Farbveränderungen zu schützen. Die dadurch bedingte längere Haltbarkeit täuscht eine Frische vor, die das Produkt nicht besitzt! Bei Lebensmitteln mit einem Gehalt an Zusatzstoffen, die als Antioxidationsmittel verwendet werden, ist der **Hinweis „mit Antioxidationsmittel"** erforderlich.

Diese Neuregelung wurde mit der Neufassung der Zusatzstoffzulassungs-Verordnung (ZZulV) vom 29. 1. 1998 eingeführt.

4. Geschmacksverstärker
Geschmacksverstärker verstärken den Geruch und Geschmack bestimmter Lebensmittel (z. B. Fleisch). Es könnte somit ein höherer Fleischanteil vorgetäuscht werden, falls nicht ein entsprechender Hinweis vorhanden wäre! Bei Lebensmitteln mit einem Gehalt an Zusatzstoffen, die als Geschmacksverstärker verwendet werden, ist deshalb der **Hinweis „mit Geschmacksverstärker"** erforderlich.

Auch diese Kenntlichmachungspflicht wurde mit der Neufassung der Zusatzstoffzulassungs-Verordnung (ZZulV) vom 29. 1. 1998 eingeführt.

5. Schwefelung
Bei der Schwefelung handelt es sich um eine besondere Art der Konservierung. Schwefeldioxid hat sowohl einen konservierenden als auch einen bleichenden Effekt. Es wird eingesetzt gegen Ungeziefer, z. B. bei Trockenfrüchten, und verhindert Gärungen, z. B. bei der Gewinnung von Stärke, in Konfitüren, Marmeladen, Fruchtsaftkonzentraten. Die bleichende Wirkung wird bei Zwiebeln, Artischocken, Kartoffeln, Kartoffelerzeugnissen und Apfelringen genutzt. Es wird somit den Lebensmitteln der Anschein einer besseren als der tatsächlichen Beschaffenheit verliehen (Frische, Aussehen). Deshalb besteht Kenntlichmachungspflicht.

Lebensmittel mit einem Gehalt von mehr als 10 mg/kg bzw. Liter, berechnet als Schwefeldioxid, müssen mit dem **Hinweis „geschwefelt"** kenntlich gemacht werden.

6. Schwärzung von Oliven
Die tiefschwarze Farbe ist typisch für die reife und aromatische Olive. Die reife Olive ist in der Regel sehr weich und eignet sich nicht für den Versand. Um eine Täuschung über den Reifegrad zu vermeiden, ist ausreichende Kenntlichmachung erforderlich.

Oliven, die mit Eisen-II-gluconat (E 579) oder Eisen-II-lactat (E 585) gefärbt wurden, müssen mit dem **Hinweis „geschwärzt"** versehen werden.

7. Wachsung

Bei frischen Zitrusfrüchten, Melonen, Äpfeln und Birnen dürfen gewisse Überzugsmittel eingesetzt werden. Die Früchte bleiben dadurch länger frisch, da die „Atmung" gebremst und eine Weiterreifung und Verderb verhindert werden. Damit durch den Anschein von Frische der Verbraucher nicht getäuscht wird, ist der **Hinweis „gewachst"** erforderlich.

8. Phosphate in Fleischerzeugnissen

Der überwiegende Teil des heute zur Verarbeitung gelangenden Fleisches ist übergefroren, angefroren, gefroren oder sogar tiefgefroren. Durch den Zusatz von Diphosphaten beim Zerkleinern (Kuttern) wird dem Fleisch in etwa der Zustand eines schlachtwarmen Erzeugnisses wiedergegeben (Quellvorgänge). Damit klargestellt ist, daß hier kein schlachtfrisches Fleisch verwandt wurde (Irreführung), muß die Verwendung dieser Zusatzstoffe durch den **Hinweis „mit Phosphat"** kenntlich gemacht werden.

9. Süßungsmittel

Es werden sowohl Zuckeraustauschstoffe als auch Süßstoffe als Süßungsmittel eingesetzt. Um den Verbraucher über die Verwendung dieser Zusatzstoffe zu informieren, ist der **Hinweis „mit Süßungsmittel"** erforderlich.

Wurde als Süßstoff Aspartam eingesetzt, muß der **Warnhinweis „enthält eine Phenylalaninquelle"** angebracht sein.

Werden Lebensmittel mit Zuckeraustauschstoffen in einer Größenordnung von mehr als 100 g/kg oder Liter in den Verkehr gebracht, ist der **Hinweis „kann bei übermäßigem Verzehr abführend wirken"** erforderlich.

Wie muß die Kenntlichmachung der speziellen Zusatzstoffe exakt erfolgen?

Die unter den Ziffern 1 bis 9 aufgeführten Zusatzstoffe müssen gut sichtbar, in leicht lesbarer Schrift und unverwischbar angegeben werden. Die Angaben sind wie folgt anzubringen:

1. Bei loser Abgabe von Lebensmitteln auf einem Schild auf oder neben dem Lebensmittel.

2. Bei Abgabe von Lebensmitteln in Umhüllungen oder Fer-

tigpackungen gemäß § 1 Absatz 2 der Lebensmittelkennzeichnungs-Verordnung (Vorverpackungen, Schutzpackungen) auf einem Schild auf oder neben dem Lebensmittel, auf der Umhüllung oder der Packung.

3. Bei Abgabe von Lebensmitteln in Fertigpackungen, die nach der Lebensmittelkennzeichnungs-Verordnung zu kennzeichnen sind, auf der Fertigpackung oder einem mit ihr verbundenen Etikett.

4. Bei der Abgabe von Lebensmitteln im Versandhandel, auch in Angebotslisten.

5. **Bei Abgabe von Lebensmitteln in Gaststätten auf Speise- und Getränkekarten.**

6. **Bei Abgabe von Lebensmitteln in Einrichtungen zur Gemeinschaftsverpflegung auf Speisekarten oder in Preisverzeichnissen oder, soweit keine solchen ausgelegt sind oder ausgehändigt werden, in einem sonstigen Aushang oder einer schriftlichen Mitteilung.**

In den Fällen der Nummern 5 und 6 dürfen die vorgeschriebenen Angaben auch in Fußnoten angebracht werden, wenn in der Verkehrsbezeichnung darauf hingewiesen wird.

Die bisherigen Sonderregelungen für Krankenhausverpflegung (Verpflegung auf den Stationen) existieren nicht mehr, d. h. auch die Patienten auf den Stationen müssen über den Einsatz der unter 1 bis 9 aufgeführten Zusatzstoffe entsprechend informiert werden.

Besteht Deklarationspflicht bei der Verwendung von Zutaten, die kennzeichnungspflichtige Zusatzstoffe enthalten?
Werden zur Herstellung von Lebensmitteln Zutaten verwandt, die Zusatzstoffe enthalten, so gelangen diese Stoffe in das „neue" Lebensmittel (z. B. Verwendung von Salatmayonnaise mit Konservierungsstoff zur Herstellung eines Fleischsalates). Entfaltet der eingetragene Anteil in dem Produkt noch eine technologische (in diesem Falle konservierende) Wirkung, muß der Konservierungsstoff deklariert werden.

Ist der eingetragene Zusatzstoffanteil aber sehr gering (z. B. bei der Verwendung weniger chemisch konservierter Gurken), ist eine Deklaration nicht erforderlich, da keine technologische Wirkung mehr vorliegt.

Gleiches gilt z. B. bei geschälten Kartoffeln, die zur Verhinderung des Braunwerdens mit Schwefeldioxid behandelt werden. Das Schwefeldioxid verdampft beim Erhitzungsprozeß nach sehr kurzer Zeit. Deshalb ist ein Hinweis auf die Schwefelung auf der Speisekarte nicht erforderlich.

Gibt es weitere Ausnahmen von der Deklarationspflicht?
Bei Lebensmitteln, die lose oder in Umhüllungen – oder in Fertigpackungen – an den Endverbraucher abgegeben werden, **können** die Deklarationspflichten **entfallen, wenn** in einem Aushang oder einer schriftlichen Aufzeichnung, die dem Endverbraucher unmittelbar zugänglich ist, **alle** bei der Herstellung des Lebensmittels **verwendeten Zusatzstoffe angegeben werden**.

Auf die Aufzeichnung muß bei dem Lebensmittel oder in einem Aushang hingewiesen werden.

Hinweis:
Die Aufzeichnung muß nicht nur die deklarationspflichtigen Zusatzstoffe enthalten, sondern **sämtliche Zusatzstoffe, die eingesetzt wurden**. Bei der Abgabe an Endverbraucher (z. B. Gäste in der Gemeinschaftsverpflegung) muß ein allgemein zugänglicher Aushang vorhanden sein, wo sich der Gast über die Verwendung aller Zusatzstoffe – nicht nur der deklarationspflichtigen – informieren kann.

Was versteht man unter Schutzatmosphäre?
Zur Verlängerung der Haltbarkeit werden Lebensmittel unter sogenannten Schutzgasen (Kohlendioxid, Stickstoff) gelagert. Die Verwendung solcher Schutzgase muß mit dem **Hinweis „unter Schutzatmosphäre verpackt"** kenntlich gemacht werden. Diese Deklaration (Information) muß nicht an den Endverbraucher weitergegeben werden, d. h. dieser Hinweis muß nicht auf den Speiseplänen, Speisekarten usw. erscheinen.

Weitere spezielle Zutaten
Von ärztlicher Seite wird seit langem der Standpunkt vertreten, daß eine Unterversorgung an Jod bei der Bevölkerung besteht. Es wurde deshalb die **Jodierung von Speisesalz** zugelassen. Eine Kenntlichmachung ist nicht mehr vorgeschrieben, da sie

sich als hinderlich für den wünschenswerten Zusatz von jodiertem Speisesalz erwiesen hat.

Was heißt „einfach" bei Fleischerzeugnissen?

Eine Reihe von Brüh- und Rohwürsten werden mit erhöhten Anteilen an Bindegewebe (Schwarten, Sehnen) in den Verkehr gebracht. Diese einfachen Qualitäten müssen mit dem Hinweis „einfach" kenntlich gemacht werden (Speisekarte, Wochenpläne); z. B. „Fleischkäse, einfach"; „Mettwurst, einfach"; „Fleischwurst, einfach", „Plockwurst, einfach" etc.

Merke!

Bei Fleischerzeugnissen die Bezeichnungen und Zutatenlisten besonders sorgfältig lesen.
Diese Zutaten müssen auf der Speisekarte (Speise-, Wochenpläne) angegeben werden.

Einsatz von Fremdeiweiß bei Fleischerzeugnissen

Nach Änderung der Fleischverordnung dürfen Erzeugnissen, die durch Erhitzen auf eine Kerntemperatur von mind. 80 °C in luftdicht verschlossenen Packungen oder Behältnissen haltbar gemacht wurden, **Milcheiweißerzeugnisse** (Trockenmilch-, Molkeneiweißerzeugnisse, Nährkasein, Milcheiweiß) bis max. 3 % bezogen auf die Fleisch- und Fettmenge zugesetzt werden. Diese Erlaubnis gilt auch für Rohwurst.
Die Verwendung muß kenntlich gemacht werden (Speisekarte, Speisepläne etc.), z. B. **„mit Milcheiweiß"** oder **„mit Molkeneiweiß"** oder auch durch die Angabe der Verkehrsbezeichnung aus der VO über Milcherzeugnisse.

Hühnereiweiß (flüssiges Eiweiß, Eiklar, gefrorenes Eiweiß, Gefriereiklar) darf ebenfalls bis zu 3 % bezogen auf die Fleisch- und Fettmenge bei Brühwurst und brühwurstartigen Erzeugnissen, die gebraten, pasteurisiert oder sterilisiert werden, eingesetzt werden. Die Kenntlichmachung muß hier lauten (Speisekarte, Speisenpläne) **„mit Eiklar"**.
Die Verwendung von **Pflanzeneiweiß** (Soja-, Lupinen-, Erbsen- und Weizeneiweiß) muß **in Verbindung mit der Verkehrsbezeichnung kenntlich gemacht** werden, z. B. „Brühwürstchen mit Sojaeiweiß". Eine Mengenbegrenzung wurde nicht vorgeschrieben.

Verwendung von Milch (auch entrahmt oder teilentrahmt), Sahne- und Kondensmilcherzeugnissen bei Fleischerzeugnissen

Diese Produkte werden z. B. bei Leberpasteten, Lebercremes, Geflügel- und Wildpasteten eingesetzt. Durch einen Hinweis **„unter Verwendung von Sahne"** muß die Verarbeitung kenntlich gemacht werden, es sei denn, sie geht aus der Bezeichnung hervor, z. B. „Sahne-Leberpastete".

Verwendung von Stärke bei Fleischerzeugnissen

Ebenso wie die Verwendung von Pflanzeneiweiß wurde die Verarbeitung von **Stärke** zugelassen. Sie muß **in Verbindung mit der Verkehrsbezeichnung kenntlich gemacht** werden, z. B. „Plockwurst mit Stärke". Eine Mengenbegrenzung wurde auch bei dieser Zutat nicht festgeschrieben.

Ausnahmen: Die Kenntlichmachung von Stärke ist nicht erforderlich bei Brät für Fleischsalat-Grundlage, küchenfertig vorbereiteten und tafelfertig zubereiteten Fleischerzeugnissen.

Sind weitere Lebensmittel als Zutaten (Einlagen) bei Fleischerzeugnissen erlaubt?

Bei Brühwurst und brühwurstartigen Erzeugnissen, Leberwurst, -pasteten, -cremes, -pasten, -parfaits, Blutwurst und Rohwurst – ausgenommen Tafelfertiges Frühstücksfleisch – dürfen z. B. Paprikaschoten, Pepperoni, Tomaten, Oliven, Edelpilze, Gurken, Rosinen, Mandeln, Nüsse und ähnliche Einlagen wie Sesam, Leinsamen („Müsli, Körnli") ohne Mengenbegrenzung verwandt werden.

Die Art der Einlagen muß kenntlich gemacht werden oder aus der Bezeichnung deutlich hervorgehen.

Sofern die Einlagen aufgrund der starken Zerkleinerung nicht mehr erkennbar sind, ist die Art der Einlagen mit deren verwendeten Mengen in Prozent kenntlich zu machen; z. B. „Brühwurst mit Paprika" oder „Paprika-Brühwurst". Ist Paprika als solcher in der Brühwurstmasse nicht mehr erkennbar, muß es heißen z. B. „Brühwurst mit 10 % Paprika". Zudem dürfen bei Brühwurst und brühwurstartigen Erzeugnissen – Tafelfertiges Frühstücksfleisch wiederum ausgenommen – sowie Rohwurst auch Käse, hartgekochte Eier und Eiprodukte eingesetzt werden.

Kenntlichmachung bzw. Bedingungen der Kenntlichmachung wie vor.

> **Merke!**
>
> Zutatenlisten, Lieferscheine, Rechnungen oder sonstige Begleitpapiere beim Einkauf besonders sorgfältig lesen. Diese Zutaten müssen auf der Speisekarte (Speise-, Wochenpläne) angegeben werden.

Woher erfährt der Verantwortliche im Gaststätten- und GV-Bereich, ob Kenntlichmachung von Zusatzstoffen erforderlich ist?

In der Zusatzstoffzulassungs-Verordnung ist geregelt, mit welchen Formulierungen die Zusatzstoffe kenntlich gemacht werden müssen (siehe oben). Die Zusatzstoffe und Zutaten müssen bei Fertigpackungen in der Zutatenliste aufgeführt sein. Der Verantwortliche muß deshalb beim Einkauf die Zutatenliste sorgfältig studieren, um festzustellen, ob er ein Lebensmittel einkauft, welches bei loser Abgabe deklarationspflichtig ist.

Zudem hat der Verordnungsgeber ausdrücklich genehmigt, daß die Zutatenliste bei Abgabe an Gaststätten und Einrichtungen zur Gemeinschaftsverpflegung auch auf einem Begleitpapier enthalten sein darf.

Wie müssen die Zutaten kenntlich gemacht werden?

Bei loser Abgabe der Ware muß die Kenntlichmachung auf einem Schild auf oder neben dem Lebensmittel in leicht lesbarer Schrift und deutlich sichtbar erfolgen.

In Gaststätten und Einrichtungen zur Gemeinschaftsverpflegung müssen die kennzeichnungspflichtigen Zutaten auf den Speisekarten, Wochenplänen etc. angebracht werden. Die Sonderregelung der **Verwendung von Fußnoten** gilt für diese speziellen Zutaten, die ja keine Zusatzstoffe sind, **nicht**.

Klassennamen und E-Nummern

Was steckt hinter den Klassennamen und E-Nummern?
In den Zutatenlisten befinden sich sämtliche Zutaten, die zur Herstellung des betreffenden Lebensmittels eingesetzt wurden, selbstverständlich auch die Zusatzstoffe. Eine Anführung in der Zutatenliste ist nur dann nicht erforderlich, wenn die Menge dieser Zutaten oder Zusatzstoffe im Enderzeugnis keine technologischen Wirkungen mehr auszuüben vermag. Um das Zutatenverzeichnis überschaubar, aber doch informativ zu erhalten, wurden Klassennamen festgelegt.

Es finden sich zur Information im Zutatenverzeichnis folgende Angaben:

1. Zutaten, die mit ihrer **Verkehrsbezeichnung angeführt** werden, z. B. Wasser, Senf, Salz u. ä.
2. Zutaten, die mit einem **Klassennamen, gefolgt von der Verkehrsbezeichnung oder E-Nummer,** angeführt werden müssen, z. B. „Dickungsmittel Johannisbrotkernmehl" oder „Dickungsmittel E 410".

Die nachfolgende Liste von Zutaten, die mit Klassennamen angegeben werden können, entstammt der Lebensmittelkennzeichnungs-VO. Diese Klassennamen dürfen dann verwandt werden, wenn die Zutaten Bestandteil eines anderen Lebensmittels sind. Es wurde hier eine Vereinfachung in der Kennzeichnung vorgenommen, ohne dem Verbraucher entscheidende Informationen vorzuenthalten.

Zutat:	**Klassenname:**
Raffinierte Öle, ausgenommen Olivenöl	„Öl", ergänzt durch die Angabe 1. „pflanzlich oder „tierisch" oder 2. der spezifischen pflanzlichen oder tierischen Herkunft. Auf ein gehärtetes Fett muß mit der Angabe „gehärtet" hingewiesen werden.

Zutat:	Klassenname:
raffinierte Fette	„Fett“, ergänzt durch die Angabe 1. „pflanzlich“ oder „tierisch“ oder 2. der spezifischen pflanzlichen oder tierischen Herkunft. Auf ein gehärtetes Öl muß mit der Angabe „gehärtet“ hingewiesen werden.
Mischungen von Mehl aus Getreidearten	„Mehl“, anschließend die Aufzählung der zwei oder mehreren Getreidearten, aus denen es hergestellt ist, in absteigender Reihenfolge ihres Gewichtsanteils.
Stärke, physikalisch modifizierte oder enzymatisch modifizierte Stärke	„Stärke“
Fisch aller Art, wenn Bezeichnung oder Aufmachung sich nicht auf eine bestimmte Fischart beziehen	„Fisch“
Käse oder Käsemischungen aller Art, wenn Bezeichnung oder Aufmachung sich nicht auf eine bestimmte Käsesorte beziehen	„Käse“
Gewürze jeder Art und ihre Auszüge, sofern sie insgesamt nicht mehr als 2 % des Gewichts des Lebensmittels betragen	„Gewürz(e)“ oder „Gewürzmischung“

Zutat:	Klassenname:
Kräuter oder Kräuterteile jeder Art, sofern sie insgesamt nicht mehr als 2 % des Gewichts des Lebensmittels betragen	„Kräuter" oder „Kräutermischung"
Grundstoffe jeder Art, die für die Herstellung der Kaumasse von Kaugummi verwendet werden	„Kaumasse"
Saccharose jeder Art	„Zucker"
Glukosesirup und getrockneter Glukosesirup	„Glukosesirup"
kristallwasserfreie und kristallwasserhaltige Dextrose	„Dextrose" oder „Traubenzucker"
Milcheiweiß jeder Art (Kaseine, Kaseinate und Molkeneiweiß) und Mischungen daraus	„Milcheiweiß"
Kakaopreßbutter, Expeller-Kakaobutter, raffinierte Kakaobutter	„Kakaobutter"
kandierte Früchte jeder Art, sofern sie insgesamt nicht mehr als 10 % des Gewichts des Lebensmittels betragen	„kandierte Früchte"
Paniermehl jeglichen Ursprungs	„Paniermehl"
Gemüsemischungen, die nicht mehr als 10 v. H. des Gewichts des Lebensmittels betragen	„Gemüse"

Zutat:	**Klassenname:**
Wein jeder Art i. S. der Vorschriften über die gemeinsame Marktorganisation für Wein in der EG	„Wein"

Selbstverständlich bleibt es jedem unbenommen, eine weitergehende Einzelaufzählung durchzuführen. So kann der Klassenname „pflanzliches Öl" auch durch die exaktere Verkehrsbezeichnung „Sonnenblumen-Öl" ersetzt werden.
Im Gegensatz zu den **zuvor** angeführten Klassennamen, die im Zutatenverzeichnis angegeben werden können **(Kann-Vorschrift), müssen** die **nachfolgenden Klassennamen** von Zutaten **(Zusatzstoffen)** stets im Zutatenverzeichnis, **gefolgt von der Verkehrsbezeichnung oder** der **E-Nummer**, angegeben werden **(Soll- oder Muß-Vorschrift).**
Farbstoff*
Konservierungsstoff*
Antioxidationsmittel*
Emulgator
Verdickungsmittel
Geliermittel
Stabilisator
Geschmacksverstärker*
Säuerungsmittel
Säureregulator
Trennmittel
modifizierte Stärke
Süßstoff*
Backtriebmittel
Schaumverhüter
Überzugsmittel*
Schmelzsalz (nur bei Schmelzkäse)
Mehlbehandlungsmittel
Festigungsmittel
Füllstoff
Treibgas

Hinweis:
Die mit * gekennzeichneten Klassen von Zutaten (Zusatzstoffe) müssen auch bei loser Ware auf den Speisekarten, Wochenplänen etc. kenntlich gemacht werden.

Bei den Zusatzstoffen handelt es sich um Zutaten, die den Lebensmitteln für bestimmte technologische Zwecke zugesetzt werden. Diese Klassen wurden in der Zusatzstoffzulassungs-Verordnung definiert. Gehört eine Zutat zu mehreren Klassen aufgrund ihrer unterschiedlichen Wirkungen, so muß die Klasse angegeben werden, der die Zutat aufgrund ihrer hauptsächlichen Wirkung für das betreffende Lebensmittel zuzuordnen ist. Wie bereits betont, müssen diese Stoffe in der Zutatenliste mit dem Namen der Klasse, gefolgt von der Verkehrsbezeichnung oder E-Nummer, angegeben werden.

In der Zusatzstoffzulassungs-Verordnung ist definiert, welche Klassen von Zusatzstoffen den Lebensmitteln für bestimmte technologische Zwecke zugesetzt werden. Nachfolgend einige Erläuterungen zu diesen verschiedenen Klassen der Zusatzstoffe:

1. Konservierungsstoffe
Konservierungsstoffe sind Stoffe, die die Haltbarkeit von Lebensmitteln verlängern, indem sie diese vor den schädlichen Einwirkungen von Mikroorganismen schützen;
z. B. Sorbinsäure, Benzoesäure, Salze der schwefeligen Säure (Sulfite)

Anwendung:
z. B. bei Feinkostsalaten, Gurken, Dressings, Marinaden

2. Antioxidationsmittel
Antioxidationsmittel sind Stoffe, die die Haltbarkeit von Lebensmitteln verlängern, indem sie diese vor den schädlichen Auswirkungen der Oxidation, wie Ranzigwerden von Fett, und vor Farbveränderungen schützen;
z. B. Gallate, BHT, BHA

Anwendung:
z. B. bei Chips, Soßen-, Suppen-, Instantprodukten

3. Trägerstoffe
Trägerstoffe, einschließlich Trägerlösungsmittel, sind Stoffe, die verwendet werden, um einen Lebensmittelzusatzstoff zu lösen, zu verdünnen, zu dispergieren oder auf andere Weise physikalisch zu modifizieren, ohne seine technologische Funktion zu verändern (und ohne selbst eine technologische Wirkung auszuüben), um dessen Handhabung oder Verwendung zu erleichtern);
z. B. Lecithine, Polysorbat, Sorbit

Anwendung:
z. B. bei Farbstoffen, Aromen

4. Säuerungsmittel
Säuerungsmittel sind Stoffe, die den Säuregrad eines Lebensmittels erhöhen und/oder diesem einen sauren Geschmack verleihen;
z. B. Milchsäure, Weinsäure, Zitronensäure, Apfelsäure

Anwendung:
z. B. in Marinaden, Fleisch und Fleischerzeugnissen

5. Säureregulatoren
Säureregulatoren sind Stoffe, die den Säuregrad oder die Alkalität eines Lebensmittels verändern oder steuern;
z. B. GDL (Glucono-delta-lakton), Genußsäuren wie Milch-, Essig- und Zitronensäure

Anwendung:
z. B. bei der Reifung der Rohwurst, Marinaden

6. Trennmittel
Trennmittel sind Stoffe, die die Tendenz der einzelnen Partikel eines Lebensmittels aneinanderzuhaften, herabsetzen;
z. B. Kieselsäure, Magnesiumstearat

Anwendung:
z. B. bei Speisesalz, Dragees, Trockenfrüchten

7. Schaumverhüter
Schaumverhüter sind Stoffe, die die Schaumbildung verhindern oder verringern;
z. B. oxidierte Öle

Anwendung:
z. B. beim Kochen von Konfitüren

8. Füllstoffe
Füllstoffe sind Stoffe, die einen Teil eines Volumens eines Lebensmittels bilden, ohne nennenswert zu dessen Gehalt oder Energie beizutragen;
z. B. Calciumcarbonat

Anwendung:
z. B. bei Vitamintabletten

9. Emulgatoren
Emulgatoren sind Stoffe, die es ermöglichen, die einheitliche Dispersion zweier oder mehrerer nichtmischbarer Phasen, wie z. B. Öl und Wasser, in einem Lebensmittel herzustellen oder aufrechtzuerhalten;
z. B. Mono- und Diglyceride von Speisefettsäuren verestert mit Genußsäuren und Lecithinen

Anwendung:
z. B. bei Dressings, Dips, Soßen

10. Schmelzsalze
Schmelzsalze sind Stoffe, die im Käse enthaltene Proteine in eine dispergierte Form überführen und hierdurch eine homogene Verteilung von Fett und anderen Bestandteilen herbeiführen;
z. B. Di- und Polyphosphate, Salze der Milch- und Zitronensäure

Anwendung:
bei Schmelzkäse

11. Festigungsmittel
Festigungsmittel sind Stoffe, die dem Zellgewebe von Obst und Gemüse Festigkeit verleihen bzw. diese erhalten, oder die zusammen mit einem Geliermittel ein Gel erzeugen oder festigen;
z. B. Calcium- und Aluminiumsalze mit Pektinen

Anwendung:
z. B. in Obstprodukten

12. Geschmacksverstärker
Geschmacksverstärker sind Stoffe, die den Geschmack oder den Geruch eines Lebensmittels verstärken;
z. B. Glutaminsäure und Glutamate

Anwendung:
z. B. bei Fleischerzeugnissen, Soßenpulvern, Würzen

13. Schaummittel
Schaummittel sind Stoffe, die die Bildung einer einheitlichen Dispersion, einer „gasförmigen" Phase in einem flüssigen oder festen Lebensmittel, ermöglichen;
z. B. Emulgatoren

Anwendung:
z. B. als Aufschlagmittel (Wirkung wie Eischnee)

14. Geliermittel
Geliermittel sind Stoffe, die Lebensmitteln durch Gelbildung eine verfestigte Form geben;
z. B. Alginate, Agar-Agar, Gelatine

Anwendung:
z. B. bei Aspik

15. Überzugsmittel
Überzugsmittel, einschließlich Gleitmittel, sind Stoffe, die der Oberfläche eines Lebensmittels ein glänzendes Aussehen verleihen oder einen Schutzüberzug bilden;
z. B. Wachse, Tragant, Schellack

Anwendung:
z. B. bei Pralinen, Zitrusfrüchten, Äpfeln, Melonen

16. Feuchthaltemittel
Feuchthaltemittel sind Stoffe, die das Austrocknen von Lebensmitteln verhindern, indem sie die Auswirkungen einer Atmosphäre mit geringem Feuchtigkeitsgehalt ausgleichen, oder Stoffe, die die Auflösung eines Pulvers im wäßrigen Medium fördern;
z. B. Wachse, Mastix, Sorbit

Anwendung:
z. B. bei Süßwaren, Marzipan

17. Modifizierte Stärken
Modifizierte Stärken sind durch ein- oder mehrmalige chemische Behandlung aus eßbaren Stärken gewonnene Stoffe. Diese eßbaren Stärken können einer physikalischen oder enzymatischen Behandlung unterzogen und durch Säure- oder Alkalibehandlung dünnkochend oder gebleicht worden sein;
z. B. phosphatierte Stärken

Anwendung:
z. B. zum Andicken und Erreichen unterschiedlicher Dickungsgrade in Lebensmitteln, Suppen

18. Packgase
Packgase sind Gase außer Luft, die vor oder nach dem Lebensmittel oder gleichzeitig mit diesem in das entsprechende Behältnis abgefüllt werden;
z. B. Stickstoff, Kohlendioxid

Anwendung:
z. B. Schutzgase

19. Treibgase
Treibgase sind Gase, die ein Lebensmittel aus einem Behältnis herauspressen;
z. B. Distickstoffoxid (Lachgas)

Anwendung:
z. B. Sprühdose mit Schlagsahne

20. Backtriebmittel
Backtriebmittel sind Stoffe oder Kombinationen von Stoffen, die Gas freisetzen und dadurch das Volumen des Teigs vergrößern;
z. B. Natriumhydrogencarbonat (Natron), Hirschhornsalz

Anwendung:
z. B. in Backpulver

21. Komplexbildner
Komplexbildner sind Stoffe, die mit Metallionen chemische Komplexe (Verbindungen) bilden;
z. B. Wein- und Zitronensäure, Ethylendiamintetraessigsäure (EDTA)

Anwendung:
z. B. als „Metallfänger", verhindern Verfärbungen und Vitaminabbau in Konserven

22. Stabilisatoren
Stabilisatoren sind Stoffe, die es ermöglichen, den physikalisch-chemischen Zustand eines Lebensmittels aufrechtzuerhalten. Stabilisatoren erhalten sowohl Stoffe, die es ermög-

lichen, die einheitliche Dispersion zweier oder mehrerer nichtmischbarer Phasen in einem Lebensmittel aufrechtzuerhalten, als auch Stoffe, durch welche die vorhandene Farbe eines Lebensmittels stabilisiert, bewahrt oder intensiviert wird;
z. B. Alginate, Guakern-, Johannesbrotkernmehl, Derivate von Stärken

Anwendung:
z. B. zur Stabilisierung von Emulsionen, Farbhaltung bei Fleischerzeugnissen

23. Verdickungsmittel
Verdickungsmittel sind Stoffe, die die Viskosität eines Lebensmittels erhöhen;
z. B. Alginate, Carrageen, Carboxymethylcellulose (CMC)

Anwendung:
z. B. in Suppen, Soßen, Füllungen, Getränken

24. Kaumasse
Kaumasse ist die zum Kauen bestimmte, nichtverdauliche Zubereitung, die als Grundstoff für die Herstellung von Kaugummi bestimmt ist, jedoch nicht zum Verschlucken.

25. Mehlbehandlungsmittel
Mehlbehandlungsmittel sind Stoffe – außer Emulgatoren –, die dem Mehl oder dem Teig zugefügt werden, um deren Backfähigkeit zu verbessern;
z. B. Cystin, Cystein

Anwendung:
z. B. in Brot- und Backwaren zur Verbesserung der Klebereigenschaften

Alle diese Zusatzstoffe sind mit einer E-Nummer versehen.

Was bedeutet die E-Nummer?
Das „E" bedeutet:

- Europa bzw. EG-EU
- Edible/Eßbar
- Dieser Stoff wurde auf gesundheitliche Unbedenklichkeit geprüft.

- Dieser Stoff kann im Rahmen der festgestellten gesundheitlichen Unbedenklichkeit auf Höchstmengen und nach Prüfung der technischen Notwendigkeit eingesetzt werden.

- An diesen Stoff werden bestimmte Reinheitskriterien gestellt, die gemeinschaftlich festgelegt wurden.

- Dieser Stoff entspricht diesen Anforderungen.

- Durch die „E-Nummer" wird ein unverwechselbarer Namensbestandteil fixiert. (Es sind so keine Verwechslungsmöglichkeiten aufgrund unterschiedlicher Sprache oder chemischer Nomenklatur vorhanden.)

- Diese „E-Nummern" gelten europaweit, obwohl die Stoffnamen durchaus unterschiedlich sein können.

Warum nennt man die Zusatzstoffe nicht bei ihrem Namen?
Es wird häufig behauptet, bei den E-Nummern handele es sich um eine Verschleierung nach Art eines „Geheimcodes". Diese Behauptung ist wenig stichhaltig, denn die Stoffnamen sagen dem Verbraucher in der Regel wenig. Nur ein sehr geringer Teil der Bevölkerung würde z. B. mit der Bezeichnung Butylhydroxyanisol (BHA) etwas anfangen können. Mit dem Klassennamen Antioxidationsmittel bekommt er die Information über den Anwendungsgrund. Es ist jedoch unbestritten, daß die Angabe des Stoffnamens für gewisse Bevölkerungskreise (Allergiker) durchaus wichtig sein kann. Dabei darf nicht verkannt werden, daß es für denjenigen, der sich dafür interessiert, durchaus zumutbar ist, sich nach dem Stoff zu erkundigen.

Um jederzeit feststellen zu können, was sich hinter der E-Nummer „verbirgt", sind in der nachfolgenden Liste alle zugelassenen Zusatzstoffe mit ihrer Verkehrsbezeichnung gemäß Zusatzstoffverkehrs-Verordnung (ZVerkV) und sonst verwandten Bezeichnungen numerisch aufgeführt.

Zusatzstoffe mit E-Nummern

E-Nr.	Verkehrsbezeichnung gemäß ZVerkV neu	Synonyme (EU), Auswahl	vereinfachte Bezeichnung (national)
1	2	3	4
E 100	Kurkumin		
E 101	i) Riboflavin ii) Riboflavin-5'-Phosphat	Lactoflavin	
E 102	Tartrazin		
E 104	Chinolingelb		
E 110	Gelborange S	Sunsetgelb FCF	
E 120	Echtes Karmin	Cochenille, Karminsäure, Karmin	
E 122	Azorubin	Carmoisin	
E 123	Amaranth		
E 124	Cochenillerot A	Ponceau 4R	
E 127	Erythrosin		
E 128	Rot 2G		
E 129	Allurarot AC		
E 131	Patentblau V		
E 132	Indigotin	Indigokarmin	
E 133	Brillantblau FCF		
E 140	i) Chlorophylle ii) Chlorophylline		
E 141	i) kupferhaltige Komplexe der Chlorophylle ii) kupferhaltige Komplexe der Chlorolphylline	i) Kupferchlorophyll	
E 142	Grün S		
E 150 a	Einfaches Zuckerkulör		
E 150 b	Sulfitlaugen-Zuckerkulör		

E-Nr.	Verkehrsbezeichnung gemäß ZVerkV neu	Synonyme (EU), Auswahl	vereinfachte Bezeichnung (national)
E 150 c	Ammoniak-Zuckerkulör		
E 150 d	Ammonsulfit-Zuckerkulör		
E 151	Brillantschwarz BN	Schwarz PN	
E 153	Pflanzenkohle		
E 154	Braun FK		
E 155	Braun HT		
E 160 a	Carotine i) gemischte Carotine ii) Beta-Carotin	i) natürliche Carotine ii) ß-Carotin	
E 160 b	Annatto; Bixin; Norbixin	Orlean	
E 160 c	Paprikaextrakt; Capsanthin; Capsorubin	Paprika Oleoresin	
E 160 d	Lycopin		
E 160 e	Beta-apo-8'Carotinal (C 30)	ß-Apocarotine	
E 160 f	Beta-apo-8'-Carotin-säure-Ethylester (C 30)	Carotinsäureester	
E 161 b	Lutein	Xanthophylle	
E 161 g	Canthaxanthin		
E 162	Beetenrot	Betanin	
E 163	Anthocyane		
E 170	Calciumcarbonat		
E 171	Titandioxid		
E 172	Eisenoxide und Eisenhydroxide		
E 173	Aluminium		
E 174	Silber		
E 175	Gold		

E-Nr.	Verkehrsbezeichnung gemäß ZVerkV neu	Synonyme (EU), Auswahl	vereinfachte Bezeichnung (national)
E 180	Litholrubin BK	Rubinpigment	
E 200	Sorbinsäure		
E 202	Kaliumsorbat		
E 203	Calciumsorbat		
E 210	Benzoesäure		
E 211	Natriumbenzoat		
E 212	Kaliumbenzoat		
E 213	Calciumbenzoat		
E 214	Ethyl-p-hydroxybenzoat		
E 215	Natriumethyl-p-hydroxybenzoat		
E 216	Propyl-p-hydroxybenzoat		
E 217	Natriumpropyl-p-hydroxybenzoat		
E 218	Methyl-p-hydroxybenzoat		
E 219	Natriummethyl-p-hydroxybenzoat		
E 220	Schwefeldioxid		
E 221	Natriumsulfit	Dinatriumsulfit	
E 222	Natriumhydrogensulfit		
E 223	Natriummetabisulfit	Dinatriumdisulfit	
E 224	Kaliummetabisulfit	Dikaliumdisulfit	
E 226	Calciumsulfit		
E 227	Calciumbisulfit	Calciumhydrogrensulfit	
E 228	Kaliumbisulfit	Kaliumhydrogensulfit	
E 230	Biphenyl	Diphenyl	
E 231	Orthophenylphenol		
E 232	Natriumorthophenylphenol		
E 234	Nisin		
E 235	Natamycin	Pimaricin	

E-Nr.	Verkehrsbezeichnung gemäß ZVerkV neu	Synonyme (EU), Auswahl	vereinfachte Bezeichnung (national)
E 239	Hexamethylentetramin	Hexamin	
E 242	Dimethyldicarbonat	DMDC	
E 249	Kaliumnitrit		
E 250	Natriumnitrit		
E 251	Natriumnitrat		
E 252	Kaliumnitrat		Salpeter
E 260	Essigsäure		
E 261	Kaliumacetat		
E 262	Natriumacetate i) Natriumacetat ii) Natriumdiacetat	ii) Natriumhydrogen-acetat	
E 263	Calciumacetat		
E 270	Milchsäure		
E 280	Propionsäure		
E 281	Natriumpropionat		
E 282	Calciumpropionat		
E 283	Kaliumpropionat		
E 284	Borsäure		
E 285	Natriumtetraborat (Borax)		
E 290	Kohlendioxid	Kohlensäure	
E 296	Äpfelsäure		
E 297	Fumarsäure		
E 300	Ascorbinsäure		
E 301	Natriumascorbat		
E 302	Calciumascorbat		
E 304	Fettsäureester der Ascorbinsäure i) Ascorbylpalmitat ii) Ascorbylstereat		

E-Nr.	Verkehrsbezeichnung gemäß ZVerkV neu	Synonyme (EU), Auswahl	vereinfachte Bezeichnung (national)
E 306	Stark tocopherolhaltige Extrakte		
E 307	Alpha-Tocopherol		
E 308	Gamma-Tocopherol		
E 309	Delta-Tocopherol		
E 310	Propylgallat		
E 311	Octylgallat		
E 312	Dodecylgallat		
E 315	Isoascorbinsäure	Erythorbinsäure	
E 316	Natriumisoascorbat	Natriumerythorbat	
E 320	Butylhydroxyanisol (BHA)		
E 321	Butylhydroxytoluol (BHT)		
E 322	Lecithine	Lecithin	
E 325	Natriumlactat		
E 326	Kaliumlactat		
E 327	Calciumlactat		
E 330	Citronensäure		
E 331	Natriumcitrate i) Mononatriumcitrat ii) Dinatriumcitrat iii) Trinatriumcitrat		
E 332	Kaliumcitrate i) Monokaliumcitrat ii) Trikaliumcitrat		
E 333	Calciumcitrate i) Monocalciumcitrat ii) Dicalciumcitrat iii) Tricalciumcitrat		
E 334	L(+)-Weinsäure	Weinsäure	

E-Nr.	Verkehrsbezeichnung gemäß ZVerkV neu	Synonyme (EU), Auswahl	vereinfachte Bezeichnung (national)
E 335	Natriumtartrate i) Mononatriumtartrat ii) Ascorbylstearat		
E 336	Kaliumtartrate i) Monokaliumtartrat ii) Dikaliumtartrat		
E 337	Kaliumnatriumtartrat	Natriumkaliumtartrat	
E 338	Phosphorsäure		
E 339	Natriumphosphate i) Mononatriumphosphat ii) Dinatriumphosphat iii) Trinatriumphosphat		
E 340	Kaliumphosphat i) Monokaliumphosphat ii) Dikaliumphosphat iii) Trikaliumphosphat		
E 341	Calciumphosphate i) Monocalciumphosphat ii) Dicalciumphosphat iii) Tricalciumphosphat		
E 350	Natriummalate i) Natriummalat ii) Natriumhydrogenmalat		Salze der Äpfelsäure
E 351	Kaliummalat		Salze der Äpfelsäure
E 352	Calciummalate i) Calciummalat ii) Calciumhydrogenmalat		Salze der Äpfelsäure
E 353	Metaweinsäure		
E 354	Calciumtartrat		Salze der Weinsäure
E 355	Adipinsäure		
E 356	Natriumadipat		

E-Nr.	Verkehrsbezeichnung gemäß ZVerkV neu	Synonyme (EU), Auswahl	vereinfachte Bezeichnung (national)
E 357	Kaliumadipat		
E 363	Bernsteinsäure		
E 380	Triammoniumcitrat		Salz der Citronensäure
E 385	Calciumdinatrium-ethylendiamin-tetra-acetat	Calcium-dinatrium-EDTA	
E 400	Alginsäure		Alginat
E 401	Natriumalginat		Alginat
E 402	Kaliumalginat		Alginat
E 403	Ammoniumalginat		Alginat
E 404	Calciumalginat		Alginat
E 405	Propylenglycolalginat		Alginat
E 406	Agar-Agar		
E 407	Carrageen		
E 407 a	Verarbeitete Euchema-Algen		
E 410	Johannisbrotkernmehl		
E 412	Guarkernmehl		Guar
E 413	Traganth		
E 414	Gummi arabicum		
E 415	Xanthan		
E 416	Karaya	Karayagummi	
E 417	Tarakernmehl		
E 418	Gellan		
E 420	Sorbit i) Sorbit ii) Sorbitsirup		
E 421	Mannit		
E 422	Glycerin		

E-Nr.	Verkehrsbezeichnung gemäß ZVerkV neu	Synonyme (EU), Auswahl	vereinfachte Bezeichnung (national)
E 432	Polyoxyethylensorbitanmonolaurat (Polysorbat 20)		
E 433	Polyoxyethylensorbitanmonooleat (Polysorbat (80)		
E 434	Polyoxyethylensorbitanmonopalmitat (Polysorbat 40)		
E 435	Polyoxyethylensorbitanmonostearat (Polysorbat 60)		
E 436	Polyoxyethylensorbitantristearat (Polysorbat 65)		
E 440	Pektine i) Pektin ii) Amidiertes Pektin		
E 442	Ammoniumsalze der Phosphatidsäuren		
E 444	Saccharoseacetatisobutyrat		
E 445	Glycerinester aus Wurzelharz		
E 450	Diphosphate i) Dinatriumdiphospat ii) Trinatriumdiphosphat iii) Tetranatriumdiphosphat iv) Dikaliumdiphosphat v) Tetrakaliumdiphosphat vi) Dicalciumdiphosphat vii) Calciumdihydrogendiphosphat		Phosphat
E 451	Triphosphate i) Pentanatriumtriphosphat ii) Pentakaliumtriphosphat		Phosphat
E 452	Polyphosphate i) Natriumpolyphosphat ii) Kaliumpolyphosphat iii) Natriumcalciumpolyphosphat iv) Calciumpolyphosphat		Phosphat

E-Nr.	Verkehrsbezeichnung gemäß ZVerkV neu	Synonyme (EU), Auswahl	vereinfachte Bezeichnung (national)
E 460	Cellulose i) Mikrokristalline Cellulose ii) Cellulosepulver		
E 461	Methylcellulose		
E 463	Hydroxypropylcellulose		
E 464	Hydroxypropylmethylcellulose		
E 465	Ethylmethylcellulose		
E 466	Carboxymethylcellulose, Natriumcarboxymethylcellulose		
E 470 a	Natrium-, Kalium- und Calciumsalze von Speisefettsäuren		Salze der Speisefett-säuren
E 470 b	Magnesiumsalze von Speisefettsäuren		Salze der Speisefett-säuren
E 471	Mono- und Diglyceride von Speisefett-säuren		Monoglycerid; Mono- und Diglycerid
E 472 a	Essigsäureester von Mono- und Diglyce-riden von Speisefettsäuren		Verestertes Mono- und Diglycerid
E 472 b	Milchsäureester von Mono- und Digly-ceriden von Speisefettsäuren		Verestertes Mono- und Diglycerid
E 472 c	Citronensäureester von Mono- und Diglyceriden von Speisefettsäuren		Verestertes Mono- und Diglycerid
E 472 d	Weinsäureester von Mono- und Diglyceriden von Speisefettsäuren		Verestertes Mono- und Diglycerid

E-Nr.	Verkehrsbezeichnung gemäß ZVerkV neu	Synonyme (EU), Auswahl	vereinfachte Bezeichnung (national)
E 472 e	Mono- und DiacetylenMono- und Diglyceriden von Speisefettsäuren		Verestertes Mono- und Diglycerid
E 472 f	Gemischte Wein- und Essigsäureester von Mono- und Diglyceriden von Speisefettsäuren		Verestertes Mono- und Diglycerid
E 473	Zuckerester von Speisefettsäuren		
E 474	Zuckerglyceride		
E 475	Polyglycerinester von Speisefettsäuren		Polyglycerinester
E 476	Polyglycerin-Polyricinoleat		
E 477	Propylenglycolester von Speisefettsäuren		
E 479 b	Thermooxidiertes Sojaöl mit Mono- und Diglyceriden von Speisefettsäuren		
E 481	Natriumstearoyl-2-lactylat		
E 482	Calciumstearoyl-2-lactylat		
E 483	Stearoyltartrat		
E 491	Sorbitanmonostearat		
E 492	Sorbitantristearat		
E 493	Sorbitanmonolaurat		
E 494	Sorbitanmonooleat		
E 495	Sorbitanmonopalmitat		
E 500	Natriumcarbonate i) Natriumcarbonat ii) Natriumhydrogencarbonat iii) Natriumsesquicarbonat		Natriumcarbonat
E 501	Kaliumcarbonate i) Kaliumcarbonat ii) Kaliumhydrogencarbonat		Kaliumcarbonat Pottasche

E-Nr.	Verkehrsbezeichnung gemäß ZVerkV neu	Synonyme (EU), Auswahl	vereinfachte Bezeichnung (national)
E 503	Ammoniumcarbonate i) Ammoniumcarbonat ii) Ammoniumhydrogencarbonat		
E 504	Magnesiumcarbonate i) Magnesiumcarbonat ii) Magnesiumhydroxidcarbonat, Magnesiumhydrogencarbonat		
E 507	Salzsäure		
E 508	Kaliumchlorid		
E 509	Calciumchlorid		
E 511	Magnesiumchlorid		
E 512	Zinn-II-chlorid		
E 513	Schwefelsäure		
E 514	Natriumsulfate i) Natriumsulfat ii) Natriumhydrogensulfat		
E 515	Kaliumsulfate i) Kaliumsulfat ii) Kaliumhydrogensulfat		
E 516	Calciumsulfate		
E 517	Ammoniumsulfate		
E 520	Aluminiumsulfat		
E 521	Aluminiumnatriumsulfat		
E 522	Aluminiumkaliumsulfat		
E 523	Aluminiumammoniumsulfat		
E 524	Natriumhydroxid		
E 525	Kaliumhydroxid		
E 526	Calciumhydroxid		
E 527	Ammoniumhydroxid		
E 528	Magnesiumhydroxid		

E-Nr.	Verkehrsbezeichnung gemäß ZVerkV neu	Synonyme (EU), Auswahl	vereinfachte Bezeichnung (national)
E 529	Calciumoxid		
E 530	Magnesiumoxid		
E 535	Natriumferrocyanid		gelbes Blutlaugensalz
E 536	Kaliumferrocyanid		gelbes Blutlaugensalz
E 538	Calciumferrocyanid		gelbes Blutlaugensalz
E 541	Saures Natriumaluminiumphosphat		
E 551	Siliciumdioxid		Kieselsäure
E 552	Calciumsilicat		Kieselsäure
E 553 a	i) Magnesiumsilicat ii) Magnesiumtrisilicat		Kieselsäure
E 553 b	Talkum		Kieselsäure
E 554	Natriumaluminiumsilicat		Kieselsäure
E 555	Kaliumaluminiumsilicat		Kieselsäure
E 556	Calciumaluminiumsilicat		Kieselsäure
E 558	Bentonit		Kieselsäure
E 559	Aluminiumsilicat, Kaolin		Kieselsäure
E 570	Fettsäuren		Speisefettsäuren
E 574	Gluconsäure		
E 575	Glucono-delta-lacton		
E 576	Natriumgluconat		
E 577	Kaliumgluconat		
E 578	Calciumgluconat		
E 579	Eisen-II-gluconat		
E 585	Eisen-II-lactat		
E 620	Glutaminsäure		

E-Nr.	Verkehrsbezeichnung gemäß ZVerkV neu	Synonyme (EU), Auswahl	vereinfachte Bezeichnung (national)
E 621	Mononatriumglutamat		
E 622	Monokaliumglutamat		
E 623	Calciumdiglutamat		
E 624	Monoammoniumglutamat		
E 625	Magnesiumdiglutamat		
E 626	Guanylsäure		Guanylat
E 627	Dinatriumguanylat		Guanylat
E 628	Dikaliumguanylat		Guanylat
E 629	Calciumguanylat		Guanylat
E 630	Inosinsäure		Inosinat
E 631	Dinatriuminosinat		Inosinat
E 632	Dikaliuminosinat		Inosinat
E 633	Calciuminosinat		Inosinat
E 634	Calcium-5'-ribonucleotid		
E 635	Dinatrium-5'-ribonucleotid		
E 640	Glycin und dessen Natriumsalz		
E 900	Dimethylpolysiloxan		
E 901	Bienenwachs, weiß und gelb		
E 902	Candelillawachs		
E 903	Carnaubawachs		
E 904	Schellack		
E 912	Montansäureester		
E 914	Polyethylenwachsoxidate		
E 927 b	Carbamid		
E 938	Argon		
E 939	Helium		
E 941	Stickstoff		

E-Nr.	Verkehrsbezeichnung gemäß ZVerkV neu	Synonyme (EU), Auswahl	vereinfachte Bezeichnung (national)
E 942	Distickstoffmonoxid		
E 948	Sauerstoff		
E 950	Acesulfam-K	Acesulfam	
E 951	Aspartam		
E 952	Cyclohexansulfamidsäure und ihre Na- und Ca-Salze i) Cyclohexansulfamidsäure ii) Natriumcyclamat iii) Calciumcyclamat	Cyclamat	
E 953	Isomalt		
E 954	Saccharin und seine Na-, K- und Ca-Salze i) Saccharin ii) Saccharin-Natrium iii) Saccharin-Calcium iv) Saccharin-Kalium	Saccharin	
E 957	Thaumatin		
E 959	Neophesperidin DC	NHDC	
E 965	Maltit i) Maltit ii) Maltitsirup		
E 966	Lactit	Lactitol	
E 967	Xylit	Xylitol	
E 999	Quillajaextrakt		
E 1105	Lysozym		
E 1200	Polydextrose		
E 1201	Polyvinylpyrrolidon		
E 1202	Polyvinylpolypyrrolidon		
E 1404	Oxidierte Stärke		modifizierte Stärke

E-Nr.	Verkehrsbezeichnung gemäß ZVerkV neu	Synonyme (EU), Auswahl	vereinfachte Bezeichnung (national)
E 1410	Monostärkephosphat		modifiziert Stärke
E 1412	Distärkephosphat		modifizierte Stärke
E 1413	Phosphatiertes Distärkephosphat		modifizierte Stärke
E 1414	Acetyliertes Distärkephosphat		modifizierte Stärke
E 1420	Acetylierte Stärke		modifizierte Stärke
E 1422	Acetyliertes Distärkeadipat		modifizierte Stärke
E 1440	Hydroxypropylstärke		modifizierte Stärke
E 1442	Hydroxypropyldistärkephosphat		modifizierte Stärke
E 1450	Stärkenatriumoctenylsuccinat		modifizierte Stärke
E 1505	Triethylcitrat		
E 1518	Glycerintriacetat	Triacetin	

Kennzeichnung verpackter Lebensmittel

Allgemeines

Beim Einkauf von Lebensmitteln können sich die Verbraucher – und das sind auch Gastronomen, Köche und Verantwortliche der Gemeinschaftsverpflegung – in der Regel nicht direkt von Aussehen, Zustand und Menge des Inhaltes überzeugen, da der überwiegende Teil der Lebensmittel heute verpackt angeboten wird. Um sicherzustellen, daß der Abnehmer die erforderlichen Informationen erhält und Täuschungen sowie Irreführung verhindert werden, wurden Kennzeichnungen auf den Packungen vorgeschrieben. Die auf den Packungen angebrachten **Informationen** sind auch für **Weiterverarbeiter** wichtig (z. B. Zusatzstoffe, Haltbarkeit) und sollten deshalb stets beachtet werden.

Was ist eine Packung?

Der Verordnungsgeber spricht von Fertigpackungen mit folgenden Merkmalen:

1. Die Erzeugnisse befinden sich in Verpackungen beliebiger Art, die
2. in Abwesenheit des Käufers abgepackt und verschlossen werden,
3. wobei die Menge des darin enthaltenen Erzeugnisses ohne Öffnen oder merkliche Änderung der Verpackung nicht verändert werden kann.

Welche Fertigpackungen müssen nicht gekennzeichnet werden?

Die Pflicht zur Kennzeichnung von Lebensmitteln in Fertigpackungen entfällt, wenn diese

1. in der Verkaufsstätte zur alsbaldigen Abgabe an den Verbraucher hergestellt,
2. dort abgegeben werden,
3. jedoch nicht zur Selbstbedienung.

Sind diese drei Forderungen erfüllt, können Lebensmittel in Packungen abgegeben werden, ohne daß eine Kennzeichnungspflicht besteht (weitere Ausnahmen siehe unten).

Welche Angaben (Kennzeichnungselemente) müssen auf der Packung angebracht sein?

1. Die **Verkehrsbezeichnung.**
2. **Der Name oder die Firma und die Anschrift des Hersteller,** des Verpackers oder eines in der EG niedergelassenen Verkäufers.
3. Das **Verzeichnis der Zutaten.**
4. Das **Mindesthaltbarkeitsdatum oder Verbrauchsdatum.**
5. Die **Mengenkennzeichnung.**
6. Der vorhandene **Alkoholgehalt** bei Getränken mit einem Alkoholgehalt von mehr als 1,2 Vol. %.

Erläuterungen zu den Kennzeichnungselementen

1. Verkehrsbezeichnung ist die übliche (handelsübliche) Bezeichnung. Ist diese nicht eindeutig oder besteht Verwechslungsgefahr mit einem ähnlichen Erzeugnis, so sind Erläuterungen erforderlich, wie z. B. bei „Bauernsalat": Das Produkt erweckt den Eindruck von üblichem Fleischsalat. Hier muß der Unterschied gegenüber Fleischsalat erläutert werden: z. B. „Fleischsalat mit Zusatz von Speck und Zwiebeln".

Merke: Nicht jedes verpackte Lebensmittel stellt auch eine Fertigpackung im Sinne der Verordnung dar.

Wegen der Vielfalt ähnlicher, verwechselbarer Produkte im Gemeinsamen Binnenmarkt kommt der Verkehrsbezeichnung und den Erläuterungen entscheidende Bedeutung zu. Die Verkehrsbezeichnung eines Lebensmittels in einem Mitgliedsstaat der EG kann etwas (völlig) anderes bedeuten als in Deutschland.

Wenn die Verkehrsbezeichnung des Herstellungslandes zu Verwechslungen mit hier angebotenen Lebensmitteln führen kann, müssen in der Nähe der Verkehrsbezeichnung weitere beschreibende Informationen angebracht sein, damit der Verbraucher im Vermarktungsland die tatsächliche Art des Lebensmittels erkennen und von solchen unterschieden kann, mit denen es verwechselt werden könnte.

Sollten wegen des hohen Grades der Abweichung die beschreibenden Informationen die korrekte Unterrichtung des Verbrauchers nicht gewährleisten, darf die Verkehrsbezeichnung des Herstellerlandes im Vermarktungsland nicht verwendet werden.

Bei „Marzipan" aus Dänemark, das aus entbitterten Aprikosen- und Pfirsichkernen hergestellt war, lag so ein Fall vor. In Deutschland muß ein derartiges Produkt als „Persipan" bezeichnet werden, da Marzipan nur aus Mandeln (und Zucker) hergestellt werden darf. Wenn das Erzeugnis z. B. als „Marzipan aus Dänemark, hergestellt aus entbitterten Pfirsich- und Aprikosenkernen" gekennzeichnet würde, müßte es hier verkehrsfähig sein.

Auch eine evtl. Abweichung von hier geltenden Normen (bei importierten Lebensmitteln) muß aus der Zutatenliste hervorgehen. Es ist besonders auf eventuell deklarationspflichtige Zusatzstoffe zu achten. Nur durch umfassende Information über eine erläuternde Verkehrsbezeichnung werden in Zukunft Täuschung und Irreführung des Verbrauchers vermieden werden können.

2. Die Angabe von Straße und Hausnummer kann bei mittleren und größeren Betrieben in der Regel entfallen.

3. Zutat ist jeder Stoff (einschl. Zusatzstoffen), der bei der Herstellung des Lebensmittels verwendet wird und verändert oder unverändert im Enderzeugnis erscheint.
   Das Verzeichnis der Zutaten besteht in einer Aufzählung der Zutaten in absteigender Reihenfolge ihres Gewichtsanteils zum Zeitpunkt der Herstellung. Für die Angabe der Zutaten gibt es eine Reihe von Sonderregelungen.
   Z. B. „Kräuter" oder „Kräutermischung" für Kräuter oder Kräuterteile jeder Art, sofern sie nicht mehr als 2 % des Gewichts des Lebensmittels betragen. Bei den Zusatzstoffen muß neben dem Klassennamen auch die Verkehrsbezeichnung oder die E-Nummer angegeben werden.
   Z. B. „Konservierungsstoff Sorbinsäure" oder „Konservierungsstoff E 200".

Neben der Verkehrsbezeichnung ist die Zutatenliste das entscheidende Kennzeichnungselement, um sich über die Art und Zusammensetzung des Lebensmittels informieren zu können.

4. Das Mindesthaltbarkeitsdatum wird in der Reihenfolge Tag, Monat und Jahr angegeben. Hier gibt es ebenfalls einige Sonderregelungen:

a) Die Angabe des Jahres kann entfallen, wenn die Mindesthaltbarkeit nicht mehr als drei Monate beträgt,
b) die Angabe des Tages kann entfallen, wenn die Mindesthaltbarkeit mehr als drei Monate beträgt,
c) die Angabe des Tages und des Monats kann entfallen, wenn die Mindesthaltbarkeit mehr als 18 Monate beträgt. Dann

> **Merke:**
> Die Zutatenliste gibt Auskunft über die Zusammensetzung eines Lebensmittels, da in der Zutatenliste alle Zutaten (einschl. aller Zusatzstoffe) aufgeführt sein müssen.

muß es allerdings heißen, „Mindestens haltbar bis Ende ...“ (z. B. 2001).

Ist die Mindesthaltbarkeit an die Einhaltung bestimmter Temperaturen gebunden, so müssen diese Temperaturen angegeben werden. Ausnahme: Bei Milch und Milcherzeugnissen heißt es: „gekühlt haltbar bis ...“. Unter „gekühlt“ versteht man dabei eine Temperatur bis maximal 10 °C.

Es dürfen Lebensmittel, deren Mindesthaltbarkeitsdatum überschritten ist, durchaus noch angeboten oder weiterverarbeitet werden, wenn sie noch einwandfrei sind. Nach Ablauf des Mindesthaltbarkeitsdatums ergibt sich eine besondere Sorgfalts- und Prüfungspflicht für den Anbieter bzw. Verarbeiter solcher Lebensmittel. Hat sich der Verantwortliche zum Beispiel durch Verkosten eines Speisequarks, dessen Mindesthaltbarkeitsdatum am Vortage abgelaufen war, davon überzeugt, daß dieser Quark noch völlig einwandfrei ist, so bestehen keinerlei Einwände gegen die Abgabe oder die Verarbeitung zu einer Quarkspeise. **Entscheidend** ist, daß das Lebensmittel seine **spezifischen Eigenschaften (Qualität)** noch aufweist.

Sonderregelung bei Hackfleisch, Hackfleischerzeugnissen und anderen in mikrobiologischer Hinsicht sehr leicht verderblichen Lebensmitteln:
Für diese Produkte gilt kein Mindesthaltbarkeitsdatum, sondern das **Verbrauchsdatum** „verbrauchen bis ...“. Diese Frist ist einem „Verfallsdatum“ gleichzusetzen, da das Erzeugnis nach diesem Termin weder abgegeben noch verarbeitet werden darf **(Verkehrsverbot!)**. Es muß sichergestellt werden, daß ein erneutes Inverkehrbringen nach Ablauf dieser Frist völlig ausgeschlossen ist.

5. Die Mengenbezeichnung läßt Preisvergleiche zu. Bei einer Reihe von Fertigpackungen, in denen sich die Lebensmittel in Aufgüssen befinden (Würstchen, Obst, Gemüse), muß das Abtropfgewicht angegeben werden. Der Käufer erhält so Informationen über die tatsächliche Menge nach Abzug der Aufgüsse.

Um eine Schnellinformation zu ermöglichen, hat der Gesetzgeber vorgeschrieben, daß

- die Verkehrsbezeichnung
- das Mindesthaltbarkeitsdatum oder Verbrauchsdatum
- die Mengenangabe

im gleichen Sichtfeld anzubringen sind. Das heißt, diese Kennzeichnungselemente müssen mit einem Blick zu erfassen sein.

Wichtig: Für mikrobiologisch **sehr leicht verderbliche** Lebensmittel (z. B. Feinkostsalate, Marinaden, Eiprodukte, die nicht konserviert sind), wurde ebenfalls das **Verbrauchsdatum,** verbunden mit Temperaturangaben über die ordnungsgemäße Lagerung, vorgeschrieben. Wie bereits betont, besteht nach Ablauf dieses Zeitpunktes für das Produkt absolutes Verkehrsverbot. Das Verkehrsverbot gilt auch, wenn der Verantwortliche der Auffassung ist, die Ware sei noch einwandfrei.

Merke!

Das Mindesthaltbarkeitsdatum eines Lebensmittels ist das Datum, bis zu dem das Lebensmittel unter angemessenen Aufbewahrungsbedingungen (z. B. Kühlung) seine spezifischen Eigenschaften behält. **Das Mindesthaltbarkeitsdatum ist keine Garantieerklärung des Herstellers, aber auch kein Verfallsdatum.**

Wichtige Ausnahmeregelungen für den Gaststätten- und GV-Bereich:

a) **Tafelfertig portionierte Gerichte**
Bei tafelfertig zubereiteten, portionierten Gerichten, die zur Abgabe an Einrichtungen zur Gemeinschaftsverpflegung und zum Verzehr an Ort und Stelle bestimmt sind, können Verkehrsbezeichnung, Mindesthaltbarkeitsdatum und Mengenangabe auf einem besonderen Begleitpapier (z. B. auch Lieferschein oder Rechnung) gemacht werden, das den Fertigpackungen beigefügt ist. Die Zutatenliste kann entfallen. Diese Kennzeichnungserleichterung trifft zum Beispiel für Fernküchen zu, die portionierte, tafelfertig zubereitete verpackte Gerichte ausliefern.

b) **Fleisch in Reife- und Transportpackungen**
Bei diesen Packungen ist, wie bei a), auf den Packungen nur die Mengenangabe erforderlich. Verkehrsbezeichnung, Firmenanschrift, Zutatenverzeichnis und Mindesthaltbarkeitsdatum können auf einem besonderen Begleitpapier angegeben werden.

c) **Spezielle Verpackungen**
Auf Fertigpackungen, die speziell zur Abgabe an Gaststätten und Einrichtungen zur Gemeinschaftsverpflegung bestimmt sind, muß keine Zutatenliste angegeben werden. Die Zutaten können auf einem Begleitpapier angegeben werden.

Weitere Sonderregelungen:
Um die Speisenausgabe zu rationalisieren und eine hygienische Abgabe zu gewährleisten, werden in dem hier zur Diskussion stehenden Bereich viele Lebensmittel verpackt und in

Merke:
Thermophore oder sonstige Isolierverpackungen (Styroporkästen) stellen keine Fertigpakkungen dar.

Merke:
Beim Einkaufen auf die Zutatenliste achten, die sich entweder auf der Packung oder auf einem Begleitpapier befindet. Die Kenntnis der Zutatenliste ist deshalb besonders wichtig, weil in ihr eventuell Zusatzstoffe (z. B. Farbstoffe, Konservierungstoffe) aufgeführt sind, die auf der Speisekarte oder auf den Speiseplänen deklariert werden müssen.

Merke:
Sind diese Bedingungen erfüllt, müssen die Pakkungen nicht gekennzeichnet werden.

Selbstbedienung abgegeben (Desserts, Feinkostsalate, Würstchen und Koteletts mit Brot, belegte Brote usw.). Da es sich hier um Fertigpackungen handelt, hätten diese verpackten Lebensmittel gekennzeichnet werden müssen, wenn nicht Sonderregelungen erfolgt wären. Diese Sonderregelungen waren nicht nur erforderlich wegen eventueller Wirtschaftlichkeit, sondern auch deshalb, um keinen Rückschritt in der hygienischen Abgabe der Lebensmittel hinnehmen zu müssen.

Jegliche Kennzeichnung bei Fertigpackungen kann entfallen, wenn folgende Bedingungen erfüllt sind:

Die Lebensmittel müssen
a) kurz vor der Abgabe zubereitet und
b) verzehrfertig hergerichtet
c) in Gaststätten und Einrichtungen zur Gemeinschaftsverpflegung im Rahmen der Selbstbedienung oder
d) zu karitativen Zwecken
e) zum unmittelbaren Verzehr abgegeben werden.

In **Cafeterien** werden häufig **Dauerbackwaren und Süßwaren** abgefüllt und neben den Mahlzeiten zusätzlich angeboten. Hier kann eine Kennzeichnung nach der Lebensmittel-Kennzeichnungsverordnung nur entfallen, wenn die Information der Essenteilnehmer auf andere Weise als durch die Kennzeichnung gewährleistet ist. So könnten zum Beispiel die Informationen über Menge, Inhalt, Haltbarkeit und Zutaten am Buffet erfolgen. Siehe Abschnitt Feine Backwaren.

Sollen **Brötchen** verpackt abgegeben werden, ist ebenfalls eine Kennzeichnung nach den Bestimmungen der Lebensmittel-Kennzeichnungsverordnung nicht erforderlich, wenn die vorgeschriebenen Angaben auf einem Schild auf oder neben der Ware angebracht werden.

Getränkeschankanlagen –
Technische Anforderungen und Hygiene

Allgemeines

Getränkeschankanlagen sind Anlagen im Sinne der Gewerbeordnung (Arbeitsschutz). Da diese Anlagen mit Lebensmitteln direkt in Berührung kommen, sind sie gleichzeitig auch Bedarfsgegenstände im Sinne des Lebensmittelgesetzes. Um Gäste und Personal vor Explosionsgefahren und gesundheitlichen Schäden zu schützen, waren besondere Regelungen erforderlich.

Was sind Getränkeschankanlagen?

Alle Anlagen, aus denen aus Behältnissen unter Verwendung von Druck (Pumpen, Gase) Getränke ausgeschenkt werden. Dazu zählen insbesondere:

Getränke- und Druckleitungen, Prüf-, Anstich- und Kühlvorrichtungen, Dreiweghähne, Mischaggregate, Zapfarmaturen, Druckminderer, Sicherheits- und Absperrventile, Schanktische und Spülvorrichtungen sowie Räume, in denen die an die Getränkeleitungen angeschlossenen Grundstoff- und Getränkebehälter lagern.

Technische Anforderungen an Getränkeschankanlagen

Die Getränkeschankanlagen müssen den Vorschriften des Gerätesicherheitsgesetzes entsprechen und im übrigen nach dem Stand der Technik errichtet und betrieben werden.

Wesentliche **Änderungen** (Einbau zusätzlicher Getränkeleitungen, Leitungsabzweigungen, Druckminderer, Sicherheitsventile, Prüfvorrichtungen und Auswechslung des Schanktisches) bedürfen einer **Neu-Erlaubnis.**

Technische Überwachung und Überprüfung der Getränkeschankanlagen

1. Abnahmeprüfung vor Erteilung der Erlaubnis zum Betrieb der Anlage.
2. Nach Inbetriebnahme wiederkehrende Überprüfung.
3. Sonderprüfungen, wenn ein Anlaß besteht (z. B. trotz erfolgter Überprüfung bei der Zulassung der Anlage stellen sich später Werkstoffmängel heraus).

Generelle Forderung:
Der Betreiber hat die Getränkeschankanlage so zu betreiben, daß die mit der Anlage in Berührung kommenden Getränke und Grundstoffe nicht z. B. durch Mikroorganismen, Verunreinigungen, Gerüche, Temperatur- oder Witterungseinflüsse nachteilig beeinflußt werden.

Reinigung

1. Getränke- und Grundstoffleitungen einschl. der Zapfarmaturen sind unmittelbar vor der ersten Inbetriebnahme zu reinigen.
2. Getränkeleitungen einschl. der Zapfarmaturen sind alle 2 Wochen zu reinigen sowie
3. bei jedem Wechsel der Getränkeart und
4. unmittelbar vor einer Unterbrechung des Betriebes von mehr als 1 Woche.
5. Der abwechselnd mit Getränk und Luft in Berührung kommende Teil der Zapfarmatur ist täglich einmal zu reinigen.
6. Grundstoffleitungen sind alle 3 Monate und
   a) bei jedem Wechsel des Grundstoffs
   b) unmittelbar vor einer Unterbrechung des Betriebes von mehr als 1 Woche zu reinigen.
7. Hinterdruckgasleitungen sind alle 12 Monate zu reinigen.
8. Leitungsanschlußteile sind vor jedem Anschluß sowie unmittelbar nach Herausnahme aus den Getränke- oder Grundstoffbehältern zu reinigen.
9. Getränke- und Grundstoffbehälter sind unmittelbar vor dem Einfüllen des Getränkes zu reinigen, wenn der Betreiber das Einfüllen vornimmt.
10. Für die Reinigung sind Reinigungsmittel zu verwenden, von denen der Hersteller bescheinigt hat, daß sie den allgemein anerkannten Regeln der Technik entsprechen.

Merke!
Alle **Getränkeschankanlagen** und Teile dieser Anlage **bedürfen der Zulassung** durch die Behörden! Die Zulassung solcher Anlagen und Anlagenteile erfolgt nach Überprüfung und Erteilung von Prüfnummern.

Weitere Auflagen beim Betrieb einer Getränkeschankanlage

1. Jeder, der eine Getränkeschankanlage betreibt, muß ein Betriebsbuch führen (Muster ist gesetzlich vorgeschrieben!).
2. Das Betriebsbuch ist an der Betriebsstätte aufzubewahren.
3. Nach jeder Reinigung der Getränkeleitungen ist unverzüglich der Tag und die Art der Reinigung einzutragen.
4. Die Eintragungen müssen durch denjenigen, der die Leitungen gereinigt hat, im Betriebsbuch schriftlich bestätigt werden.

Sonderregelungen für Getränkeautomaten

1. Der Betrieb eines Getränkeautomaten ist nicht erlaubnispflichtig. Er darf allerdings nur in Betrieb genommen werden, wenn die Absicht, einen Getränkeautomaten aufzustellen, der Behörde schriftlich angezeigt worden ist.
2. Das Betriebsbuch kann von dem gesetzlich vorgeschriebenen Muster für Getränkeanlagen abweichen. Es muß aber einen Teil der Formblätter (Bericht über die Überprüfung, Reinigungsnachweise) enthalten.
3. An der Betriebsstätte für Getränkeautomaten muß vorliegen:
   a) Abdruck der Zulassungsurkunde
   b) Bedienungsanleitung
   c) Reinigungsanleitung

Merke!

Getränkeschankanlagen sind mindestens nach den nebenstehenden Angaben zu reinigen. Darüber hinaus sind die Hygieneanforderungen an Geräte gem. Anhang der LMHV zu beachten.

Hinweis:

Auch wenn die Reinigungsarbeiten an eine Fremdfirma vergeben worden sind, muß sich der Verantwortliche davon überzeugen (Stichprobe), daß die Reinigungen ordnungsgemäß erfolgten.

Anmerkungen:

1. Getränke dürfen nur in saubere und geeichte (Eichstrich) Gefäße ausgeschenkt werden.
2. Der Verkauf abgetropfter Getränke (z. B. Tropfbier, Getränke gleich welcher Art aus einem Gefäß, das dem Auffangen abgetropfter Getränke dient) ist verboten (gilt als verdorben).
3. Gläser unter fließendem Wasser spülen.
4. Auch den Verdacht auf Warenunterschiebungen vermeiden (z. B. Getränke der Firma X in Gläser der Firma Y abfüllen).
5. Schankgefäße stets bis Eichstrich füllen (Schaum ist keine Flüssigkeit).

Lebensmittelüberwachung

Die Durchführung der Lebensmittelüberwachung ist Angelegenheit der einzelnen Bundesländer.

Aufbau (Zuständigkeiten) der Überwachung

- Ministerium des Bundeslandes (Oberste Landesbehörde)
- Regierungspräsident (Mittelbehörde)
- Kreisfreie Stadt, Landrat (untere Verwaltungsbehörde)

Bei den Stadtstaaten liegt ein abgewandeltes System vor.

Die praktische Durchführung der Lebensmittelüberwachung „vor Ort" erfolgt durch die unteren Verwaltungsbehörden.

Wie und wie oft wird kontrolliert?

Im Gesetzestext des LMBG ist festgelegt, daß sich die zuständigen Behörden durch regelmäßige Überprüfungen und Probenahmen davon zu überzeugen haben, daß die Vorschriften eingehalten werden.

Die RL 93/43 über Lebensmittelhygiene, auf der die bundeseinheitliche Lebensmittelhygiene-VO (LMHV) fußt, schreibt vor, daß die Häufigkeit der Inspektionen in Abhängigkeit von den in dem Bereich ausgehenden Gefahren vorgeschrieben werden muß.

Die Inspektionen sollen eine allgemeine Beurteilung der in dem Unternehmen bestehenden Risiken für die Sicherheit der Lebensmittel umfassen.

Dabei sollen die Behörden insbesondere auf die von den Betrieben festgestellten kritischen Kontrollpunkte achten, um zu beurteilen, ob die erforderlichen Überwachungs- und Überprüfungskontrollen durchgeführt wurden.

Die Überwachung befindet sich z. Z. in einer gewissen Umstrukturierung.

Neben Probenahme wird zukünftig der **Schwerpunkt der Überwachung** auf der **Überprüfung der gem. § 4 Abs. 1 LMHV von dem Betrieb eingerichteten Kontrollsysteme** und der damit erzielten Ergebnisse liegen.

Die Überwachung der Betriebe – in NRW z. B. als Verwaltungsvorschrift umgesetzt – wird eine

- **differenzierte, risikoorientierte Überwachung** sein.
- **Häufigkeit und Tiefe richtet sich nach der Risikobeurteilung.**

- Die **Risikobeurteilung** erfolgt **nach** einem vorgegebenen **Schema.** Dazu gehört die Beurteilung und Bewertung der von den Betrieben eingerichteten Qualitätssicherungsmaßnahmen.

Wie sieht die Risikobeurteilung im einzelnen aus?
Zunächst erfolgt die **Einteilung der Produkte in 3 Risikobereiche,** wobei unter Risiko in diesem Sinne der Grad mikrobiologischer und chemischer Verderblichkeit verstanden wird.

Produkte mit hohem Risiko:
- Chemisch und/oder mikrobiologisch leicht verderbliche Lebensmittel, Haltbarkeit bis etwa 1 Woche
- Chemisch und/oder mikrobiologisch anfällige kosmetische Mittel (z. B. Emulsionen)

Merke!
Nach behördlichen **Beanstandungen** ist mit häufigeren Überprüfungen zu rechnen.

Produkte mit mittlerem Risiko:
- Bedingt haltbare Lebensmittel, Haltbarkeit bis zu 3 Monaten
- Verpackte kosmetische Mittel mit begrenzter Haltbarkeit, unverpackte, aber chemisch und/oder mikrobiologisch weniger anfällige kosmetische Mittel (Öl, Puder)
- Unverpackte Bedarfsgegenstände, an die mikrobiologische Anforderungen gestellt werden

Produkte mit geringem Risiko:
- Länger haltbare Lebensmittel, Haltbarkeit über 3 Monate (z. B. Konserven, trockene Lebensmittel, Süßwaren)
- Verpackte kosmetische Mittel, für die kein Haltbarkeitsdatum vorgeschrieben ist
- Bedarfsgegenstände (soweit nicht bereits unter den o. g. Risikogruppen genannt)
- Tabakwaren

Wichtig: Bei Betrieben mit unterschiedlichen Risikobereichen erfolgt die **Einstufung nach dem höchsten Risiko.**

Wie muß man sich ein Beurteilungsschema in etwa vorstellen?
Nachfolgendes Beurteilungsschema ist der „Verwaltungsvorschrift zum Vollzug des Lebensmittel- und Bedarfsgegenständerechts – Bereich Betriebsüberwachung/Proben" entnommen (RdErl. d. Ministeriums für Umwelt, Raumordnung und Landwirtschaft NRW v. 1. 11. 97–II C 6–0630. 1. 72. 3.1. 1/II C 1–0041. 02–).

Merke: Im gesamten **Gastronomiebereich** liegen in der Regel leicht verderbliche Lebensmittel, d. h. **Produkte mit hohem Risiko** vor.

Abbildung 21

1. Potentielles Risiko **1.1 Art des Produktes und Art des Umgangs**				
	Produkte mit hohem Risiko	Produkte mit mittlerem Risiko	Produkte mit geringem Risiko	Punktzahl
Hersteller, Abpacker (Industrie und Handwerk)	30	20	10	
Handel (Groß- und Einzelhandel), Im-/Export	25	15	5	
Gastronomie/Gemeinschaftsverpflegung (Großküchen, Kantinen, Gaststätten, Imbißeinrichtungen)	20	10	5	

1.2 Verarbeitungsmethoden		Punktzahl
die bei fehlerhafter Durchführung mit einem erhöhten Risiko, z. B. chemisch und/oder mikrobieller Art, verbunden sind, und für die zusätzliche Punkte vergeben werden: z. B. • Zubereitung (Kochen und Kühlen) von Speisen • thermische Behandlung von sensiblen Produkten (Herstellung) • keimfreies Verpacken von sensiblen Produkten • Vakuumverpacken/luftdichtes Verpacken von sensiblen Produkten	bis zu 20	

1.3 Bedeutung des Betriebes		Punktzahl
die Lebensmittel sind nur für wenige Verbraucher (< 20) bestimmt	0	
enge lokale Bedeutung	5	
regionale Bedeutung	15	
nationale/internationale Bedeutung	20	
sind die Produkte für besonders sensible Verbrauchergruppen (Kinder, Senioren, Kranke, Immungeschwächte) bestimmt, zusätzlich zur o. g. Punktzahl:	bis zu 20	
2. Betriebliche Voraussetzungen **2.1 Bauliche Beschaffenheit (Beleuchtung, Lüftung, Anlagen etc.)**		Punktzahl
sehr gut (Stand der Technik, optimale Ausstattung)	0	
gut (hohes Niveau, einige Verbesserungen jedoch noch möglich)	5	
befriedigend (Voraussetzungen nicht optimal, aber Niveau wird gehalten bzw. verbessert)	10	
ausreichend (es sind größere Anstrengungen erforderlich, damit das Niveau nicht absinkt)	15	
schlecht (wesentliche Voraussetzungen sind nicht erfüllt)	20	
sehr schlecht	25	

2.2 Vertrauen in die Betriebsführung		Punktzahl
großes Vertrauen (z. B. gute Einhaltung der (Rechts-)Vorschriften, Fachwissen vorhanden, Durchführung interner Kontrollen, zufriedenstellende Qualitätskontrolle, HACCP-Konzept)	0	
Vertrauen (z. B. angemessene Einhaltung der Rechtsvorschriften, Fachwissen extern verfügbar)	5	
gewisses Maß an Vertrauen (z. B. schwankende Einhaltung der (Rechts-)Vorschriften, bedingt Zugang zu Fachwissen)	10	
wenig Vertrauen (z. B. schwankende Einhaltung der (Rechts-)Vorschriften, mangelhafte Qualitätskontrolle)	20	
kein Vertrauen (z. B. ungenügende Einhaltung der (Rechts-)Vorschriften, wenig oder kein Zugang zu Fachwissen, keine Qualitätskontrolle)	30	
3. Berücksichtigung vorhandener Qualitätssicherungssysteme nach EN 29 000 durch Abzug bei der Punktzahl		Punktzahl
kein QS-System vorhanden bzw. vorhandenes System funktioniert nicht	0	
funktionierendes QS-System mit durchschnittlichen Ergebnissen	– 20	
funktionierendes QS-System mit guten Ergebnissen	– 30	

4. Überwachungshäufigkeit entsprechend der Risikobeurteilung	
Erreichte Punktzahl (Bereich)	Betriebsüberwachungen mindestens alle
> 90	2 Monate
71–90	4 Monate
51–70	6 Monate
31–50	12 Monate
≤ 30	24 Monate

Hinweis:
Anhand dieses Schemas läßt sich die zu erwartende Häufigkeit der Überwachung des eigenen Betriebes leicht ermitteln.

Wer kontrolliert?
Die Überwachung ist durch fachlich ausgebildete Personen durchzuführen.
Die Kontrollen werden durchgeführt von Lebensmittelkontrolleuren (Wirtschaftskontrolldienst, Lebensmittelüberwachungsamt, Ordnungsamt, Kreisordnungsamt, Kreisverwaltung) und wissenschaftlichen Sachverständigen (Lebensmittelchemikern, Veterinären, Medizinern).

Um dringenden Gefahren der öffentlichen Sicherheit und Ordnung („Gefahr im Verzug") vorzubeugen, dürfen auch alle Beamten der Polizei Überprüfungen und Probeentnahmen durchführen, z. B. um das wahrscheinliche Inverkehrbringen von Lebensmitteln, die mit Salmonellen behaftet sind, zu verhindern.

Welche Befugnisse haben die Beauftragten der Behörden?
Die mit der Lebensmittelüberwachung beauftragten Personen dürfen Grundstücke und Betriebsräume, in oder auf denen Lebensmittel gewerbsmäßig hergestellt, behandelt oder in den Verkehr gebracht werden, sowie die dazugehörenden Geschäftsräume während der üblichen Betriebs- oder Geschäftszeit betreten; bei Gefahr im Verzug auch außerhalb dieser Zeiten. Zu Betriebsräumen gehören auch Verkaufswagen, fahrbare Imbißeinrichtungen und die Speisewagen der Bundesbahn.

Merke!
Inhaber und Verantwortliche, Mitarbeiter und Hilfskräfte sind zur Auskunft verpflichtet, es sei denn, sie würden sich selbst belasten.

Welche weiteren Befugnisse hat die Behörde?
Die Kontrolleure sind befugt,

1. alle geschäftlichen Schrift- und Datenträger, insbesondere
2. Aufzeichnungen, Frachtbriefe, Lieferscheine
3. Herstellungsbeschreibungen (Rezepturen) und Unterlagen über die bei der Herstellung verwendeten Stoffe einzusehen und
4. davon Abschriften oder Abzüge zu fertigen und
5. von allen Beschäftigten Auskünfte über
   a) die Herstellung,
   b) die verarbeiteten Stoffe,
   c) deren Herkunft zu verlangen,
6. Einrichtungen und Geräte zur Beförderung und Lagerung von Lebensmitteln zu besichtigen.

Hinweis:
Herstellungsbeschreibungen und Rezepturen, die bisher nicht herausgegeben werden mußten, müssen im Zuge der Harmonisierung der Lebensmittelkontrolle in der EG ebenfalls den Kontrolleuren ausgehändigt werden.
Zur Verhütung dringender Gefahren für die öffentliche Sicherheit und Ordnung dürfen die Kontrolleure auch

a) die oben angeführten Grundstücke und Räume **außerhalb** der üblichen Betriebs- oder Geschäftszeit und
b) die Wohnräume aller im Betrieb beschäftigten Personen betreten.

Das Grundrecht der Unverletzlichkeit der Wohnung ist eingeschränkt!
Diese weitergehenden Rechte stehen den kontrollierenden Beamten nur zur Verhütung dringender Gefahren für die öffentliche Sicherheit und Ordnung zu.

Wer darf Proben von Lebensmitteln (Tabakerzeugnissen, kosmetischen Mitteln) und Bedarfsgegenständen entnehmen?
Die mit der Überwachung beauftragten Personen (Lebensmittelkontrolleure, Sachverständige) und die Beamten der Polizei sind befugt, gegen Empfangsbescheinigung Proben zu entnehmen.

Welche Mengen und wieviel Proben dürfen entnommen werden?
Die Zahl und Menge der zu entnehmenden Proben ist in das Ermessen der Beamten gestellt. Die Zahl läßt sich nicht vorher

festlegen, da sie häufig vom Schwerpunkt der Kontrolle abhängig ist. Die Menge ist abhängig von der Art der beabsichtigten Untersuchung (Einzelbestimmungen, Parameter).

Nach dem o. a. Erlaß ist vorgesehen, jährlich 5 amtliche Proben von Lebensmitteln und Lebensmittel-Bedarfsgegenständen und 0,7 Proben von Kosmetika, Tabakerzeugnissen, sonstigen Bedarfsgegenständen und Wein je 1000 Einwohner zu entnehmen und zu untersuchen.

Welche Differenzierungen gibt es bei den Proben?

- **Planproben** sind amtliche Proben, die nach einem koordinierten Entnahmeplan und Rahmenvorgaben entnommen werden, um eine Kontrolle der Produkte, die im Verkehr sind, sicherzustellen.
- **Monitoring-Proben,** die im Rahmen von Erhebungen entnommen werden, um die Belastung der Menschen durch Rückstände und andere Kontaminate über Lebensmittel festzustellen. Neben der Feststellung der Tatsachen können solche Proben der Ermittlung der Ursachen dienen.
- **Proben regionaler Untersuchungsschwerpunkte** zählen ebenso dazu wie
- **Proben,** die **im Rahmen von EG-Überwachungsprogrammen** entnommen werden.
- **Außerplanmäßige Proben** sind solche, die außerhalb des o. a. Entnahmeplans entnommen werden. Dazu zählen
- **Verdachtsproben,** die entnommen werden, wenn ein Verdacht auf Abweichungen von den gesetzlichen Vorschriften oder wenn eine Verbraucherbeschwerde vorliegt.
- **Verfolgsproben** dienen der Verfolgung vermuteter bzw. bereits erkannter Abweichungen von Rechtsvorschriften.
- **Nachproben** dienen zur Erhärtung der vorliegenden Untersuchungsbefunde. Charakteristisch für eine Nachprobe ist, daß sie die gleichen Loskennzeichnungen bzw. Produktions- und Haltbarkeitsmerkmale – abgesehen vom Entnahmezeitpunkt – wie die Bezugsprobe trägt.
- **Beschwerdeproben** von Verbrauchern sind keine amtlichen Proben. Sie lösen in der Regel die Entnahme von Verdachtsproben aus.
- **Gegenproben** sind ein Teil der entnommenen amtlichen Probe; z. B. ein Käsestück wird halbiert.
- **Zweitproben** sind ein Stück derselben Art (Hersteller, Erzeugnis, Stanzen, Haltbarkeiten, Etikettierung etc. müssen übereinstimmen), z. B. zweites Paket Butter.

Merke:
Die Kontrolleure sind **verpflichtet, einen Teil der Probe** oder, sofern sich diese nicht ohne Gefährdung des Untersuchungszwecks teilen läßt, ein zweites Stück der gleichen Art und vom selben Hersteller **zurückzulassen.**

Merke:
Die Verantwortlichen im Betrieb müssen die Probeentnahme dulden. Sie sind sogar verpflichtet, die in der Überwachung tätigen Personen bei der Erfüllung ihrer Aufgabe zu unterstützen. Das gleiche gilt für die weiteren Kontrollen der Räume, Einrichtungen und Geräte.

Die Verpflichtung für den Kontrolleur, eine Gegenprobe oder Zweitprobe zurückzulassen, entfällt, wenn der Hersteller oder Einführer (Importeur) ausdrücklich darauf verzichtet. Nur der Hersteller oder Importeur kann auf die Gegen- oder Zweitprobe verzichten, nicht aber der Einzelhändler, Großhändler oder Weiterverarbeiter (Gastronom, Verantwortlicher der Krankenhausküche).

Was ist der Sinn und Zweck der Gegen-(Zweit-)Proben?
Es soll ein Beweismittel gesichert werden. Im Falle eines Straf- oder Bußgeldverfahrens können diese Proben den Verantwortlichen eventuell entlasten. Es besteht so die Möglichkeit der Überprüfung der amtlichen Probe.

Behandlung der zurückgelassenen Proben
Die Kontrolleure müssen die zurückgelassenen Proben amtlich verschließen oder versiegeln. Sie sind mit dem Datum der Probeentnahme zu versehen. Außerdem muß das Datum des Tages angegeben werden, nach dessen Ablauf der Verschluß oder das Siegel als aufgehoben gilt. Man macht sich strafbar, wenn vor Ablauf des Datums, ab dem die Versiegelung als aufgehoben gilt, der Verschluß oder das Siegel beschädigt, abgelöst oder unkenntlich gemacht wird (Siegelbruch). Erst nach Ablauf der von dem Kontrolleur festgesetzten Frist (an der Gegenprobe vermerkt) kann über den Inhalt der Probe wieder verfügt werden. Die Probe aber darf nicht erneut verkauft werden.

Muß der Kontrolleur die Proben bezahlen?
Für Proben, die im Rahmen der amtlichen Überwachung entnommen werden, wird grundsätzlich keine Entschädigung geleistet.

Im Einzelfall ist eine Entschädigung bis zur Höhe des Verkaufspreises zu leisten, wenn anderenfalls eine unbillige Härte auftreten würde. Dabei ist offen, wann eine „unbillige Härte" vorliegt. Kosten in Höhe von 30,– DM wird man m. E. dem Betroffenen zumuten dürfen.

In den folgenden Abbildungen sind die Lebensmittelüberwachung, Probeentnahmen, Betriebskontrolle und Verlauf einer Beanstandung in Form einer Übersicht dargestellt.

Abbildung 22

Abbildung 23

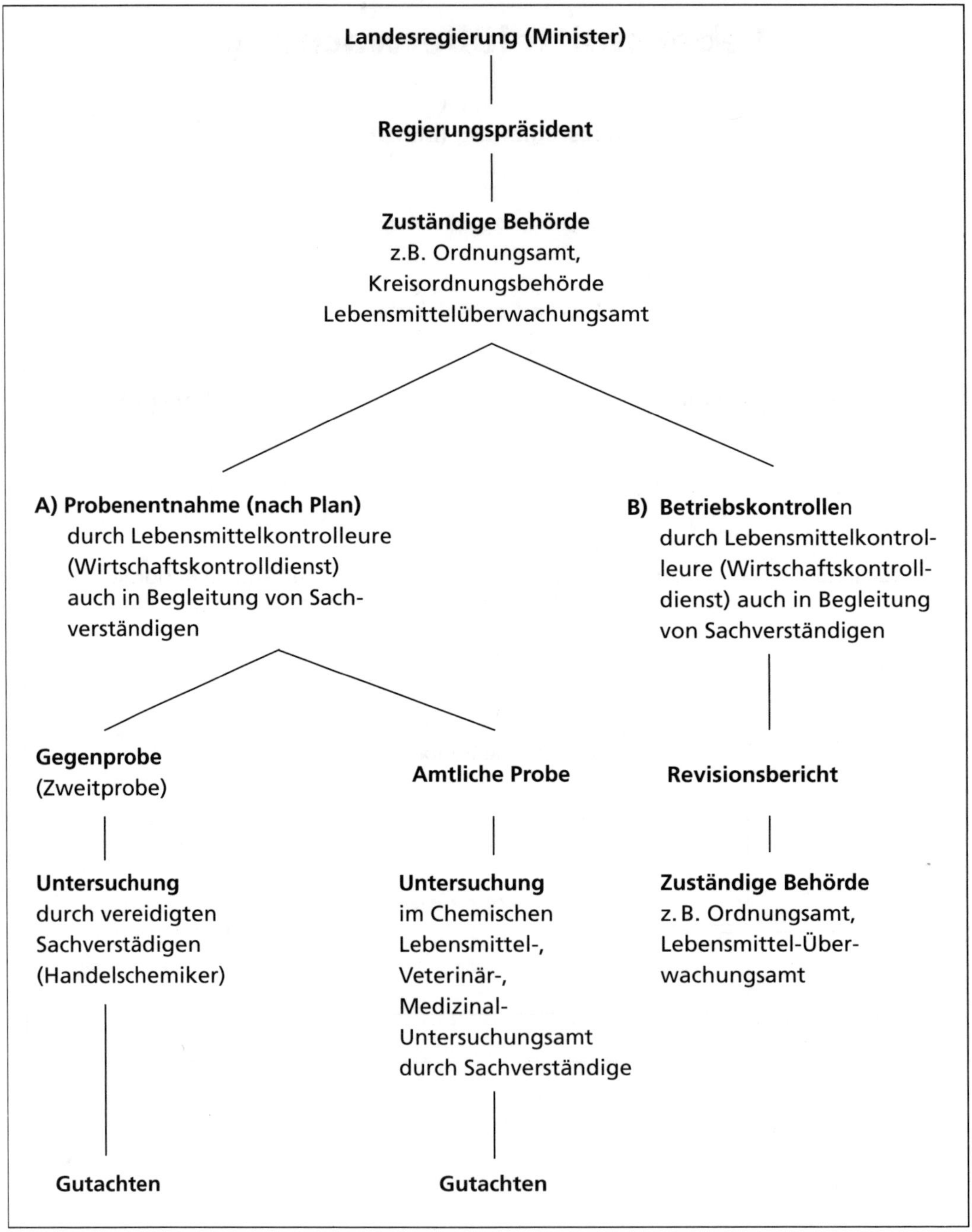

Abbildung 24

Zuständige Behörde

z. B. Ordnungsamt (Lebensmittelüberwachung)

ohne Beanstandung	= erledigt
geringfügige Mängel	= Belehrung
erhebliche Mängel	= Ahndung
	= Einleitung eines Ermittlungsverfahren

Vergehen
(§ 12 StGB)

Strafanzeige

Vernehmung des Verantwortlichen

Abgabe an die Staatsanwaltschaft

Urteil Amtsgericht durch Strafbefehl oder in der Hauptverhandlung

Ordnungswidrigkeit
(§§ OWiG)

Anhörung des Verantwortlichen (§ 55 OWiG)
Entscheidung durch zuständige Behörde

1. Einstellung (§ 47 OWiG)
2. Verwarnung (§ 56 OWiG)
   – Verwarnungsgeld –
3. Bußgeldbescheid (§ 65 OWiG)

Einspruch (§ 67 OWiG)

Entscheidung über Rücknahme des Bußgeldbescheides (§ 69 OWiG) oder

Abgabe an die Staatsanwaltschaft

Urteil Amtsgericht (§ 68 OWiG)

kein Einspruch
Kosten und Bußgeld sind zu zahlen

Gesetzliche Grundlagen und Literatur

Eine Übersicht über geltende Bestimmungen

Es bedarf keiner Frage, daß Lebensmittel, die in den Verkehr gebracht werden, den gesetzlichen Bestimmungen entsprechen müssen. Der Bundesgerichtshof hat das in der sogenannten „Kettenglied-Entscheidung" klar formuliert:

„Grundsätzlich trifft einen jeden, der in der Kette von Herstellung bis zur letzten Weitergabe des Lebensmittels an den Verbraucher beteiligt ist, die Verpflichtung, dafür zu sorgen, daß die Beschaffenheit und Bezeichnung eines Lebensmittels in Einklang mit den gesetzlichen Bestimmungen steht."

Hieraus resultiert die sogenannte Sorgfaltspflicht beim Umgang mit Lebensmitteln. Dieser Begriff taucht in den Gesetzestexten kaum, in den Entscheidungen der Gerichte jedoch regelmäßig auf. Diese Sorgfaltspflicht beinhaltet die „Gute Herstellungs-Praxis" (GMP). Neben der Prüfungspflicht und der Vertretungspflicht (Aufsichtspflicht) ist die Erkundigungspflicht eine Säule der Sorgfaltspflicht. Die Verantwortlichen müssen sich vor dem Inverkehrbringen der Lebensmittel erkundigen, welche gesetzlichen Bestimmungen zu beachten sind.

Nachfolgend sind die gesetzlichen Bestimmungen aufgeführt, die für die Gemeinschaftsverpflegung von Bedeutung sind.

Die aufgeführten Bestimmungen sollten im Betrieb nicht nur vorhanden, sondern auch allgemein bekannt sein.

Produktübergreifende Bestimmungen

- Lebensmittel- und Bedarfsgegenständegesetz (LMBG) i. d. F. vom 9. 9. 1997 (BGBl. I S. 2296), zuletzt geändert am 22. 12. 1997 (BGBl. I S. 3224);
  Es wurden Ermächtigungen im Zusammenhang mit der Lebensmittelhygieneverordnung festgeschrieben. Für das

Genehmigungs- oder Zulassungsverfahren von neuartigen Lebensmitteln sind ab sofort das Bundesinstitut für gesundheitlichen Verbraucherschutz und Veterinärmedizin oder das Robert-Koch-Institut die zuständige Behörde.

- Gesetz über Ordnungswidrigkeiten i. d. F. vom 9. 2. 1987 (BGBl. I S. 602);
- Bundesseuchengesetz i. d. F. vom 7. 8. 1996 (BGBl. I S. 1254 und 1312):
  Das Bundesseuchengesetz wird in absehbarer Zeit durch das „Gesetz zur Neuordnung seuchenrechtlicher Vorschriften" – Infektionsschutzgesetz (IfSG) – ersetzt werden. Einer der Schwerpunkte ist die Einführung einer generellen Schulung, um Hygienerisiken zu mindern.
- Zusatzstoff-Verkehrsverordnung (ZVerkV), Neufassung vom 29. 1. 1998 (BGBl. I S. 269);
  Die neue ZVerkV ist Teil der Neuregelung des Zusatzstoffrechts. In ihr sind die Reinheitskriterien für die Zusatzstoffe festgelegt.
- Zusatzstoff-Zulassungsverordnung (ZZulV), Neufassung vom 29. 1. 1998 (BGBl. I S 231);
  Die Neufassung des ZZulV gestaltet das gesamte Zusatzstoffrecht neu. Die Zusatzstoffregelungen sind aus den einzelnen Produktverordnungen herausgenommen worden und in der ZZulV zusammengefaßt. Es erfolgte damit die Umsetzung verschiedener Richtlinien der EU in nationales Recht.
- Lebensmittelkennzeichnungsverordnung (LMKV) i. d. F. vom 29. 1. 1998 (BGBl. I S. 303);
  Redaktionelle Änderungen.
- Nährwertkennzeichnungsverordnung (NKV) i. d. F. vom 29. 1. 1998 (BGBl. I S. 303);
  Es darf auf einen verminderten Brennwert und/oder verminderten Nährstoffgehalt bereits dann hingewiesen werden, wenn der durchschnittliche Brennwert/Nährstoffgehalt gegenüber vergleichbaren herkömmlichen Lebensmitteln 30 Prozent niedriger liegt.
- Verordnung über vitaminisierte Lebensmittel i. d. F. vom 25. 11. 1994 (BGBl. I S. 3526);
  Redaktionelle Änderungen.
- Diätverordnung i. d. F. vom 29. 1. 1998 (BGBl. I S. 292);
  Anpassung an die Neufassung der ZZulV, redaktionelle Änderungen.
- Verordnung über tiefgefrorene Lebensmittel (TLMV) i. d. F. vom 16. 11. 1995 (BGBl. I S. 1520);

- Richtlinie 93/43/EWG über Lebensmittelhygiene vom 14. 6. 1993 (Abl./EG 36; Nr. L175/1);
  Entscheidung 94/356/EG mit Durchführungsvorschriften zur Richtlinie 91/493/EWG betreffend der Eigenkontrolle bei Fischereierzeugnissen vom 20. 5. 1994 (Abl./EG 37; Nr. 156/50).
  Die Entscheidung enthält detaillierte Angaben über den Aufbau und die Durchführung eines HACCP-Konzeptes. Sie kann zur Einrichtung des Eigenkontrollkonzeptes gemäß LMHV herangezogen werden.
- Lebensmittelhygieneverordnung (LMHV) vom 5. 9. 1997;
  Umsetzung der oben angeführten Richtlinie 93/43/EWG in nationales Recht, Aufhebung aller Hygieneregelungen der einzelnen Bundesländer, Eigenkontrollkonzept und Schulung sind Pflicht, ab 8. 8. 1998 in Kraft.

Allgemeine Bestimmungen

- Gaststättengesetz i. d. F. vom 20. 11. 1998 (BGBl. I S. 3418);
- Gaststätten-Verordnung der einzelnen Bundesländer;
- Verordnung über Getränkeschankanlagen i. d. F. vom 12. 12. 1996 (BGBl. I S. 1914);
- Verwaltungsvorschriften zur Getränkeschankanlagen-Verordnung i. d. F. vom 27. 11. 1989 (Bundesanzeiger Nr. 41, S. 5505, 1989).

Produktspezifische Verordnungen

- Hackfleisch-Verordnung (HFlV) i. d. F. vom 3. 12. 1997 (BGBl. I S. 2786 und 2839);
  Regelungen über die Zusammensetzung teilweise gestrichen, Temperaturanforderungen für bestimmte Hackfleischprodukte gemäß Fleischhygiene-Verordnung geändert.
- Fleisch-Verordnung i. d. F. vom 29. 1. 1998 (BGBl. I S. 293);
  Sonderregelungen betreffend Zusatzstoffe bei Fleisch und Fleischerzeugnissen gestrichen, Anpassung an die neue ZZulV.
- Fleischhygiene-Verordnung i. d. F. vom 3. 12. 1997 (BGBl. I S. 2786 und 2835);
  Enthält Herstellungsregeln für Hackfleisch.
- Hühnereier-Verordnung i. d. F. vom 16. 12. 1994 (BGBl. I S. 3837);

- Eiprodukte-Verordnung i. d. F. vom 29. 1. 1998 (BGBl. I S. 293);
  Anpassung an die neue ZZulV.
- Käse-Verordnung i. d. F. vom 29. 1. 1998 (BGBl. I S. 294);
  Redaktionelle Änderungen und Anpassung an die neue ZZulV. Bei Hartkäse, Schnittkäse und hartfestem Schnittkäse auf Kunststoffüberzüge achten, Deklarationspflicht!
- Speiseeis-Verordnung i. d. F. vom 29. 1. 1998 (BGBl. I S. 297) in Verbindung mit den Leitsätzen des Deutschen Lebensmittelbuches vom 27. 4. 1995 (Bundesanzeiger 47; Nr. 101, S. 5950, 1995);
  Streichungen der Zusatzstoffregelungen, Anpassung an die ZZulV.
- Milcherzeugnis-Verordnung (MilcherzV) i. D. F. vom 29. 1. 1998 (BGBl. I S. 294);
  Anpassung an die ZZulV, redaktionelle Änderungen.
- Butter-Verordnung i. d. F. vom 29. 1. 1998 (BGBl. I S 294);
  Anpassung an die ZZulV und Erlaubnis des Einsatzes von jodiertem Speisesalz.
- Verordnung Nr. 2991/94/EG mit Normen für Streichfette vom 5. 12. 1994 (Abl./EG 37; Nr. L 316/2).
- Fruchtsaft-Verordnung i. d. F. vom 29. 1. 1998 (BGBl. I S. 295);
  Anpassung an die ZZulV, der Zusatz von L-Ascorbinsäure zur Oxidationshemmung berechtigt nicht zu einem Hinweis auf Vitamin C.
- Konfitüren-Verordnung i. d. F. vom 29. 1. 1998 (BGBl. I S. 295);
  Anpassung an die ZZulV, redaktionelle Änderungen.
- Verordnung über Fruchtnektar und Fruchtsirup i. d. F. vom 29. 1. 1998 (BGBl. I S. 295);
  Anpassung an die ZZulV.
- Verordnung über Teigwaren i. d. F. vom 29. 1. 1998 (BGBl. I S. 295);
  Redaktionelle Änderungen, Anpassung an die ZZulV.
- Kaffee-Verordnung i. d. F. vom 29. 1. 1998 (BGBl. I S. 296);
  Anpassung an die ZZulV.
- Kakao-Verordnung i. d. F. vom 29. 1. 1998 (BGBl. I S. 296);
  Anpassung an die ZZulV.
- Mineral- und Tafelwasser-Verordnung i. d. F. vom 29. 1. 1998 (BGBl. I S. 297);
  Neuregelung für Quellwasser, Anpassung an die ZZulV.
- Vorläufiges Biergesetz i. d. F. vom 29. 1. 1998 (BGBl. I S. 298);

Änderungen der Süßstoffverwendung und der aus Zucker hergestellten Farbmittel, Anpassung an die ZZulV.

- Verordnung zur Durchführung des Vorläufigen Biergesetzes i. d. F. vom 29. 7. 1993 (BGBl. I S. 1422).
- Bier-Verordnung i. d. F. vom 21. 12. 1995 (BGBl. I S. 2100).
- Wein-Verordnung i. d. F. vom 29. 1. 1998 (BGBl. I S. 303); Die ZZulV gilt für Wein nicht, da hier die Gesetzeskompetenz bei der EU liegt. Die Änderungen der Wein-Verordnung beinhaltet deshalb auch sämtliche Zusatzstoffregelungen in bezug auf Wein.
- Verordnung über Spirituosen i. d. F. vom 29. 1. 1998 (BGBl. I S. 310);
  Regelungen über Weinbrand oder Brandy sowie deutschen Weinbrand, Altershinweise, Prüfnummern, Mitteilung von Prüfnummern, Prüfungsverfahren, Mindestalkoholgehalte, die EG-Regelung bleibt unberührt.
- Verordnung Nr. 1576/89/EG zur Festlegung der allgemeinen Regeln für die Begriffsbestimmung, Bezeichnung und Aufmachung von Spirituosen i. d. F. der Verordnung Nr. 3378/94EG vom 22. 12. 1994 (Abl./EG 37; Nr. L 366/1).

Wichtig: Deutsches Lebensmittelbuch, Leitsätze 1994, Verlag Bundesanzeiger, Köln.
Die Leitsätze des Deutschen Lebensmittelbuches sind keine Rechtsnormen. Sie stellen jedoch objektivierte Sachverständigengutachten von hohem Rang dar, in denen die Auffassung aller am Verkehr mit Lebensmitteln beteiligten Kreise zum Ausdruck kommt. Bei der Beurteilung von Lebensmitteln werden diese Leitsätze in der Regel als Verkehrsauffassung aller am Lebensmittelverkehr beteiligten herangezogen.

Weiterführende Literatur

Modernes Küchen-Management, Loseblatt-Sammlung: 4 Bände, Raabe Verlag, Stuttgart.

Lebensmittelrechts-Handbuch, Verlag C. H. Beck, München, Loseblattsammlung. Allgemeinverständlicher Kommentar des gesamten Lebensmittelrechts.

Empfehlung über die Nährstoffzufuhr (DGE), 5. Überarbeitung, Umschau-Verlag, Frankfurt.

Bertling, L.: Die Neue Bundeseinheitliche Lebensmittelhygiene-Verordnung, Deutscher Fachverlag, Frankfurt.
Beck'sche Textausgaben, Deutsches Lebensmittelrecht, Verlag C. H. Beck, München, 2 Bände, Loseblatt-Sammlung (nur Text).
Bertling, L.: Hygiene Schulung, Schulungspflicht nach der LMHV, Deutscher Fachverlag, Frankfurt.

Im Rahmen der Schulung, die Teil des Eigenkontrollsystems ist, ist es zwingend erforderlich, daß mindestens eine Fachzeitschrift (Fachzeitung) gehalten und regelmäßig gelesen wird, um über die jeweiligen Änderungen der gesetzlichen Bestimmungen informiert zu sein.

Lebensmittelhygiene-Verordnung (LMHV)

§ 1
Geltungsbereich

(1) Diese Verordnung gilt für die hygienischen Anforderungen an das gewerbsmäßige Herstellen, Behandeln und Inverkehrbringen von Lebensmitteln, mit Ausnahme des Gewinnens von Lebensmitteln.

(2) Diese Verordnung gilt auch für die Durchführung betriebseigener Maßnahmen und Kontrollen.

(3) Rechtsvorschriften des Bundes, die für das Herstellen, Behandeln oder Inverkehrbringen bestimmter Lebensmittel von den Vorschriften dieser Verordnung abweichende oder zusätzliche hygienische Anforderungen oder Anforderungen an betriebseigene Maßnahmen und Kontrollen vorschreiben, bleiben unberührt. Diese Verordnung gilt jedoch, soweit in anderen Rechtsvorschriften enthaltene hygienische Anforderungen an das Herstellen, Behandeln oder Inverkehrbringen oder Anforderungen an betriebseigene Maßnahmen und Kontrollen, die Gegenstand dieser Verordnung sind, nicht mindestens den Vorschriften dieser Verordnung entsprechen.

§ 2
Begriffsbestimmungen

Im Sinne dieser Verordnung sind

1. Betriebsstätten:
a) Einrichtungen, in denen Lebensmittel hergestellt, behandelt oder in den Verkehr gebracht werden, mit Ausnahme der unter Buchstabe b genannten Betriebsstätten, und
b) ortsveränderliche oder nichtständige Einrichtungen wie Verkaufszelte, Marktstände, mobile Verkaufseinrichtungen, Verkaufsfahrzeuge sowie Verkaufsautomaten, in denen Lebensmittel hergestellt, behandelt oder in den Verkehr gebracht werden.

2. Nachteilige Beeinflussung:
Eine ekelerregende oder sonstige Beeinträchtigung der einwandfreien hygienischen Beschaffenheit von Lebensmitteln

wie durch Mikroorganismen, Verunreinigungen, Witterungseinflüsse, Gerüche, Temperaturen, Gase, Dämpfe, Rauch, Aerosole, tierische Schädlinge, menschliche und tierische Ausscheidungen sowie durch Abfälle, Abwässer, Reinigungs-, Desinfektions-, Pflanzenschutz- und Schädlingsbekämpfungsmittel oder ungeeignete Behandlungs- und Zubereitungsverfahren.

3. Leichtverderbliche Lebensmittel:
Lebensmittel, die in mikrobiologischer Hinsicht in kurzer Zeit leicht verderblich sind und deren Verkehrsfähigkeit nur bei Einhaltung bestimmter Temperaturen oder sonstiger Bedingungen erhalten werden kann.

4. Wasser:
Wasser im Sinne des § 7 Abs. 1 der Trinkwasser-Verordnung; § 7 Abs. 2 bis 4 der Trinkwasser-Verordnung bleibt unberührt.

§ 3
Allgemeine Hygieneanforderungen
Lebensmittel dürfen nur so hergestellt, behandelt oder in den Verkehr gebracht werden, daß sie bei Beachtung der im Verkehr erforderlichen Sorgfalt der Gefahr einer nachteiligen Beeinflussung nicht ausgesetzt sind. Sie dürfen dazu nur
1. in Betriebsstätten
a) nach § 2 Nr. 1 Buchstabe a unter Einhaltung der Anforderungen von Kapitel 1, 2 und 4 der Anlage oder
b) nach § 2 Nr. 1 Buchstabe b unter Einhaltung der Anforderungen von Kapitel 3 und 4 und
2. unter Einhaltung der Anforderungen von Kapitel 5 der Anlage
hergestellt, behandelt oder in den Verkehr gebracht werden.

§ 4
Betriebseigene Maßnahmen und Kontrollen
(1) Wer Lebensmittel herstellt, behandelt oder in Verkehr bringt, hat durch betriebseigene Kontrollen die für die Entstehung gesundheitlicher Gefahren durch Faktoren biologischer, chemischer oder physikalischer Natur kritischen Punkte im Prozeßablauf festzustellen und zu gewährleisten, daß angemessene Sicherungsmaßnahmen festgelegt, durchgeführt und überprüft werden. Dies erfolgt durch ein Konzept, das der Gefahrenidentifizierung und -bewertung dient, zu deren Beherrschung beiträgt und folgenden Grundsätzen genügt:

1. Analyse dieser Gefahren in den Produktions- und Arbeitsabläufen beim Herstellen, Behandeln und Inverkehrbringen von Lebensmitteln,

2. Identifizierung der Punkte in diesen Prozessen, an denen diese Gefahren auftreten können,

3. Entscheidung, welche dieser Punkte die für die Lebensmittelsicherheit kritischen Punkte sind,

4. Festlegung und Durchführung wirksamer Sicherungsmaßnahmen und deren Überwachung für diese kritischen Punkte und

5. Überprüfung der Gefahrenanalyse, der kritischen Punkte und der Sicherungsmaßnahmen und deren Überwachung in regelmäßigen Abständen sowie bei jeder Änderung der Produktions- und Arbeitsabläufe beim Herstellen, Behandeln und Inverkehrbringen von Lebensmitteln.

(2) Wer Lebensmittel herstellt, behandelt oder in Verkehr bringt, hat im Rahmen betriebseigener Maßnahmen zu gewährleisten, daß Personen, die mit Lebensmitteln umgehen, entsprechend ihrer Tätigkeit und unter Berücksichtigung ihrer Ausbildung in Fragen der Lebensmittelhygiene unterrichtet oder geschult werden.

§ 5
Ordnungswidrigkeiten

(1) Ordnungswidrig im Sinne des § 53 Abs. 2 Nr. 1 Buchstabe a des Lebensmittel- und Bedarfsgegenständegesetzes handelt, wer vorsätzlich oder fahrlässig entgegen § 3 Satz 1 Lebensmittel herstellt, behandelt oder in den Verkehr bringt.

(2) Ordnungswidrig im Sinne des § 54 Abs. 1 Nr. 2 a des Lebensmittel- und Bedarfsgegenständegesetzes handelt, wer vorsätzlich oder fahrlässig einer Vorschrift des § 4 Abs. 1 Satz 1 oder Abs. 2 über betriebseigene Kontrollen oder Maßnahmen zuwiderhandelt.

Anlage
(zu § 3 Satz 2)

Kapitel 1
Anforderungen an Betriebsstätten im Sinne des § 2 Nr. 1 Buchstabe a

1. Betriebsstätten müssen so beschaffen sein, daß

1.1 eine gute Lebensmittelhygienepraxis zum Schutz der Lebensmittel gegen nachteilige Beeinflussung gewährleistet ist;

1.2 eine Reinigung und erforderlichenfalls eine Desinfektion möglich ist;

1.3 geeignete Temperaturen für ein hygienisch einwandfreies Herstellen, Behandeln und Inverkehrbringen von Lebensmitteln herrschen.

2. Betriebsstätten müssen sauber und instand gehalten werden.

3. Es müssen in ausreichender Zahl leicht erreichbare Handwaschbecken vorhanden sein, ebenso Toiletten mit Wasserspülung, bei denen eine einwandfreie Ableitung erfolgt. Toiletten müssen mit Handwaschbecken ausgestattet sein und dürfen keinen direkten Zugang zu Räumen haben, in denen Lebensmittel hergestellt, behandelt oder in Verkehr gebracht werden.

4. Für Handwaschbecken muß eine Warm- und Kaltwasserzufuhr vorhanden sein. Darüber hinaus müssen Mittel zum hygienischen Reinigen und Trocknen der Hände vorhanden sein.

5. Es muß eine ausreichende natürliche oder mechanische Be- und Entlüftung vorhanden sein. Mechanische Luftströmungen aus einem unreinen zu einem reinen Bereich sind zu vermeiden. Lüftungssysteme müssen so installiert sein, daß Filter und andere Teile, die gereinigt oder ausgetauscht werden müssen, leicht zugänglich sind.

6. Alle sanitären Einrichtungen müssen über eine ausreichende natürliche oder mechanische Be- und Entlüftung verfügen.

7. Betriebsstätten müssen über eine ausreichende natürliche oder künstliche Beleuchtung verfügen.

8. Die Abwasseranlagen müssen für den beabsichtigten Zweck ausreichend und so beschaffen sein, daß es nicht zu einer nachteiligen Beeinflussung von Lebensmitteln kommen kann.

9. Für ausreichende Umkleidemöglichkeiten für das Personal ist, soweit erforderlich, zu sorgen.

Kapitel 2
Anforderungen an Räume, Vorrichtungen und Geräte in Betriebsstätten im Sinne des § 2 Nr. 1 Buchstabe a

1. Räume in Betriebsstätten müssen folgenden Anforderungen genügen:

1.1 Die Fußböden sind in einwandfreiem Zustand zu halten und müssen leicht zu reinigen und erforderlichenfalls zu desinfizieren sein. Sofern erforderlich, sind dabei wasserundurchlässige, wasserabstoßende und abwaschbare Materialien zu verwenden. Gegebenenfalls muß auf den Fußböden eine angemessene Ableitung des Abwassers möglich sein.

1.2 Die Wandflächen sind erforderlichenfalls mit glatten Oberflächen bis zu einer für die entsprechenden Arbeitsvorgänge angemessenen Höhe zu versehen. Sie sind in einwandfreiem Zustand zu halten und müssen leicht zu reinigen und erforderlichenfalls zu desinfizieren sein. Sofern erforderlich, sind dabei wasserundurchlässige, wasserabstoßende und abwaschbare Materialien zu verwenden.

1.3 Die Decken und Deckenvorrichtungen müssen so beschaffen sein, daß Ansammlungen von Schmutz und Kondenswasser sowie unerwünschter Schimmelbefall und Ablösung von Materialien vermieden werden.

1.4 Fenster und sonstige Öffnungen müssen so beschaffen sein, daß Schmutzansammlungen vermieden werden. Können Fenster oder Öffnungen ins Freie geöffnet werden, müssen sie erforderlichenfalls mit zu Reinigungszwecken leicht entfernbaren Insektengittern ausgestattet sein.

1.5 Türen und Fenster müssen leicht zu reinigen und erforderlichenfalls zu desinfizieren sein. Sie müssen erforderlichenfalls mit glatten und wasserabstoßenden Oberflächen versehen sein.

1.6 Oberflächen, einschließlich der Oberflächen von Einrichtungen, die mit Lebensmitteln in Berührung kommen, sind in einwandfreiem Zustand zu halten und müssen leicht zu reinigen und erforderlichenfalls zu desinfizieren sein. Sofern erforderlich, sind für Oberflächen von Einrichtungen hygienisch unbedenkliche, glatte und abwaschbare Materialien zu verwenden.

1.7 Räume dürfen nicht für betriebsfremde Zwecke benutzt werden.

2. Zum Reinigen von Lebensmitteln müssen erforderlichenfalls geeignete Vorrichtungen vorhanden sein. Reinigungsbecken und andere für das Reinigen von Lebensmitteln bestimmte Vorrichtungen müssen je nach Bedarf über eine angemessene Zufuhr von warmem oder kaltem Wasser verfügen und saubergehalten werden. Vorrichtungen zum Reinigen von Lebensmitteln müssen von den Handwaschbecken getrennt sein.

3. Soweit erforderlich, müssen zum Reinigen und Desinfizieren von Arbeitsgeräten und Ausrüstungen geeignete Vorrichtungen vorhanden sein. Diese Vorrichtungen müssen aus korrosionsbeständigen Materialien bestehen, leicht zu reinigen sein und eine ausreichende Warm- und Kaltwasserzufuhr besitzen.

4. Über die Vorschriften der Nummern 1 bis 3 hinaus müssen Räume in Betriebsstätten, in denen leichtverderbliche Lebensmittel hergestellt oder unverpackt behandelt oder in Verkehr gebracht werden, folgenden Anforderungen genügen:

4.1 Die Fußböden müssen wasserundurchlässig und zu desinfizieren sein. Sie müssen so beschaffen sein, daß eine angemessene Ableitung des Abwassers möglich ist.

4.2 Die Wandflächen sind mit glatten, wasserundurchlässigen und abwaschbaren Materialien zu versehen.

4.3 Die Decken und Deckenvorrichtungen müssen leicht zu reinigen sein.

4.4 Fenster und Öffnungen, die ins Freie geöffnet werden können, müssen mit zu Reinigungszwecken leicht entfernbaren Insektengittern ausgestattet sein.

4.5 Türen und Fenster müssen mit glatten und wasserabstoßenden Oberflächen versehen sein.

4.6 Für Oberflächen von Einrichtungen, die mit Lebensmitteln in Berührung kommen, sind glatte und abwaschbare Materialien zu verwenden. Die Oberflächen müssen zu desinfizieren sein.

4.7 Es müssen geeignete Vorrichtungen zum Reinigen und Desinfizieren von Arbeitsgeräten und Einrichtungen vorhanden sein. Diese Vorrichtungen müssen aus korrosionsbeständigen Materialien bestehen, leicht zu reinigen sein und eine ausreichende Warm- und Kaltwasserzufuhr besitzen.

5. Die Nummern 1 bis 4 finden auf Gast- oder Speiseräume und Eßbereiche in Einrichtungen zur Gemeinschaftsverpflegung oder auf Eßbereiche in Ladengeschäften ohne Sitzgelegenheit keine Anwendung.

Kapitel 3
Anforderungen an Betriebsstätten im Sinne des § 2 Nr. 1 Buchstabe b

1. Betriebsstätten, ausgenommen Verkaufsautomaten und Transportfahrzeuge, müssen folgenden Anforderungen entsprechen:

1.1 Sie müssen so beschaffen sein, daß sie sauber und instand gehalten werden können und eine gute Lebensmittelhygienepraxis zum Schutz der Lebensmittel gegen nachteilige Beeinflussung gewährleistet ist.

1.2 Sie müssen so gelegen sein, daß eine nachteilige Beeinflussung der Lebensmittel vermieden wird.

1.3 Betriebsstätten müssen sauber und instand gehalten werden.

1.4 Sie müssen, sofern erforderlich, folgenden Anforderungen genügen:

1.4.1 Es müssen geeignete Vorrichtungen zur Gewährleistung einer angemessenen Personalhygiene zur Verfügung stehen, insbesondere Einrichtungen zum hygienischen Reinigen und Trocknen der Hände, hygienische Sanitäreinrichtungen und Umkleidemöglichkeiten.

1.4.2 Oberflächen, die mit Lebensmitteln in Berührung kommen, sind in einwandfreiem Zustand zu halten und müssen leicht zu reinigen und zu desinfizieren sein. Dabei sind glatte und abwaschbare Materialien zu verwenden.

1.4.3 Zum Reinigen und Desinfizieren von Arbeitsgeräten und Einrichtungen müssen geeignete Vorrichtungen vorhanden sein.

1.4.4 Zum Reinigen von Lebensmitteln müssen geeignete Vorrichtungen vorhanden sein. Diese Vorrichtungen müssen von den Handwaschbecken getrennt sein.

1.4.5 Es muß eine angemessene Warm- oder Kaltwasserversorgung und Abwasserentsorgung vorhanden sein.

1.5 Über die Anforderungen von Nummer 1.1 bis 1.4 hinaus müssen Betriebsstätten, in denen leichtverderbliche Lebensmittel hergestellt oder unverpackt behandelt oder in Verkehr gebracht werden, folgenden Anforderungen genügen:

1.5.1 Es müssen geeignete Vorrichtungen zur Gewährleistung einer angemessenen Personalhygiene zur Verfügung stehen, insbesondere leicht erreichbare Handwaschbecken in ausreichender Zahl und Mittel zum hygienischen Reinigen und Trocknen der Hände. Handwaschbecken müssen eine ausreichende Warm- und Kaltwasserzufuhr haben.

1.5.2 Oberflächen, die mit Lebensmitteln in Berührung kommen, sind in einwandfreiem Zustand zu halten und müssen leicht zu reinigen und zu desinfizieren sein. Dabei sind glatte und abwaschbare Materialien zu verwenden.

1.5.3 Es müssen geeignete Temperaturen für ein hygienisch einwandfreies Herstellen, Behandeln und Inverkehrbringen von Lebensmitteln herrschen.

2. Für Verkaufsautomaten und Transportfahrzeuge gelten die Anforderungen nach Nummer 1 sinngemäß.

Kapitel 4
Anforderungen an Gegenstände und Ausrüstungen

1. Gegenstände und Ausrüstungen, die mit Lebensmitteln in Berührung kommen, müssen

1.1 so beschaffen sein, daß sie sauber und instand gehalten und erforderlichenfalls desinfiziert werden können und von ihnen keine nachteilige Beeinflussung der Lebensmittel ausgeht,

1.2 so installiert sein, daß das unmittelbare Umfeld angemessen gereinigt werden kann.

2. Gegenstände und Ausrüstungen müssen sauber und instand gehalten werden.

3. Vorrichtungen und Behälter, die der Lagerung oder Beförderung von Lebensmitteln dienen, müssen so ausgerüstet und ausgestattet sein, daß die für die Verkehrsfähigkeit der Lebensmittel erforderliche Temperatur eingehalten werden kann. Sie müssen so beschaffen sein, daß eine angemessene Reinigung und, falls erforderlich, eine Desinfektion möglich ist. Sofern erforderlich, müssen angemessene Vorrichtungen zur Aufrechterhaltung und Überwachung der Temperaturen vorhanden sein.

4. Behälter für Lebensmittelabfälle und andere Abfälle müssen angemessen beschaffen, leicht zu reinigen und erforderlichenfalls zu desinfizieren sein.

Kapitel 5
Anforderungen beim Umgang mit Lebensmitteln und an das Personal

1. Warenannahme und Überprüfung
Lebensmittel dürfen von einer Betriebsstätte nicht angenommen werden, wenn sie erwiesenermaßen oder aller Voraussicht nach mit tierischen Schädlingen, pathogenen Mikroorganismen oder gesundheitlich bedenklichen, verdorbenen oder fremden Stoffen derart verunreinigt sind, daß sie auch nach

normaler Aussortierung oder nach einer in der Betriebsstätte hygienisch durchgeführten Vorbehandlung oder Verarbeitung nicht für den Verzehr geeignet sind.

2. Temperaturen

Sind leichtverderbliche Lebensmittel mit einem Hinweis auf die Einhaltung bestimmter Temperaturen gemäß §7 oder § 7 a der Lebensmittel-Kennzeichnungsverordnung versehen, so müssen diese Temperaturen bis zur Abgabe an den Verbraucher eingehalten werden. Sofern eine nachteilige Beeinflussung der Lebensmittel vermieden wird, darf kurzfristig von den angegebenen Temperaturen abgewichen werden, wenn dies beim Be- und Entladen von Beförderungsmitteln, von Lagerungs- und Aufbewahrungseinrichtungen und bei der Beförderung in der Betriebsstätte aus Gründen der Zweckmäßigkeit erforderlich ist. Gleiches gilt für ein kurzfristiges Abweichen von den vorgesehenen Temperaturen für Kühlung oder Heißhaltung bei der Zubereitung und beim Bereitstellen zum Verzehr oder zum Verkauf. Lebensmittel, die einer Kühllagerung bedürfen oder die gekühlt serviert werden, sind nach erfolgter Erhitzung oder Zubereitung so schnell wie möglich auf eine Temperatur zu kühlen, durch die die Gefahr einer nachteiligen Beeinflussung vermieden wird.

3. Lebensmittel in Selbstbedienung

Zum Schutz vor nachteiliger Beeinflussung dürfen leichtverderbliche Lebensmittel im Wege der Selbstbedienung nur umhüllt oder abgepackt an den Verbraucher abgegeben werden. Dies gilt nicht für Lebensmittel, die in Schank- und Speisewirtschaften, in Einrichtungen zur Gemeinschaftsverpflegung und in Eßbereichen in Ladengeschäften ohne Sitzgelegenheit zum unmittelbaren Verzehr abgegeben werden, sowie für Konsummilch und Salate aus Salattheken im Einzelhandel, sofern durch Beaufsichtigung oder Schutzvorrichtungen sichergestellt ist, daß die Lebensmittel nicht nachteilig beeinflußt werden können.

4. Schädlingsbefall

Schädlingsbefall ist durch geeignete Verfahren zu kontrollieren, und der gegebenenfalls festgestellte Befall ist nach dem Stand der Technik sachgerecht zu bekämpfen.

5. Lebensmittelabfälle, andere Abfälle, andere Stoffe und Zubereitungen

5.1 Lebensmittelabfälle und andere Abfälle dürfen nicht in Räumen, in denen Lebensmittel hergestellt, behandelt oder in Verkehr gebracht werden, gesammelt werden, es sei denn, dies ist für den ordnungsgemäßen Betriebsablauf unvermeidbar. Sie müssen, soweit erforderlich, in verschließbaren Behältern gelagert werden. Die Behälter müssen in einwandfreiem Zustand gehalten werden.

5.2 Für die Lagerung und Entsorgung von Lebensmittelabfällen und anderen Abfällen müssen geeignete Vorkehrungen getroffen werden. Abfallager müssen so beschaffen sein, daß sie sauber und frei von tierischen Schädlingen gehalten werden können und nachteilige Beeinflussungen von Lebensmitteln, des in den Betriebsstätten verwendeten Wassers und der betrieblichen Vorrichtungen vermieden werden.

5.3 Gefährliche oder ungenießbare Stoffe und Zubereitungen sind als solche auszuweisen und in abgesonderten, verschlossenen Behältnissen aufzubewahren.

6. Lagerung und Beförderung

6.1 Vorrichtungen und Behälter zur Lagerung und Beförderung von Lebensmitteln müssen sauber und instand gehalten werden.

6.2 Werden zum Transport für Lebensmittel bestimmte Behälter zur Beförderung anderer Waren verwendet, muß sichergestellt sein, daß es dadurch zu keiner nachteiligen Beeinflussung der Lebensmittel kommt. Werden in Behältern neben Lebensmitteln zusätzlich andere Waren befördert oder werden verschiedene Lebensmittel in einem Transportbehälter gleichzeitig befördert, so sind zur Vermeidung einer nachteiligen Beeinflussung die verschiedenen Ladungsbestandteile erforderlichenfalls streng voneinander zu trennen. Behälter, die für die Beförderung anderer Waren oder für die Beförderung verschiedener Lebensmittel verwendet werden, sind zwischen den einzelnen Ladungsvorgängen erforderlichenfalls zu reinigen und zu desinfizieren.

7. Personalhygiene

7.1 Personen, die Lebensmittel herstellen, behandeln oder in Verkehr bringen, haben ein hohes Maß an persönlicher Sauberkeit zu halten und müssen angemessene, saubere Kleidung und erforderlichenfalls Schutzkleidung tragen.

7.2 Personen mit infizierten Wunden, Hautinfektionen oder Geschwüren dürfen mit Lebensmitteln nicht umgehen, sofern die Möglichkeit besteht, daß Lebensmittel direkt oder indirekt mit pathogenen Mikroorganismen verunreinigt werden.

Inkrafttreten, Außerkrafttreten

(1) Diese Verordnung tritt vorbehaltlich des Satzes 2 sechs Monate nach ihrer Verkündung in Kraft. Artikel 1 §§ 4 und 5 Abs. 2 und Artikel 2 treten zwölf Monate nach der Verkündung in Kraft.

(2) Gleichzeitig mit dem Inkrafttreten der Verordnung entsprechend Absatz 1 Satz 1 treten die auf Grund des § 10 Abs. 2 des Lebensmittel- und Bedarfsgegenständegesetzes erlassenen Rechtsvorschriften der Länder außer Kraft, insbesondere:

1. Baden-Württemberg

1.1 Verordnung der Landesregierung Baden-Württemberg über die Hygiene im Verkehr mit Lebensmitteln tierischer Herkunft vom 16. Februar 1977 (GBl. S. 53), zuletzt geändert durch Verordnung vom 17. März 1992 (GBl. S. 221);

1.2 Verordnung der Landesregierung Baden-Württemberg über den Verkehr mit Back- und Konditoreiwaren (Bäckerei-Hygiene-Verordnung) vom 14. Juni 1977 (GBl. S. 255), geändert durch Verordnung vom 17. März 1992 (GBl. S. 221);

2. Bayern

2.1 Verordnung des Landes Bayern über den Verkehr mit Lebensmitteln tierischer Herkunft vom 24. Februar 1976 (Bayerische Rechtssammlung 2125–5–2–1, zuletzt geändert durch § 1 der Verordnung vom 22. September 1993 im Bayerischen Gesetz- und Verordnungsblatt Nr. 25, 1993, S. 760);

2.2 Verordnung des Landes Bayern über den Verkehr mit Backwaren, Konditoreiwaren und Speiseeis vom 24. Februar 1976 (Bayerische Rechtssammlung 2125–5–1–1, zuletzt geändert durch § 2 der Verordnung vom 22. September 1993 im

Bayerischen Gesetz- und Verordnungsblatt Nr. 25, 1993, S. 760);

3. Berlin

3.1 Lebensmittelhygieneverordnung des Landes Berlin vom 24. Mai 1988 (Gesetz- und Verordnungsblatt für Berlin – GVBl., S. 851);

4. Brandenburg

4.1 Verordnung des Landes Brandenburg über die Überwachung und Einhaltung lebensmittelhygienischer Vorschriften vom 1. September 1994 (Gesetz- und Verordnungsblatt für das Land Brandenburg Teil II – Nr. 63 vom 23. September 1994, S. 756);

5. Bremen

5.1 Verordnung des Landes Bremen über das hygienische Herstellen, Behandeln und Inverkehrbringen von Lebensmitteln vom 24. Oktober 1989 (Gesetzblatt der Freien Hansestadt Bremen, Nr. 47, vom 31. Oktober 1989, S. 365);

6. Hamburg

6.1 Verordnung des Landes Hamburg über die Hygiene beim Verkehr mit Lebensmitteln tierischer Herkunft vom 17. Dezember 1991 (Hamburgisches Gesetz- und Verordnungsblatt 1991, Nr. 66, S. 467);

6.2 Verordnung des Landes Hamburg über die Hygiene beim Herstellen, Behandeln und Inverkehrbringen von Speiseeis und Speiseeishalberzeugnissen (Speiseeis-Hygiene-Verordnung) vom 17. Dezember 1991 (Hamburgisches Gesetz- und Verordnungsblatt 1991, Nr. 66, S. 464);

7. Hessen

7.1 Hessische Lebensmittelhygiene-Verordnung vom 31. Mai 1988 (Gesetz- und Verordnungsblatt für das Land Hessen, Nr. 16, Teil 1, vom 1. Juli 1988, S. 246);

8. Mecklenburg-Vorpommern

8.1 Lebensmittelhygiene-Verordnung des Landes Mecklenburg-Vorpommern vom 17. September 1991 (GS Mecklenburg-Vorpommern GL. Nr. B 2125–40-1, Nr. 21, S. 392);

9. Niedersachsen

9.1 Verordnung des Landes Niedersachsen über die hygienische Behandlung von Lebensmitteln tierischer Herkunft vom 27. Januar 1976 (Niedersächsisches Gesetz- und Verordnungsblatt Nr. 3, 1976, Seite 19, geändert im Niedersächsischen Gesetz- und Verordnungsblatt Nr. 41, 1980, S. 382);

9.2 Speiseeis-Hygieneverordnung des Landes Niedersachsen vom 7. November 1975 (Niedersächsisches Gesetz- und Verordnungsblatt Nr. 28, 1975, S. 342);

10. Nordrhein-Westfalen

10.1 Verordnung des Landes Nordrhein-Westfalen über die hygienische Behandlung von Lebensmitteln tierischer Herkunft vom 30. November 1982 (Gesetz- und Verordnungsblatt für das Land Nordrhein-Westfalen Nr. 69 vom 20. Dezember 1982, S. 765);

11. Rheinland-Pfalz

11.1 Landesverordnung Rheinland-Pfalz über die Hygiene in Verkaufsräumen des Lebensmitteleinzelhandels vom 10. Mai 1976 (GVBl. S. 166);

11.2 Landesverordnung Rheinland-Pfalz über den Verkehr mit Lebensmitteln tierischer Herkunft vom 8. Juli 1977 (GVBl. S. 244, berichtigt GVBl. 1977, S. 260), Heft Nr. 20, 21, 1977, geändert durch Erste Landesverordnung zur Änderung der Landesverordnung über den Verkehr mit Lebensmitteln tierischer Herkunft vom 14. August 1986 (GVBl. S. 216);

11.3 Landesverordnung Rheinland-Pfalz über den Verkehr mit Bäcker- und Konditorwaren (Backwarenverordnung) vom 26. März 1980 (GVBl. S. 76), geändert durch Landesverordnung vom 8. Februar 1982 (GVBl. S. 68), Landesverordnung vom 9. Februar 1984 (GVBl. S. 40) und Dritte Landesverordnung zur Änderung der Backwarenverordnung vom 30. Oktober 1985 (GVBl. S. 258);

12. Saarland

12.1 Verordnung des Saarlandes über die hygienische Behandlung von Lebensmitteln vom 8. Oktober 1979 (Amtsblatt des Saarlandes vom 25. Oktober 1979, S. 851);

12.2. Verordnung des Saarlandes über Speiseeis vom 22. Mai 1951 (Amtsblatt des Saarlandes vom 11. August 1951, S. 949);

13. Sachsen-Anhalt

13.1 Lebensmittelhygiene-Verordnung des Landes Sachsen-Anhalt vom 14. Dezember 1994 (Gesetz- und Verordnungsblatt für das Land Sachsen-Anhalt Nr. 55/1994 vom 23. Dezember 1994, S. 1046);

14. Schleswig-Holstein

14.1 Lebensmittelhygiene-Verordnung des Landes Schleswig-Holstein vom 21. August 1991 (GS Schl.-H. II, GL. Nr. B 2125–40-2, Nr. 17, S. 402);

15. Thüringen

15.1 Thüringer Lebensmittelhygiene-Verordnung vom 11. Mai 1992 (Gesetz- und Verordnungsblatt für das Land Thüringen Nr. 11, 1992, S. 161).

(3) Gleichzeitig mit dem Inkrafttreten der Verordnung entsprechend Absatz 1 Satz 1 tritt folgendes Recht der Deutschen Demokratischen Republik, das gemäß Artikel 9 Abs. 1 des Einigungsvertrages vom 31. August 1990 in Verbindung mit Artikel 1 des Gesetzes vom 23. September 1990 (BGBl. 1990 II S. 885, 892) in Sachsen fortgilt, außer Kraft:

1. Vierte Durchführungsbestimmung zum Lebensmittelgesetz, Verkehr mit Lebensmitteln vom 6. Dezember 1985 (GBl. I Nr. 3, S. 25);

2. Anordnung über hygienische Anforderungen an die Verarbeitung von Eiern und Eiprodukten für Feinback- und Konditoreiwaren vom 10. Januar 1979 (GBl. I Nr. 4, S. 49);

3. Anordnung über die Hygiene in Küchen der Gemeinschaftsverpflegung in Gaststätten – Gemeinschaftsküchen AO – vom 30. April 1986 (GBl. I Nr. 20, S. 293);

4. Anordnung über den Verkehr mit Speiseeis vom 17. Oktober 1986 (GBl. 1 Nr. 35, S. 444);

5. Anordnung über den Verkehr mit Feinkosterzeugnissen vom 4. Januar 1989 (GBl. I Nr. 4, S. 83).

Entscheidung mit Durchführungsvorschriften zu der Richtlinie 91/493/EWG betreffend die Eigenkontrolle bei Fischereierzeugnissen vom 20. 5. 1994

(94/356/EG – Abl. 37 Nr. L 156/50)

In der Entscheidung wird vorgeschrieben, in welcher Weise die Grundsätze der Eigenkontrolle im Sinne des HACCP-Konzeptes umzusetzen sind. Es wird in Einzelheiten dargestellt, wie die Ermittlung der „kritischen Punkte" erfolgen soll und die Festlegung und Durchführung von Überwachungs- und Kontrollmethoden für diese kritischen Punkte zu bewerkstelligen ist. Ferner werden konkrete Vorgaben über die Aufzeichnungen gemacht, die bei einer amtlichen Inspektion durch die Behörden zur Vorlage vorhanden sein sollen.

Diese Entscheidung wurde vom Bundesminister für Gesundheit im Bundesanzeiger Nr. 196 vom 15. 10. 1994 veröffentlicht. Im Vorwort heißt es ausdrücklich, daß diese Entscheidung als **Leitlinie** für die Durchführung der Eigenkontrollen bei Fischereierzeugnissen bekanntgemacht wird.

Darüber hinaus muß man insbesondere den Anhang als zu empfehlende **Anleitung** ansehen, **wie bei HACCP-Studien und der dabei anzulegenden Dokumentation vorgegangen werden sollte.** Aus diesem Grund kommt dieser Entscheidung eine Bedeutung zu, die weit über den Sektor der Fischereierzeugnisse hinausgeht.

Unter Zugrundelegung der Vorgaben des Anhangs dieser Entscheidung (logisches Konzept) lassen sich die Forderungen der Lebensmittelhygiene-VO (LMHV) betr. Einrichtung eines Eigenkontrollsystems nach den Grundsätzen des HACCP-Konzeptes in die Praxis umsetzen. Wegen dieser erheblichen „Hilfestellung", die dieser Anhang bringt, ist er nachfolgend als Text wiedergegeben.

Anhang zur Entscheidung der Kommission vom 20. 5. 1994

Allgemeine Prinzipien

Es wird empfohlen, ein logisches Konzept anzuwenden, das sich im wesentlichen auf folgende Grundsätze stützt:

- Identifizierung und Analyse der Risiken sowie Festlegung der Maßnahmen zu ihrer Beherrschung,
- Identifizierung der kritischen Punkte,
- Bestimmung der kritischen Grenzwerte für die einzelnen kritischen Punkte,
- Festlegung von Überwachungs- und Kontrollverfahren,
- Festlegung der im Bedarfsfall zu treffenden Korrekturmaßnahmen,
- Festlegung von Überprüfungs- und Revisionsverfahren,
- Buchführung über sämtliche Verfahren und Aufzeichnungen.

Dieses Konzept bzw. die zugrundeliegenden Prinzipien sind je nach Situation mehr oder weniger flexibel anzuwenden.

Kapitel I

Identifizierung der kritischen Punkte

Es wird empfohlen, in folgender Reihenfolge vorzugehen:

1. Benennung eines fachübergreifenden Teams

Dieses Team, in dem alle für das betreffende Erzeugnis zuständigen Betriebsbereiche vertreten sind, muß in allen Fragen der Produktion (Herstellung, Lagerung und Vertrieb), des Verbrauchs und der damit verbundenen potentiellen Hygienerisiken fach- und sachkundig sein. Im Bedarfsfall werden zur Risikoanalyse und zur Kontrolle der kritischen Punkte Fachleute hinzugezogen.

Das fachübergreifende Team kann sich folgendermaßen zusammensetzen:

- ein Spezialist für Qualitätskontrolle zur Abschätzung der mit einer bestimmten Erzeugniskategorie verbundenen biologischen, chemischen oder physikalischen Risiken,
- ein Produktionsspezialist, zuständig für den technischen Produktionsablauf oder eng daran beteiligt,
- ein Techniker, erfahren im Umgang mit den zur Herstellung des Erzeugnisses eingesetzten Maschinen und Materialien,

ihrer Funktionsweise und hygienemäßigen Beschaffenheit,
- andere Personen mit spezifischen Kenntnissen auf den Gebieten der Mikrobiologie, der Hygiene und der Lebensmitteltechnologie.

Vorausgesetzt, das Team verfügt über alle einschlägigen Informationen und setzt diese ein, um die Zuverlässigkeit des Eigenkontrollsystems zu prüfen, können diese Funktionen auch von einer einzigen Person wahrgenommen werden.
Ein Betrieb, der nicht über die erforderlichen Fachleute verfügt, sollte auf externe Hilfsmittel zurückgreifen (Unternehmensberatung, Verfahrenskodizes usw.).

2. Produktbeschreibung
Es sollte eine umfassende Beschreibung des Enderzeugnisses unter Berücksichtigung folgender Faktoren erstellt werden:
- Zusammensetzung (z. B. Rohstoffe, Zutaten, Zusatzstoffe usw.),
- Beschaffenheit und physikalisch-chemische Merkmale (z. B. fest, flüssig, gelförmig, Emulsion, A_w-Wert, pH-Wert usw.),
- Behandlungsform (z. B. gekocht, gefroren, getrocknet, gesalzen, geräuchert usw., mit entsprechenden Angaben),
- Aufmachung und Verpackung (z. B. hermetisch verschlossen, vakuumverpackt, in modifizierter Atmosphäre verpackt),
- Lagerungs- und Vertriebsbedingungen,
- Haltbarkeitsdauer (Verfallsdatum, bestes Verkaufsdatum),
- Zubereitungsanweisungen,
- gegebenenfalls anwendbare amtlich anerkannte mikrobiologische oder chemische Kriterien.

3. Bestimmung des voraussichtlichen Verwendungszwecks
Das Team sollte feststellen, zu welchem Zweck der Verbraucher das Erzeugnis normalerweise oder wahrscheinlich verwendet, und die Zielgruppen bestimmen, zu deren Verbrauch das Erzeugnis bestimmt ist.
Gegebenenfalls ist zu prüfen, inwieweit sich das Erzeugnis für bestimmte Verbrauchergruppen (Großhaushalte, Reisende usw.) und für gesundheitlich empfindliche Verbrauchergruppen eignet.

4. Schematische Darstellung des Herstellungsprozesses (Beschreibung der Herstellungsbedingungen)
Ungeachtet des gewählten Schemas ist der gesamte Weg eines Erzeugnisses über alle Stufen des Herstellungsprozesses – ein-

schließlich Verweilzeiten innerhalb von oder zwischen Prozeßstufen – beginnend mit der Ankunft der Rohstoffe im Betrieb über die Zubereitung, Behandlung, Verpackung, Lagerung und Verteilung bis hin zur Vermarktung des Enderzeugnisses zu prüfen und folgerichtig in Form eines ausführlichen Diagramms darzustellen, ergänzt durch die wichtigsten technischen Informationen.

Diese Informationen können umfassen (die Liste ist nicht erschöpfend):

- einen Plan über Arbeitsräume und Nebengebäude,
- eine Übersicht über Anordnung und technische Merkmale von Maschinen und Ausrüstungen,
- eine Übersicht über den Prozeßablauf (einschließlich Beimischung der Rohstoffe, weiteren Zutaten oder Zusatzstoffe sowie Verweilzeiten innerhalb oder zwischen Prozeßstufen),
- die technischen Parameter des Prozeßablaufs (insbesondere Temperatur/Zeit-Beziehungen einschließlich Verweilzeiten),
- eine Übersicht über den innerbetrieblichen Produktverkehr (einschließlich Möglichkeiten einer Kreuzkontamination),
- Angaben über die Trennung in reine und unreine Bereiche (bzw. in Bereiche mit hohem bzw. mit niedrigem Kontaminationsrisiko),
- Angaben zur Reinigung und Desinfektion,
- Angaben zur Hygiene des Betriebsumfeldes,
- Angaben zu Personalverkehr und Personalhygiene,
- Angaben über die Lagerungs- und Vertriebsbedingungen.

5. Bestätigung der schematischen Darstellung des Herstellungsprozesses

Das Team sollte die Zuverlässigkeit der schematischen Darstellung während der Betriebszeit vor Ort prüfen und bestätigen. Werden Abweichungen festgestellt, so ist das Diagramm den Fakten entsprechend zu ändern.

6. Erstellung eines Verzeichnisses der Risiken und Maßnahmen zu ihrer Beherrschung

Auf der Grundlage des überprüften Diagramms sollte das Team folgendermaßen vorgehen:

a) Erstellung eines Verzeichnisses der potentiellen biologischen, chemischen oder physikalischen Risiken, mit deren Auftreten auf den einzelnen Prozeßstufen (einschließlich Beschaffung und Lagerung der Rohstoffe und Zutaten und der Verweilzeiten innerhalb des Prozeßablaufs) gerechnet werden muß.

Als Risiko gilt jeder gesundheitsgefährdende Umstand, der unter die Hygieneziele der Richtlinie 91/493/EWG fällt. Zu nennen seien insbesondere:

- jede biologisch (Mikroorganismen, Parasiten), chemisch oder physikalisch bedingte Kontamination (oder Rekontamination) von Rohstoffen, Zwischenerzeugnissen oder Enderzeugnissen in unannehmbarem Maß,
- das Überleben oder die Vermehrung von Krankheits- oder Verderbniserregern und das Freiwerden chemischer Stoffe in Zwischen- und Enderzeugnissen, beim Produktionsablauf oder im Produktionsumfeld in unannehmbarem Maß,
- das Entstehen oder Fortbestehen von Giftstoffen oder anderen unerwünschten mikrobiellen Stoffwechselprodukten in unannehmbarem Maß.

Die aufzulistenden Risiken müssen derart sein, daß ihre Beseitigung oder ihre Reduzierung auf ein annehmbares Niveau für die Herstellung gesunder Lebensmittel unerläßlich ist.

b) Erwägung und Beschreibung gegebenenfalls existierender Maßnahmen zur Beherrschung der einzelnen Risiken:
Zur Risikobeherrschung können alle Maßnahmen und Vorkehrungen getroffen werden, die geeignet sind, ein Risiko zu verhüten oder zu beseitigen oder seine Auswirkungen bzw. die Möglichkeit seines Entstehens auf ein annehmbares Niveau zu reduzieren. Möglicherweise sind diverse Maßnahmen erforderlich, um ein identifiziertes Risiko zu beherrschen. Ebenso können mehrere Risiken durch eine einzige Maßnahme beherrscht werden. So können beispielsweise Salmonellen und Listerien durch Pasteurisierung oder kontrolliertes Garen auf ein annehmbares Niveau reduziert werden. Um ihre effiziente Anwendung zu gewährleisten, sind die Maßnahmen zur Risikobeherrschung durch bestimmte Verfahren und Spezifikationen zu untermauern, beispielsweise durch detaillierte Reinigungsprogramme, genaue Sterilisierungsskalen und Spezifikationen hinsichtlich der Konzentration von Konservierungsmitteln, die unter Einhaltung der für Zusatzstoffe geltenden Gemeinschaftsvorschriften, insbesondere der Richtlinie 89/107/EWG des Rates, verwendet werden.

7. Methode zur Identifizierung der kritischen Punkte
Die Identifizierung eines kritischen Punktes zwecks Beherr-

schung eines Risikos erfordert ein logisches Konzept, das nach folgendem Entscheidungsbaumverfahren (je nach Sachkenntnis und Erfahrung eines Teams sind auch andere Methoden zulässig) vereinfacht werden kann.
Beim Entscheidungsbaumverfahren werden nacheinander die einzelnen Prozeßstufen berücksichtigt, die in dem Diagramm zur schematischen Darstellung des Herstellungsprozesses identifiziert sind. Der Entscheidungsbaum ist auf jede Prozeßstufe und auf jedes identifizierte Risiko, mit dessen Auftreten gerechnet werden muß, sowie auf jede Maßnahme zur Risikobeherrschung anzuwenden.
Das Entscheidungsbaumverfahren ist mit Flexibilität und Überlegung anzuwenden, ohne dabei den Herstellungsprozeß als ganzen aus den Augen zu verlieren, damit eine unnötige Verdoppelung der kritischen Punkte weitestmöglich vermieden wird.

8. Verfahrensweise nach Identifizierung eines kritischen Punktes

Nach Identifizierung der kritischen Punkte trifft das fachübergreifende Team folgende Maßnahmen:

- Es ist zu überprüfen, ob effektiv geeignete Maßnahmen zur Risikobeherrschung konzipiert und eingeführt wurden. Sollte nämlich auf einer Prozeßstufe, bei der die Risikobeherrschung für die Genußtauglichkeit des Erzeugnisses unerläßlich ist, ein Risiko identifiziert worden sein, und sollte weder für diese noch für eine andere Stufe eine Maßnahme zur Risikobeherrschung existieren, so müßte das Erzeugnis oder das Herstellungsverfahren auf dieser oder einer vorangehenden oder einer anschließenden Prozeßstufe geändert werden, um eine Maßnahme zur Risikobeherrschung einführen zu können.
- Für jeden kritischen Punkt ist ein Überwachungs- und Kontrollverfahren festzulegen und durchzuführen.

Kapitel II

Festlegung und Durchführung eines Verfahrens zur Überwachung und Kontrolle der kritischen Punkte

Ein Überwachungs- und Kontrollverfahren ist zur effektiven Kontrolle der kritischen Punkte unerläßlich.
Zur Einführung eines derartigen Verfahrens werden folgende Maßnahmen vorgeschlagen:

1. Festlegung der kritischen Grenzen für die einzelnen Maßnahmen zur Kontrolle der kritischen Punkte

Für jede einen kritischen Punkt betreffende Kontrollmaßnahme sind kritische Grenzen festzulegen. Diese kritischen Grenzen entsprechen den äußersten Werten, die hinsichtlich der Unbedenklichkeit des Erzeugnisses noch akzeptabel sind. Sie trennen das Annehmbare vom Unannehmbaren. Die Grenzwerte sind für sichtbare oder meßbare Parameter festzulegen, anhand deren sich die Kontrolle des kritischen Punktes leicht feststellen läßt, wobei nachgewiesen sein sollte, daß das Verfahren beherrscht wird.

Als Parameter kommen in Frage: Temperatur, Zeit, pH-Wert, Wassergehalt, Gehalt an Zusatzstoffen, an Konservierungsstoffen, an Salz sowie sensorielle Parameter wie Aussehen oder Beschaffenheit des Erzeugnisses usw.

Um das Risiko der Grenzwertüberschreitung infolge von Prozeßschwankungen zu mindern, kann es in bestimmten Fällen erforderlich werden, strengere Grenzwerte (Obergrenzen) festzusetzen, um die Einhaltung der kritischen Grenzwerte zu gewährleisten.

Die kritischen Grenzwerte können aus verschiedenen Quellen übernommen werden. Sofern sie nicht bereits in Rechtsvorschriften (z. B. für Gefriertemperaturen) oder in existierenden und bewährten Verfahrenkodizes verankert sind, sollte das fachübergreifende Team ihre Zuverlässigkeit hinsichtlich der Risikobeherrschung und der Kontrolle der kritischen Punkte prüfen.

2. Festlegung eines Überwachungs- und Kontrollverfahrens für die einzelnen kritischen Punkte

Als wesentlicher Teil des Eigenkontrollsystems sind an jedem kritischen Punkt Beobachtungen und Messungen durchzuführen, um sicherzustellen, daß die vorgeschriebenen kritischen Grenzwerte eingehalten werden. In einem entsprechenden Programm sind die anzuwendenden Verfahren, die Häufigkeit der Beobachtungen und das Aufzeichnungsverfahren festzulegen.

Die Beobachtungen bzw. Messungen sollten derart sein, daß jeder Kontrollverlust einwandfrei festgestellt werden kann, und sollten die einschlägigen Daten so rechtzeitig liefern, daß Korrekturmaßnahmen getroffen werden können.

Die Beobachtungen bzw. Messungen können kontinuierlich oder periodisch durchgeführt werden. Sofern sie auf einer gegebenen Prozeßstufe periodisch durchgeführt werden, sind

sie so zu programmieren, daß zuverlässige Daten geliefert werden.
In dem Beobachtungs- und Messungsprogramm ist für jeden kritischen Punkt festzulegen:

- wer für die Überwachung und Kontrolle zuständig ist;
- wann die Überwachungs- und Kontrollmaßnahmen durchzuführen sind;
- wie die Überwachung und Kontrolle ablaufen soll.

3. Festlegung von Korrekturmaßnahmen

Die Beobachtungen bzw. Messungen können folgendes ergeben:

- Der überwachte Parameter bewegt sich um den festgesetzten kritischen Grenzwert, d. h. es besteht tendenziell die Gefahr eines Kontrollverlustes; geeignete Korrekturmaßnahmen, die die Kontrolle des kritischen Punktes gewährleisten, sind in diesem Fall vor Entstehen des Hygienerisikos einzuleiten;
- der überwachte Parameter liegt über den festgesetzten kritischen Grenzwerten, d. h. es liegt eine Abweichung von der Norm, also ein Kontrollverlust vor. In diesem Fall sind Korrekturmaßnahmen einzuleiten, um die Norm, d. h. die Kontrolle, wiederherzustellen.

Das fachübergreifende Team setzt diese Korrekturmaßnahmen für jeden kritischen Kontrollpunkt im voraus fest, damit sie unverzüglich angewandt werden können, sobald eine Abweichung von der Norm festgestellt wird.
Darüber hinaus ist das Eigenkontrollsystem regelmäßig einer Revision zu unterziehen, damit seine Zuverlässigkeit auch im Fall von Produkt- und Prozeßänderungen weiterhin gewährleistet ist (bzw. sein wird). Produkt- und Prozeßänderungen betreffen beispielsweise

- die Rohstoffe oder das Erzeugnis, die Herstellungsbedingungen (Räumlichkeiten und Umwelt, Ausrüstungen, Reinigung und Desinfektion);
- die Verpackungs-, Lagerungs- und Vertriebsbedingungen
- auf der Grundlage von Informationen, die auf ein neues produktbezogenes Hygienerisiko hinweisen;
- den Verwendungszweck des Erzeugnisses.

Jegliche Änderung des Eigenkontrollsystems sollte insgesamt in die Dokumentation aufgenommen werden, damit jederzeit aktuelle und zuverlässige Informationen vorliegen.

Sofern spezifische Kriterien in Rechtstexten verankert sind, sind diese als Referenzwerte für die Überprüfung heranzuziehen.

Die Kontrollmaßnahmen sollten umfassen:

- die Identifizierung der für die Einleitung der Maßnahmen zuständigen Person(en);
- eine Aufstellung der Mittel und Maßnahmen, die zur Wiederherstellung der Norm anzuwenden sind;
- die Festlegung von Maßnahmen in bezug auf Erzeugnisse, die während des Zeitraums der Normabweichung hergestellt wurden;
- eine schriftliche Aufzeichnung der getroffenen Maßnahmen.

Kapitel III

Überprüfung der Eigenkontrollsysteme

Um ihr reibungsloses Funktionieren zu gewährleisten, sind die eingeführten Eigenkontrollsysteme regelmäßig zu überprüfen. Das zuständige fachübergreifende Team legt die entsprechenden Prüfmethoden und -verfahren fest.

Zur Überprüfung sind insbesondere folgende Methoden geeignet: Stichprobenanalyse, verstärkte Analysen oder Tests an bestimmten kritischen Punkten, verstärkte Analysen von Zwischen- oder Enderzeugnissen, Prüfung der gängigen Lagerungs-, Vertriebs- und Verkaufsbedingungen und Ermittlung der gängigen Produktverwendung.

Als Prüfverfahren kommen in Frage die Inspektion von Kontrollgängen, die Überprüfung der Einhaltung der kritischen Grenzwerte, die Prüfung auf Normabweichungen, die Überprüfung eingeleiteter Korrekturmaßnahmen und sonstiger Vorkehrungen für die betreffenden Erzeugnisse, die Revision des Eigenkontrollsystems sowie die Prüfung der Aufzeichnungen.

Anhand der Überprüfung muß sich die Zuverlässigkeit des Eigenkontrollsystems bestätigen lassen und muß im Wege regelmäßiger Inspektionen gewährleistet werden können, daß die vorgesehenen Kontrollmaßnahmen stets ordnungsgemäß angewendet werden.